조선말 사대부 27인의 편지, 우경 안정구 선생 간찰집

禹卿 安珽求 先生 簡札集

金炳國 閔謙鎬 閔台鎬 李載冕 金炳溎 ○壽鍾

閔泳翊 洪在鉉 金興均 金敬均 趙龍鑣 趙臣熙

李泰容 閔泳煥 閔泳駿 李景夏 金箕錫 許 熠

李鳳儀 朴長夏 沈相者 金濟鳳 李明鉉 李斗鉉

沈能灝 丁若豊 沈胤澤

역주자_박상수(朴相水)

박상수는 민족문화추진회(현 한국고전번역원), 국사편찬위원회, 온지서당, 중국 어언문화대학교 등에서 한문과 고문서, 초서와 중국어를 공부했고, 단국대학교 한문학 박사 과정을 수료했다. 단국대학교 동양학연구소 전문위원, 단국대학교 강사, 한국한문학회 출판이사 등을 역임했으며, 지금은 전통문화연구회, 고전번역연구소, 국사편찬위원회, 구초회에서 한문 번역과 탈초·강의를 하고 있다.

번역서와 탈초 자료로, 《간찰簡札 선비의 일상》, 《고시문집古詩文集》, 《구소수간歐蘇手簡》, 《다천유고茶泉遺稿》, 《동국명현유묵東國名賢遺墨》, 《동작금석문집銅雀金石文集》, 《미국 와이즈만 미술관 한국 문화재 도록》, 《붓 끝에 담긴 향기香氣》, 《사문수간師門手簡》, 《사상세고沙上世稿》, 《서포일기西浦日記》, 《습재집習齋集》, 《아언각비雅言覺非》, 《오가보첩吾家寶帖》, 《왕양명 집안 편지》, 《율곡 친필 격몽요결》, 《주자, 스승 이통과 학문을 논하다》, 《초간독草簡牘》, 《퇴계 편지 백 편》, 《한문독해첩경—문학편》, 《한문독해첩경—사학편》, 《한문독해첩경—철학편》, 《항전척독杭傳尺牘》, 《중국의 음식디미방》, 《신식新式 비문척독備門尺牘》, 《방산유고芳山遺稿》, 《조선말 사대부 27인의 편지, 우경 안정구 선생 간찰집》 외 다수

조선말 사대부 27인의 편지, 우경 안정구 선생 간찰집

禹卿 安珽求 先生 簡札集

안필형·안재식 엮음
박상수 역주

학자원

■ 간행사

《조선말 사대부 27인의 편지, 우경 안정구 선생 간찰집》을 펴내며

이 책의 간찰을 받아 모은 우경 안정구禹卿 安珽求 선생은 나의 증조부고, 서첩 형태로 엮은 종환 안필형鍾煥 安珌炯 선생은 나의 아버지다. 그리고 이를 내게 물려준 전주이씨 이기만李奇滿 여사는 나의 어머니다. 내 나이 8살에 아버지는 아무 준비도 없는 상태로 급작스레 세상을 떠났다. 다음 해에 6 · 25전쟁이 터지고, 나는 홀어머니와 피난지를 떠돌았다. 그때 어머니가 소중하게 안고 다닌 것이 아버지의 유품遺品 상자였다.

유품 상자에는 당장 돈이 될 만한 것은 하나도 없었다. 왜정하 보험증서, 거주신고서, 대한민국 국채, 소형수첩 2권, 엽서, 한문 편지, 인감, 명함, 측량도면, 각종 광산계약서, 금은동광 · 형석광 출원서류, 유명시문 필사묵첩有名詩文筆寫墨帖, 시와풍수지리 연구서첩詩·風水地理硏究書帖, 고문서들과 서책, 증조부 간찰집曾祖父簡札集 등등 주로 어머니와 어린 내가 읽지도 못할 한자투성이 문서가 대부분이었다.

성인이 된 후 나는 아버지의 존재, 빈자리가 아쉬울 때면 상자를 열고 이것저것 살펴보곤 하였다. 유품마다 아버지의 못다 이룬 꿈과 야망이 슬픔으로 묻어났다. 그러면 나도 서러웠다. 생업에 낮밤 없이 매달려 사는 동안, 내 삶의 원천源泉이며 동인動因이었던 어머니마저 세상을 떠나고, 나는 고아가 되었다.

이제 철이 들었는지, 내 나이 팔십이 다가오자 유품의 내용이 눈에 밟혔다. 하나하나 차분하게 읽다가, 나마저 세상을 떠나면 모두 쓰레기가 될 것 같은 생각이 들었다. 저녁놀을 바라보며 난마처럼 얽힌 조상 묘소의 유지 관리가 큰 걱정이고 짐이었다. 어떻게든 내 손으로 해결해야 할 숙제임을 깨달았다. 후손들이 이어서 잘 보존할 수 있도록 큰맘 먹고 자금 1억 원을 조성했다. 이렇게 하여 선대의 묘소 정비整備를 차례차례 진행하게 된 것이다.

나의 아버지는 일제의 탄압에도 창씨개명을 하지 않은 민족주의자였다. 어머니의 회고담에 의하면, 아버지는 일제하에 수시로 독립군이 있는 만주, 상해 등지를 왕래했다고 한다. 그리고 17세(1909년)에 한유韓愈의 원인原人, 제갈량의 출사표 등 35편의 명문 옛글을 묵서墨書로 필사한 서책을 남겼다. 22세(1914년)에 측량기사로 활동하고, 용인에서는 행정서사를 겸하였다. 45세(1937년)에 정선군 일대 100만 평의 금은동광을 경영하고, 46세에 포천에서 형석광을 발견하여 출원했다. 평생 시와 풍수지리, 주역을 탐구한 318쪽 분량의 연구서도 집필했다.

그랬던 아버지가 운명은 재천이라더니, 내가 태어난 신설동 자택에서 1949년 향년 57세로 작고하였다. 용인에 선산이 있고, 아버지 소유의 사산私山이 있었음에도 아버지는 망우리 공동묘지 낯선 땅 1~2평에 묻히고 말았다. 왜, 그랬을까? 어머니와 나는 아버지의 고향 용인에는 전답 1뙈기, 몸을 붙이고 살 1평 땅도 없는 줄 알고 고생고생 억척스레 살았다.

내가 장성하여 종중 일을 맡으면서 아버지 소유의 땅이 용인 지역에 꽤 많았음을 알게 되었다. 그러나 직계 조상의 묘터와 집터 말고는 모두 남에게 넘어가 버린 뒤였다. 아버지 작고 후, 특히 종친들이 아버지 땅을 허락도 없이 몰래 특조법으로 명의名義를 가져가고 팔아먹은 것이다. 아하, 아버지가 세상을 떠난 후에는 집으로 찾아오는 종친이 거의 없더니, 그 이유가 바로 이거였구나!

나는 망우리 공동묘지로 아버지를 찾아갈 때마다 제절祭砌이 없어 절하기도 어려웠다. 상석床石도 없어 제물을 땅바닥에 놓고 차례茶禮를 지냈다. 그럴 때마다 비좁은 공간이 항상 서글펐고, 죄인의 마음이었다. 45년 만인 1993년에야 아버지를 용인으로 이장移葬하게 되었다. 1995년 어머니가 향년 91세로 돌아가신 후에는 합장合葬으로 모셨다. 그런 연유로 나는 부모님의 묘소부터 정비를 시작하였다.

첫째, 고안리 소정마을 내가 매입한 사산私山으로 모신 아버지, 어머니 유택幽宅을 2018년 11월부터 대폭 정비했다. 경계측량을 하고, 펜스를 치고, 진입로를 확보하고, 주차장과 벤치 등 편의시설을 설치했다. 누구나 묘소를 찾아와 편하게 쉴 수 있는 쉼터 같은 공간을 만들었다.

둘째, 2021년 3월에는 용천리 선산에 모신 이 책의 주인공인 증조부 삭주부사 묘역墓域을 정비했다. 후손들의 불효로 평장平葬이 된 봉분을 관리하기 쉽게 새로 단장한 것이다. 익산 천연황등석으로 묘테석을 설치하고, 유사비遺事碑를 세웠다. 또한 증조부가 얼마나 훌륭한 인물인지, 나라에서 왜 예장으로 치제致祭하였는지 등을 누구나 알 수 있게 한글로 묘역 안내판을 세웠다.

그리고 묘역 내에 5대조安承吉와 조부(安東璨: 1876년 23세에 무과급제, 관직 사과 정6품)의 설단設壇을 고안리 선산에서 옮겨 모시고, 율리栗里마을 감봉산의 고조부(安鍾璧: 성균진사, 1849년 49세에 생원진사시 합격, 사마방목 등재) 설단을 이곳에 안치安置하였다. 그리하여 5대조 · 고조부 · 증조부 · 조부가 모두 한곳에 모여 이제 명실공히 조상묘역이 조성된 것이다.

셋째, 6대조(安思烈: 1771년 26세에 무과급제) 대흥군 위토位土로 아버지가 매입한 답 2필지(2,327㎡)가 있었다. 그동안 종친에게 신탁관리하던 이 토지를 신탁해지한 다음, 2021년 12월 종중으로 증여하고 소유권 이전등기를 마쳤다. 이에 종중에서는, 2023년 윤2월 발리봉鉢里峰의 대홍군 묘소를 선대묘역 안사검安思儉 밑으로 이장하고, 매년 시제를 지내기로 하였다. 또한 삭주부사 묘역도 종중에서 관리하기로 약정하였다.

그리고 대홍군 위토를 마련하고 종중으로 증여하게 만든 종환 안필형鍾煥 安珌炯 선생의 유덕遺德을 기려 종중에서 공덕비功德碑를 세웠다. 이에 아들로서 종중에 감사드린다.

넷째, 충주영장 · 삭주부사를 지낸 증조부의 《조선말 사대부 27인의 편지, 우경 안정구 선생 간찰집》을 발간하였다. 2019년부터 작업을 시작하여, 2020년 11월 탈초 · 번역을 마쳤다. 그 후 2년 동안 자료를 수집하는 등 확인 절차를 가졌고, 여러 번 교정 · 교열을 거쳐 이제 출간의 기쁨을 맞게 된 것이다.

사실 140년 전의 간찰을 지금까지 간수하여 보존했다는 것은 기적 같은 일이다. 증조부安斑求의 유품인 간찰을 조부安東璨가 이어받고, 아버지安珌炯가 대를 이어 물려받았다. 한학자인 아버지는 뭉치로 있던 간찰들을 꼼꼼하게 구분區分하고, 한지 양면兩面에 배접褙接하여 서첩으로 엮었다. 그리고 전주이씨 어머니李奇滿에게 물려주었다. 홀로되신 어머니는 6 · 25전쟁 등 극심한 격동기에도 47년간을 귀히 간직하여 나에게 전승傳承한 것이다.

이 책은 나의 증조부가 충주영장으로 재임 중(1879~1880), 조선말 국정에 참여한 주요인물 27명에게서 받은 32통의 친필 편지를 한곳에 모은 간찰집이다.

홍친왕 이재면, 충정공 민영환, 영의정 김병국, 대제학 민태호, 병조판서 김기석, 무위대장 이경하, 서화가 민영익을 비롯하여, 민겸호 · 김병주 · 홍재현 · 김홍균 · 조신희 · 이태용 · 민영준 · 허 습 · 이봉의 · 박장하 등등…… 간찰을 쓴 분들은 철종 · 고종 시대를 살았던 관하 백성, 유생, 능참봉, 사사, 현감, 훈련판관, 내금위장, 포도대장, 도승지, 기사장, 시종무관장, 대사헌, 육조 판서, 도총관, 영의정에 이르기까지 다양한 계층으로 이뤄진 것이 특징이다. 이렇듯 조선말 혼란기에 적극적으로 정치에 몰입했던 인물들의 간찰 모음집은 그 다양성과 내용상 희귀본으로 평가되리라 기대한다.

이 간찰집이 귀중한 것은 그 당시 정제되지 않은 일상적 생활상, 꾸밈없는 감정과 시대 상황, 당시 벼슬아치들의 안부와 청탁, 처세 등을 고스란히 알 수 있고, 생활사 연구에도 매우 중요한 자료가 되기 때문이다.

또한 자료의 신빙성을 높이기 위하여 간찰 원문을 사진으로 게재하였다. 추가로 독자들이 쉽게 이해할 수 있도록 원문축소본에 번호를 기재하여 편지의 작성 순서를 알게 하였다. 그러므로 조선의 마지막 사대부들이 쓴 유려流麗한 필치筆致를 통해 서체書體의 아름다움을 입체적으로 발견하고 연구할 충분한 가치가 있는 것이다.

끝으로 이 책이 나오기까지 탈초 · 번역과 주석을 달아준 고전번역연구소 박상수朴相水 교수와 교열에 힘써준 원숙희元淑姬 편집위원의 노고에 감사드리고, 학술전문서적출판 학자원 김병환 사장에게도 감사드린다.

북악산방에서

엮은이 **안 재 식**(증손) 삼가 씀

■ 헌시獻詩

옛집 감나무

안재식

셋집을 전전하던 그 시절
남산에서 내려다본 서울은 사방 별밭이었다
저 많은 별들 중에 내 별은 왜 아니 없을까
막소주 몇 잔에 하늘로 종주먹을 대곤 했다

황무지 개간하듯 모진 풍상 겪으며
어찌어찌 큰애가 국민학교 들어가던 해
내 별에 눈물로 문패를 달던 날
감나무 한 그루 기념으로 심었는데

첫째도, 둘째도, 셋째도
그 나무처럼 도담도담 웃음소리 키우고
두통에도 파스를 붙이던 내 어머니
주렁진 홍등을 세어보는 재미 쏠쏠했다

이제 세월이 흘러 삼십여 년
이빨 빠지듯 하나둘 뿔뿔이 흩어지고
내 어머니도 상여 타고 떠나가신 집
왁자지껄 들끓던 마당엔 허전함이 나뒹군다

연탄가스 들어찬 밤하늘 볼 새 없이
오며 가며 이 공간의 주인이란 뿌듯함에
날개를 달았던 지나간 날들이
감꽃처럼 뚝~ 뚝~ 떨어지고

내 별*에 문패를 떼던 날
눈물로 끌어안은 감나무, 물관이 감감하다

*내 별 : 서울 중랑구 묵동 단독주택(1981 매입, 2011 매각, 30년 거주)

유월, 대교산*에 가면

안재식

뻐꾸기가 먼저 반긴다
울 할매 할배가 반긴다
울 어매 아배도 반긴다

등 굽은 소나무 살린다고
참나무 밑둥을 동여맸더니
잎새마다 목이 말라 시들하다

아프리카를 다녀온 뻐꾸기
그 나무 꼭대기에 앉아
뻐꾹 뻐뻐꾹~ 소리를 꼬리에 달면
참말로 요상하게
내 귀엔 큰스님 법문(法問)으로 들린다

있을 때 잘하지 뻐꾹 뻐뻐꾹~
있을 때 잘하지 뻐꾹 뻐뻐꾹~
대를 이으려 수만리 날아온 뻐꾸기가
햇빛 밝은 산자락에 법문을 펼치면

—사랑해요, 죄송해요
계실 때 하지 못한 말들이
이승과 저승의 접점에서
회한이 그리움되어 통풍처럼 쏟아진다

죄인인 줄도 몰랐던
늙은 고아의 하루, 어느새 안타깝게 저문다

* 대교산(大橋山) : 용인 백암면 소정마을 앞산

발간을 축하하며

우리 죽산안씨대교공파종중은 중시조인 대교공 안신손(安信孫: 단종 1년 문과급제. 문종실록 편수기사관)으로부터 600여 년간 혈통을 이어온 뿌리 깊은 종중입니다. 그러므로 선조의 빛난 위업을 밝히고, 가문의 얼을 찾아 계승하고 수호해야 함은 후손의 소명이며 자랑이라 할 것입니다.

오늘날 젊은 세대는 외국 위인에 대하여는 잘 알면서도 정작 자신의 선대 조상이 이루어 놓은 업적이나 공로에 대하여는 무관심합니다. 그럼에도 세대차世代差라는 미명하美名下에 정당화하려는 경향傾向이 있음은, 조상에 대한 죄책감으로 마음을 무겁게 합니다.

훌륭한 조상의 존재는 가문의 자랑이요, 영광입니다. 명문가名門家일수록 숭조경장崇祖敬丈과 조상의 유훈遺訓을 이어받아 실천하며, 이를 후세에게 전승傳承합니다. 이는 참으로 소중하고 보람찬 일입니다.

이번에 발간하는 《조선말 사대부 27인의 편지, 우경 안정구 선생 간찰집》은 조선왕조 마지막 사대부들의 귀감龜鑑이었던 선생의 애민정신을 되살리고, 후손에게 크나큰 자긍심을 갖게 합니다.

돌이켜보면 조선말 혼란기를 거쳐 일제하 망국의 한, 광복의 기쁨, 한국전쟁 등등…… 격동의 시절을 보내며, 조상의 유품遺品인 간찰簡札을 140여 년간이나 원형原形대로 보존하고, 대代를 이어 전승한다는 것은 결코 쉬운 일이 아닙니다.

더욱이 원문原文이 초서草書나 행서行書로 씌어 있어 전문가의 정확한 탈초와 번역, 주석註釋 작업 등이 선행되지 않으면 활자화는 어렵습니다. 여러 난관을 극복하고 만들어진 이 책이 조상의 위업을 재발견하는 데 훌륭한 지침서指針書가 될 것으로 확신합니다.

끝으로 귀중한 보전寶典이 간행刊行되기까지 수년 동안 심혈心血을 기울여주신 안재식 고문님께 심심甚深한 경의와 감사를 드립니다.

죽산안씨대교공파 종회장 **안 재 연**

차례

■ 간찰집 수록 인물 색인표

번호	수신인	발신인		발신일	당시 관직	대표 관직	시호 책봉
01	충주영장 안정구(安珽求) 1828생 ~ 1881졸	김병국(金炳國)	A	1879.09.02	좌의정	영의정	충문공
			B	1879.12.12			
02		민겸호(閔謙鎬)	A	1880.01.23	무위도통사, 약방제조	선혜청당상	충숙공
			B	1880.04.14	예조판서		
03		민태호(閔台鎬)		1879.12.12	이조참판	대제학	충문공
04		이재면(李載冕)		1879.12.22	시강원우빈객, 지종정경	호조판서	완흥군, 흥친왕
05		김병주(金炳湗)		1879.12.23	상호군	공조판서	효문공
06		ㅇ수종(ㅇ壽鍾)		1879.12.23			
07		민영익(閔泳翊)		1879.12.13	규장각직제학, 겸보덕	이조판서	
08		홍재현(洪在鉉)		1880.05.17	형조판서, 지의금부사	사헌부대사헌	
09		김흥균(金興均)		1879.12.11	조사위장, 검교직각	오위도총부 도총관	
10		김경균(金敬均)		1879.12.23	성균관대사성	예조참판	
11		조용훈(趙龍鑂)		1879.12.23			
12		조신희(趙臣熙)		1880.06.07	충주목사	성균관대사성	
13		이태용(李泰容)	A	1879.08.11	홍문관교리	도승지	
			B	1879.12.22			
14		민영환(閔泳煥)		1880.01.28	규장각대교	학부대신, 시종무관장	충정공
15		민영준(閔泳駿)		1879.10.28	춘추관기사관	형조판서	

16		이경하(李景夏)		1879.12.23	어영대장, 판의금부사	무위대장	양숙공
17		김기석(金箕錫)		1880.06.25	우포도대장	병조판서	정무공
18		허 습(許 熠)		1879.12.23	금군별장, 부총관	좌포도대장	
19		이봉의(李鳳儀)		1880.04.24	충청병마절도사	군부대신	완성군
20		박장하(朴長夏)		1879.10.21	본국별장	한성좌윤	
21		심상기(沈相耆)	A	1879.12.22	충청도 유생	우정총국사사	
			B	1880.01.18			
22		김제봉(金濟鳳)	A	1880.01.15	전의현감, 병마절제도위	전의현감	
			B	1880.01.24			
23		이명현(李明鉉)		1879.09.25	도총도사	훈련판관	
24		이두현(李斗鉉)		1880.04.02	오위장	내금위장	
25		심능호(沈能灝)		1880.03.08	유생		
26		정약풍(丁若豊)		1879.12.23	호위별장	기사장	
27		심윤택(沈胤澤)		1880.06.22	관하 백성	정릉참봉	

*본첩本帖은 우경 안정구 선생이 충주영장忠州營將을 지낼 때, 1879년(고종 16. 기묘년)부터 1880년(고종 17. 경진년)까지 27인에게서 받은 32통의 간찰집簡札集이다.

*표구表具는 35폭 병풍 모양으로 접혀 있고, 앞면과 뒷면에 간찰이 배접褙接되어 있다. 서첩의 두께는 3cm, 접었을 때 크기는 가로 17cm 세로 29.7cm고, 펼쳤을 때 길이는 595cm다.

우경 안정구 선생의 생애
禹卿 安珽求 先生 生涯

■ 우경 안정구 선생의 생애

1. 프로필 profile

자료 출전 : 팔도총록(八道總錄: 국립중앙도서관 한高朝57-가527)
승정원일기承政院日記 조선왕조실록朝鮮王朝實錄 등

자호 우경禹卿

본관 죽산竹山(新)

거주지 용인

출생 1828년 9월 15일(순조 28. 무자)

사망 1881년 윤7월 15일(고종 18. 신사) *향년 54세

배配 ①숙부인 청송심씨(1826년 9월 15일~1862년 10월 1일 *향년 37세)

②숙부인 파평윤씨(1844년 1월 2일~1910년 9월 13일 *향년 67세)

묘소 용인시 처인구 백암면 용천리 산55-7. 선산 내 백동전산 간좌 3위 합폄

과거 1852년(철종 3. 임자) 식년시式年試 무과급제(당 25세)

초직 1862년(철종 13. 임술) 수(守: 정4품)

품계 통정대부(通政大夫: 정3품 당상관)

관직 인차외만호·사천현감·충주영장·삭주부사

관인정보官人情報

1862년(철종 13. 임술) 윤8월 24일 함경도 인차외만호仁遮外萬戶

1865년(고종 2. 을축) 8월 10일 훈련원주부訓練院主簿

1873년(고종 10. 계유) 12월 14일 도총도사都摠都事

1873년(〃) 12월 27일 무신겸선전관武臣兼宣傳官

1875년(고종 12. 을해) 6월 4일 상현궁(上弦弓: 1장 사급)

1877년(고종 14. 정축) 9월 28일 훈련원첨정訓練院僉正

1877년(〃) 11월 11일 사천현감泗川縣監

1879년(고종 16. 기묘) 윤3월 25일 통성대부(通政大夫: 정3품 당상관)

1879년(〃) 윤3월 25일 부호군副護軍

1879년(〃) 6월 25일 충주영장(忠州營將, 忠淸道後營將)

1879년(〃) 7월 3일 비망기(備忘記: 장궁1장長弓一張 장전1부長箭一部 편전1부片箭一部 통아1개筒兒一箇 사급賜給)

1880년(고종 17. 경진) 6월 25일 오위장(五衛將: 종2품) 및 첨지僉知

1881년(고종 18. 신사) 4월 7일 삭주부사朔州府使

1881년(〃) 윤7월 15일 순직殉職

2. 팔도총록·관인정보

전국 8도의 감사·부사·영장·현감·만호 등 관직명과 수령의 명단 및 부임 연월을 순서대로 수록한 소중한 자료다. 수록 연대는 1854년(철종 5)~1886년(고종 23)이다. 우경 안정구 선생의 관인정보가 나온다. 국립중앙도서관에 소장되어 있다.

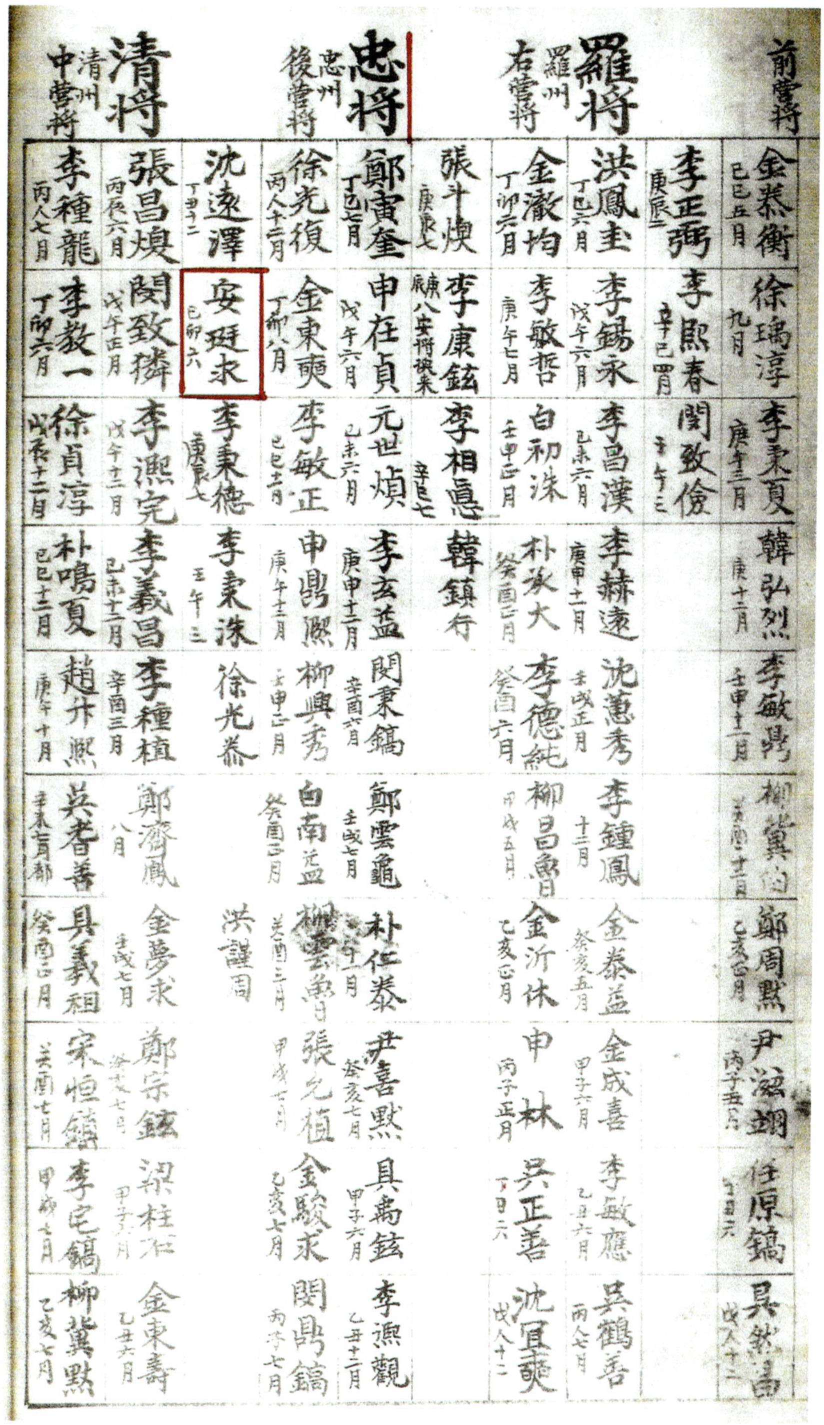

충주영장 부임 기록

八道総録

팔도총록 표지

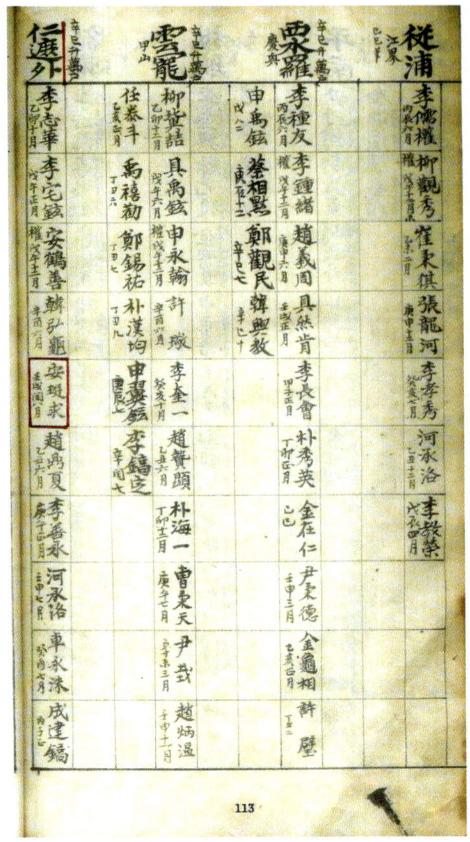

인차외만호 부임 기록

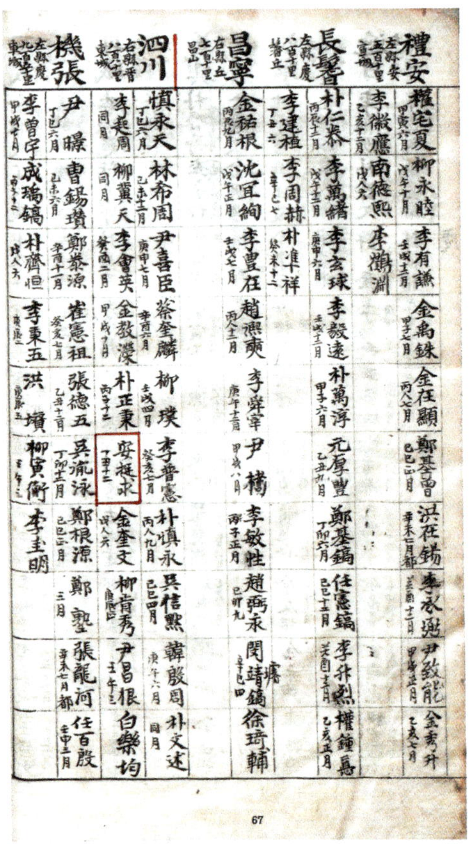

사천현감 부임 기록

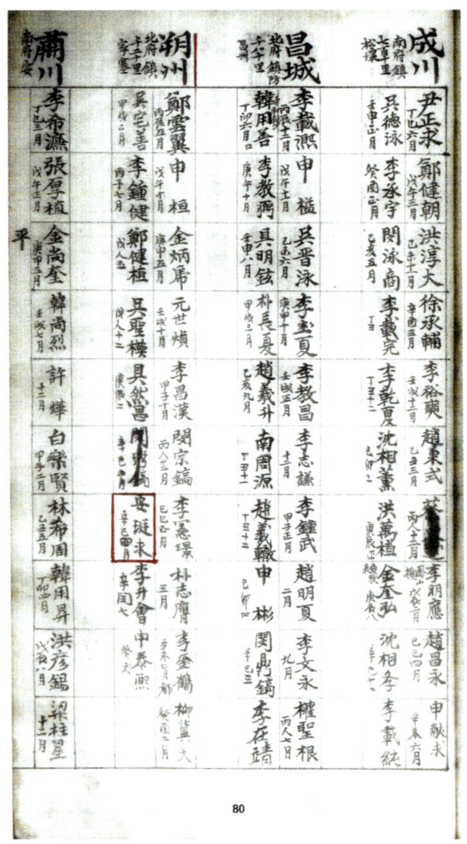

삭주부사 부임 기록

3. 우경 안정구 선생 유사비문 해설

우경 안정구 선생의 일대기가 나온다. 선생의 관인정보, 사적事跡이나 업적, 가계도를 기록한 유사비석이다.

우경 안정구 선생 유사비

▶정면(正前)

通政大夫 忠州營將 五衛將 朔州府使
竹 山 安 公 諱 珽 求 之 墓
淑 夫 人 靑 松 沈 氏
淑 夫 人 坡 平 尹 氏 合 祔

▶우측면 → 후면 → 좌측면

우경 안정구 선생 유사禹卿公 遺事

공公의 본관은 죽산竹山, 휘(諱: 이름)는 정구珽求, 자字는 우경禹卿이다. 문성공 회헌 안향安珦 선생 후손으로 신죽산안씨 시조인 죽성군 원형元衡의 18세손이고, 대교공파종중 중시조인 대교공 신손信孫의 14세손이다. 증조는 사열思烈로 통정대부·대흥부사·경기중군을 지냈고, 조부는 승길承吉이고, 부친 종벽鍾璧은 성균진사를 지냈다.

공은 순조 무자 1828년 9월 15일 부친 종벽, 모친 함평이씨 사이에 장남으로 태어나, 철종 임자 1852년 25세에 식년시 무과에 급제하였다. 1862년 수(守: 정4품)를 초직으로 인차외만호·훈련원주부·도총도사·무신겸선전관이 되고, 1875년 고종이 상현궁上弦弓을 하사하였다. 이어 1877년 훈련원첨정·사천현감을 거쳐 2년 후 통정대부(通政大夫: 정3품 당상관)에 오르고, 부호군에 단부單付되었다.

고종 기묘 1879년 충주영장忠州營將으로 김옥균과 함께 관직을 제수받았다. 같은 해 7월 3일 고종 비망기備忘記에는 충주영장 부임 시 장궁1장長弓一張 장전1부長箭一部 편전1부片箭一部 통아1개筒兒一箇를 하사한 기록이 있다.

고종 경진 1880년 오위장(五衛將: 종2품)에 오르고, 다음해 4월 7일 평안북도 삭주부사朔州府使로 부임하였다. 그러나 조선말 혼란기인 와중에 대홍수가 겹쳐 고종 신사 1881년 윤7월 15일 향년 54세로 순직殉職하고 말았다.

당시 상황을 기록한 고종실록 18권 1881년 윤7월 29일 기사에 의하면 "평안감사 민영위가 윤7월 6일 대홍수로 벽동·의주·삭주·초산에 민가가 물에 떠내려가고 무너진 가옥이 649호이며, 수재를 당해 죽은 사람이 120명이라고 아뢰었다. 이에 성천부사成川府使 김규홍金奎弘을 위유사로 보내어 수습하되, 상납전을 적당히 떼어 집을 짓고 시체를 묻는 데 도움이 되게 하라. 수해 지역의 누구를 막론하고 당년의 신역, 환곡, 군포를 모두 탕감하라고 전교(傳教: 임금의 명령)하였다."라고 나온다.

인간사 앞일을 어찌 알리오. 천리길 타관에서 대홍수가 닥치자, 살신성인殺身成仁으로 오로

지 백성들과 고난을 함께하다 순직하신 공의 애민정신은 사대부들의 귀감이었다. 나라에서는 공을 이곳 고향으로 운구運柩하여, 관헌들이 깃발을 꽂고 예장으로 치제하며 공의 충절을 기리고 애도하였다.

공의 배配 숙부인淑夫人 청송심씨는 심낙연沈樂演의 여식으로 1826년 9월 15일 태어나, 1862년 10월 1일 작고하였다. 배 숙부인 파평윤씨는 윤조尹凋의 여식으로 1844년 1월 2일 태어나, 1910년 9월 13일 작고하였다.

공은 슬하에 2남 3녀를 두었다. 장남 동찬東璨은 1876년 23세에 무과급제하여 사과(司果: 정6품)를 지냈다. 배 의인宜人 청풍김씨는 김연성金然性의 여식이고, 배 의인 안동권씨는 권기덕權驥德의 여식이다. 차남 동완東玩은 1888년 27세에 무과급제하여 선전관·중추경력을 지냈다. 배 의인 진주강씨는 강세희姜世熙의 여식이고, 배 의인 은진송씨가 따로 있다.

장녀는 여흥민씨 시어侍御 민익호閔翼鎬에게 출가하여 진사 민영적閔泳迪을 두었다. 차녀는 남원양씨 사과 양능환梁能煥에게 출가하였고, 삼녀는 광산김씨 부위副尉 김중현金重鉉에게 출가하여 영복永福 영록永祿 영락永樂을 두었다.

공이 충주영장 재임 중 받은 간찰簡札에는 고종의 형인 홍친왕 이재면, 충정공 민영환, 영의정 김병국, 대제학 민대호, 한일합방에 항의 자결한 이범진 열사의 부친 무위대장 이경하, 공조판서 김병주, 예조참판 김경균, 병조판서 김기석, 대사성 조신희, 한성좌윤 박장하, 도승지 이태용, 기사장 정약풍, 이조판서 서화가 민영익, 대사헌 홍재현, 오위도총관 김홍균, 포도대장 허 습 등 조선왕조 중추인물 27명이 쓴 32통의 친필 편지가 있다. 이를 보면 공께서 역사적으로 얼마나 큰 인물임을 알 수 있다.

공의 유품인 간찰은 장남 동찬東璨, 장손 필형珌炯이 이어받아 서첩 형태로 모아 묶어 손부 전주이씨 이기만李奇滿에게 물려주었고, 6·25전쟁 피난시절 등 극심한 격동기에도 귀히 간직하여 증손 재식在植에게 전승하였다. 작금에 조선말 시대 상황이나 서체 연구를 위해 고전번역연구소 박상수朴相水 교수가 탈초·번역하고, 원숙희元淑姬 편집위원의 교열로 《조선말 사대부 27인의 편지, 우경 안정구 선생 간찰집》을 편찬하게 되었다.

공의 묘는 경기도 용인시 처인구 백암면 용천리 산55번지7 선산 내의 백동전산栢洞前山 간좌 3위 합폄이다. 후손들의 불효로 봉분은 평장의 형태가 되었다. 이제라도 큰집에서 유택을 정비하고 유사비를 세워 유덕을 기리고자 한다. 그동안 크나큰 잘못에 큰절을 올린다. 묘역에는 유사비·사각묘테석·상석·묘역 안내판이 있고, 공의 조부 승길承吉, 부친 종벽鍾璧, 장남 동찬東璨의 설단設壇이 함께 있다.

서기2021년(단기4354년) 3월 26일 불초 증손 재식在植 근찬 입석

죽산안씨대교공파 종회장 재연在淵 후손 일동

우경 안정구 선생 묘역 안내판

4. 우경 안정구 선생 묘역

선생은 1881년(고종 18. 신사년) 윤7월 15일 대홍수 환란 중에 오로지 백성들과 고난을 함께 하다 향년 54세로 순직殉職하였다. 나라에서는 선생을 이곳 고향으로 운구하여, 관헌들이 깃발을 꽂고 예장禮葬으로 장사지내며 애민정신愛民精神을 기리고 애도하였다. 그러나 후손들의 불효로 봉분封墳은 평장平葬의 형태가 되었다. 잡목도 무성하다. 그동안의 크나큰 잘못에 큰 절을 올린다. 2021년 3월 26일(음2월 14일) 묘역을 대폭 정비하고, 유사비·안내판 등을 세워 유덕을 기린다.

우경 안정구 선생 묘역(정비 전의 모습, 2021년 2월 21일 촬영)

우경 안정구 선생 묘역(정비 후의 모습, 2021년 3월 26일 촬영)

우경 안정구 선생 세거지 전경

종환 안필형 선생의 생애
鍾煥 安珌炯 先生 生涯

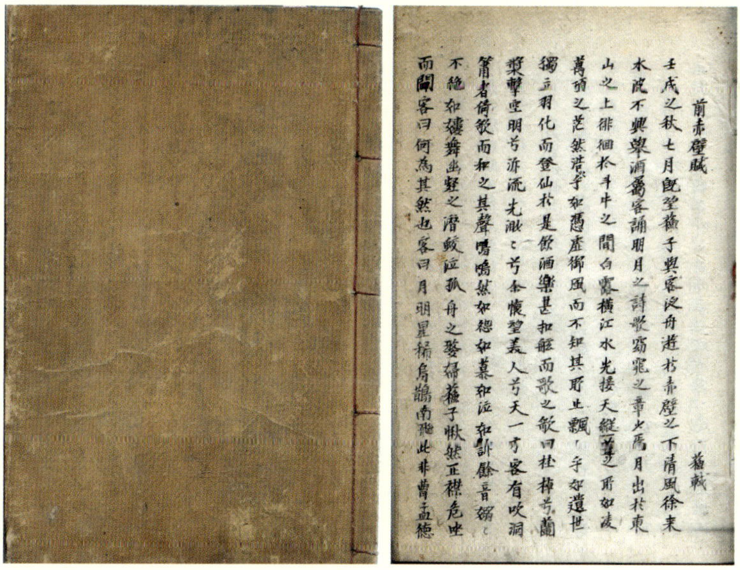

■ 종환 안필형 선생의 생애 〈엮은이〉

1. 프로필 profile

자호 종환鍾煥

본관 죽산竹山(新)

부친 안동찬(安東璨: 字 公五. 1876년 23세 무과급제. 관직 사과)

출생 : 1854년(철종 5. 갑인) 3월 7일

사망 : 호적상 1909년(융희 3) 3월 10일 ＊향년 56세

모친 의인宜人 안동권씨(權驥德의 장녀)

출생 : 호적상 1862년(개국 471) 4월 29일

사망 : 호적상 1925년(대정 14) 2월 28일 ＊향년 64세

→ 강원도 횡성군 공근면 하초원리 368번지에서 사망

안필형 원적(호적)기록

용인군 외사면 용천리 226번지 1통 10호(후에 2통 1호)

전호주 안동찬 작고로 1909년 3월 10일 호주상속(당 17세)

출생 1893년(고종 30. 계사) 10월 8일(양력 11월 15일)

사망 1949년 윤7월 14일(양력 9월 6일) ＊향년 57세

→ 서울 동대문구 신설동 91-10 자택에서 사망

배 ①함양박씨(朴泰景의 장녀)

출생 : 1894년(고종 갑오) 3월 13일

사망 : ?卒 火葬 → 1994년간 甲戌譜 인용

②전주이씨 이기만(李奇滿 마리아. 李泰初의 女息)

출생 : 1905년(명치 38) 12월 3일(양력 12월 28일) 호적상 1905년 2월 20일

→ 강원도 춘성군 남면(춘천시 남산면) 수동리 240번지

사망 : 1995년 7월 27일 새벽 2시 7분(양력 8월 23일) ＊향년 91세

→ 서울 중랑구 묵1동 161-23 자택에서 사망

묘소 (전) 고양군 한지면 청량리 태릉측 망우리 공동묘지 子坐

→ 1993년 윤3월 20일(양력 5월 11일) 용인 대교산으로 45년 만에 이장移葬

(현) 용인시 처인구 백암면 고안리 소정마을 대교산. 묘좌유향卯坐酉向

→ 1995년 7월 27일(양력 8월 23일) 配 이기만 여사 작고로 2위 합장合葬

생애 안필형 선생은 한학자로 일제 탄압에도 창씨개명을 하지 않은 민족주의자였다. 1909년 17세에 한유韓愈의 원인原人, 제갈량의 출사표 등 35편의 명문 옛글을 묵서墨

書로 필사한 한문묵서필사본漢文墨書筆寫本을 남겼다.

1914년 22세부터 측량기사로 활동하였다. 특히 파주군 조리면 장곡리 일대와 용인 지역의 토지·임야를 측량하고, 소유권보존증명용 측량 도면을 작성하여 관공서에 제출하는 등 행정업무를 수행하였다.

*용인에서 행정서사行政書士를 겸하였다. 묘적계, 산야지적계, 임야도, 위토인허신청서 등을 주로 취급하였다.

1937년 45세에 정선군 회동리·용탄리 일대 100만 평의 금은동광을 경영하였다.

1938년 46세에 포천군 연곡리 일대 형석광螢石鑛을 발견하고 출원하였다.

*시와 풍수지리, 주역을 탐구한 318쪽 분량의 연구서를 집필하였다.

*조부祖父 안정구 선생이 충주영장 재임 중에 받은 친필 간찰들을 분류하고, 한지 양면兩面에 배접褙接, 표구하여 서첩 형태로 엮었다. 이를 전승傳承하여 출간한 책이 《조선말 사대부 27인의 편지, 우경 안정구 선생 간찰집》이다.

2. 옛글 한문묵서필사본 漢文墨書筆寫本

작성 1909년 2월 5일(己酉 二月 初五日) 안필형 선생(당 17세) 묵서로 필사

제본 서책의 크기 20.6cm × 30.8cm(본문: 한지 양면 36장 72페이지)

내용 한유(韓愈, 768~824)의 원인(原人: 사람의 본질, 근본을 논하는 글) 외
소식-적벽부 구양수-추성부 도연명-귀거래사 범중엄-악양루기 제갈량-출사표 왕우칭-대루원기 왕칙-등왕각서 공치규-북산이문 반악-추흥부 이밀-진정표 이백-도리원서 왕희지-난정서 유령-주덕송 한무제-추풍사 굴원-어부사 등 16인의 총 35편

필사본 표지

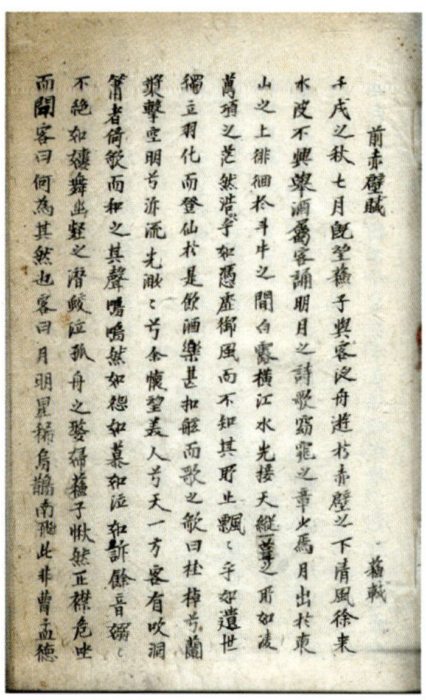

필사 예문_적벽부

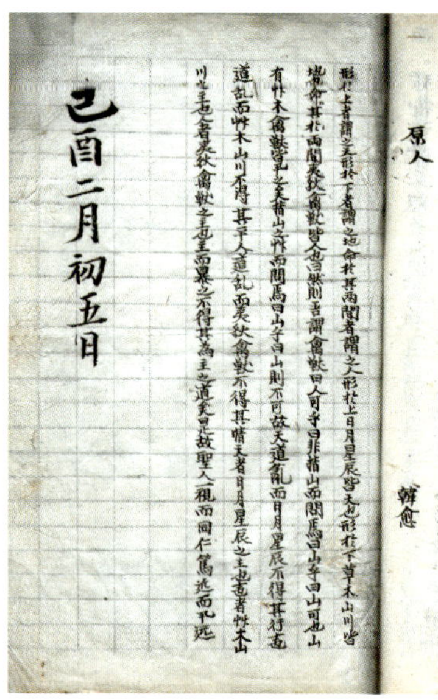

필사 작성일

3. 시, 풍수지리연구서

작성 안필형 선생이 묵서墨書로 작성한 서책

제본 서책의 크기 21㎝ × 32.5㎝(한지 양면 159장 318페이지)

내용 시와 풍수지리, 주역을 탐구探究한 연구서

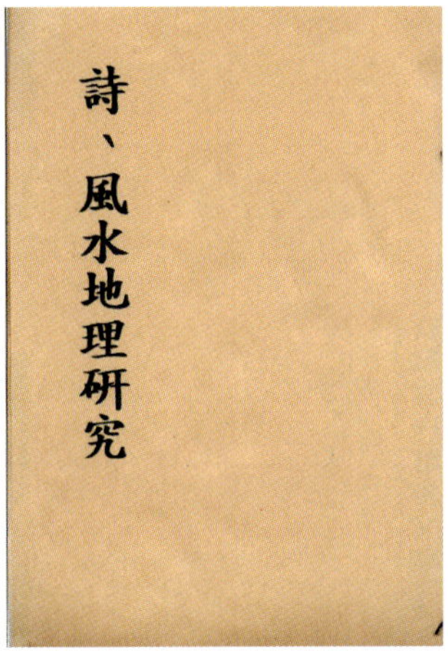

시·풍수지리연구서 표지

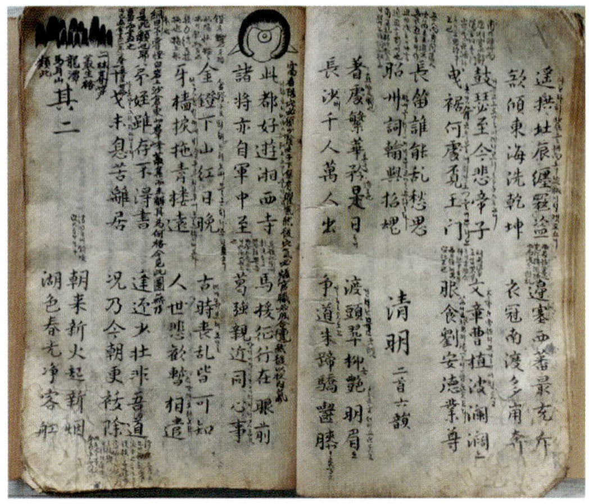

예문_시 1

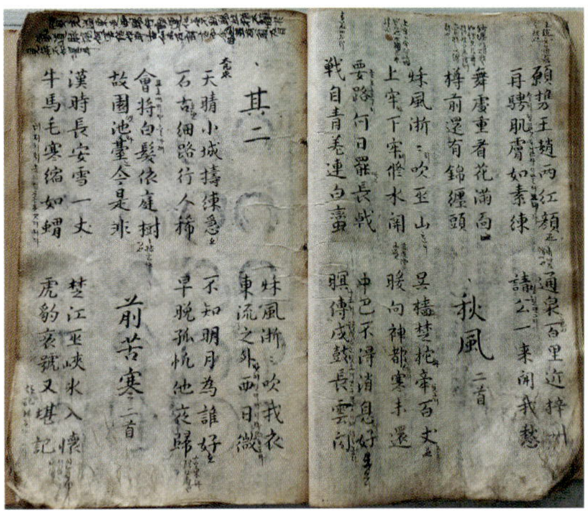

예문_시 2

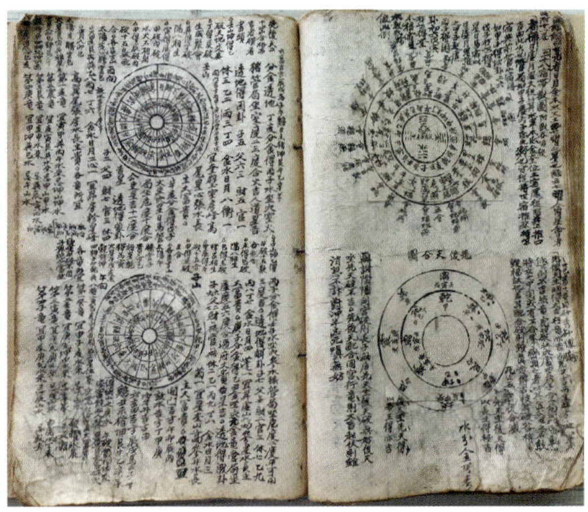

예문_풍수지리 1

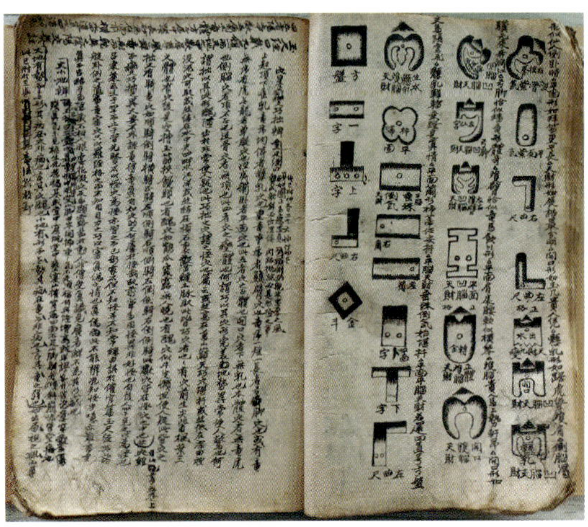

예문_풍수지리 2

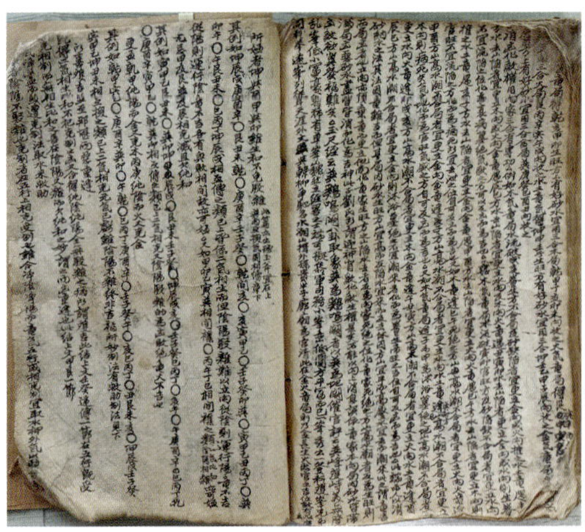

예문_풍수지리 3

4. 측량도면·토지소유권보존증명신청서

측량 1914년(대정 3) 9월 측량원 안필형 선생(당 22세)이 직접 측량, 도면 작성

신청 1914년 9월 10일 행정서사 안필형 선생이 서류 작성하여 제출

내용 경기 파주군(시) 조리면(읍) 기곡리(장곡리) 전답 48, 133, 300, 330, 410, 411번지 토지에 대하여 토지소유권보존증명 신청

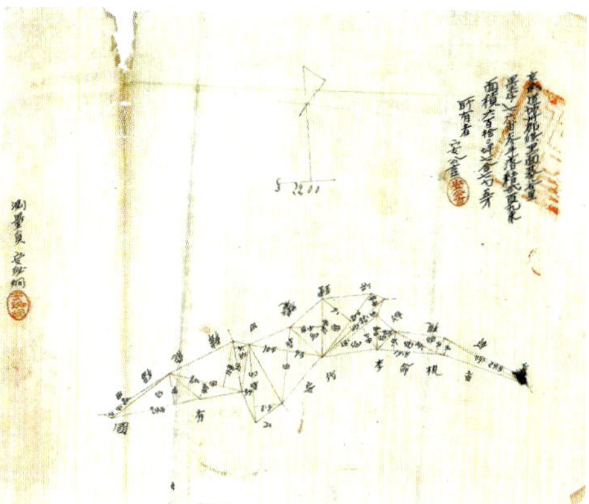

측량도면 48번지

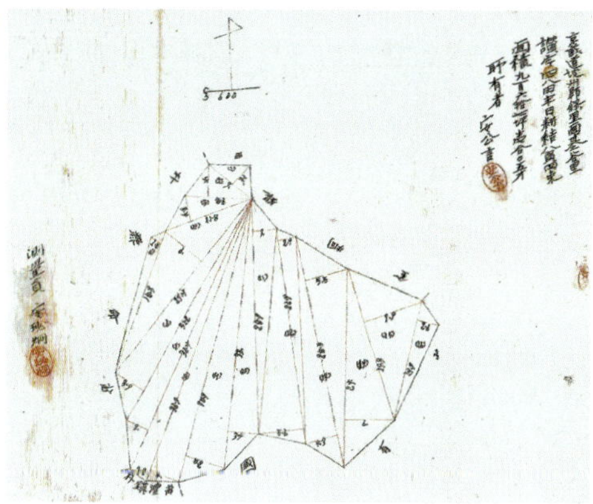

측량도면 300번지

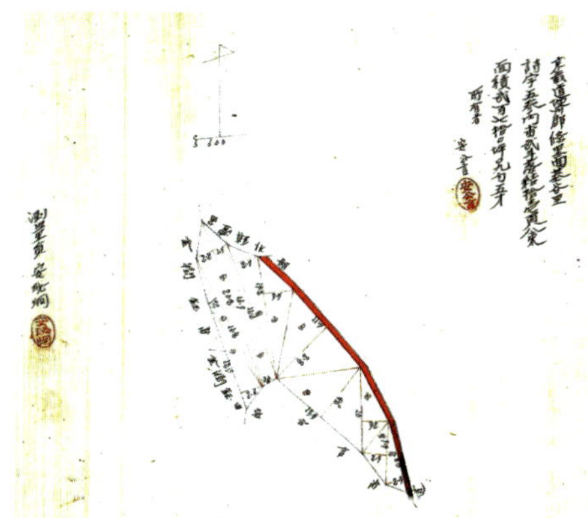

측량도면 410번지

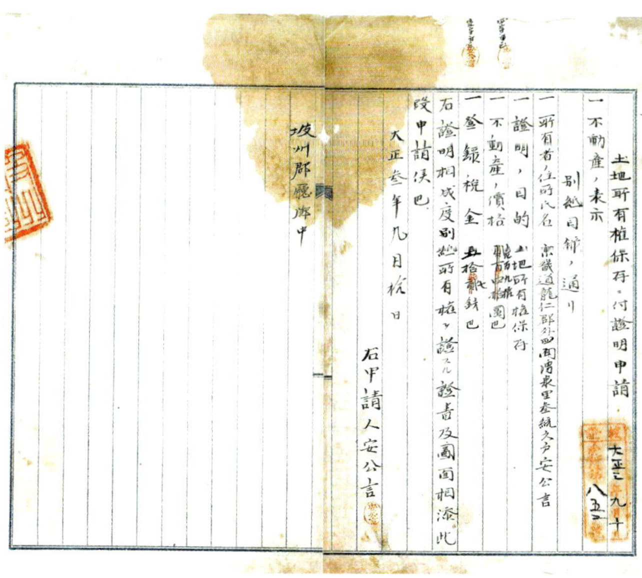

토지소유권보존증명신청서

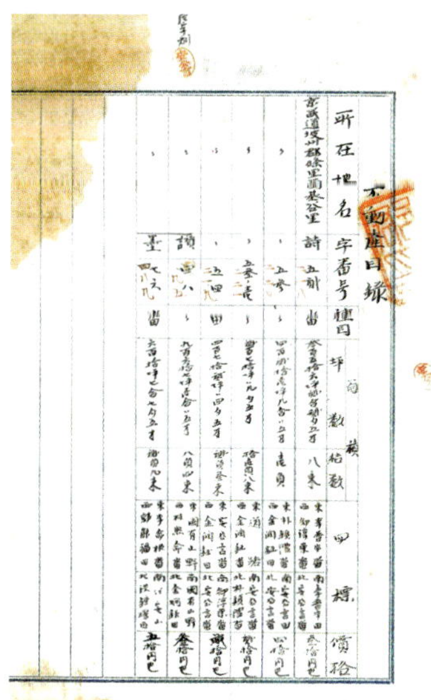

부동산 목록

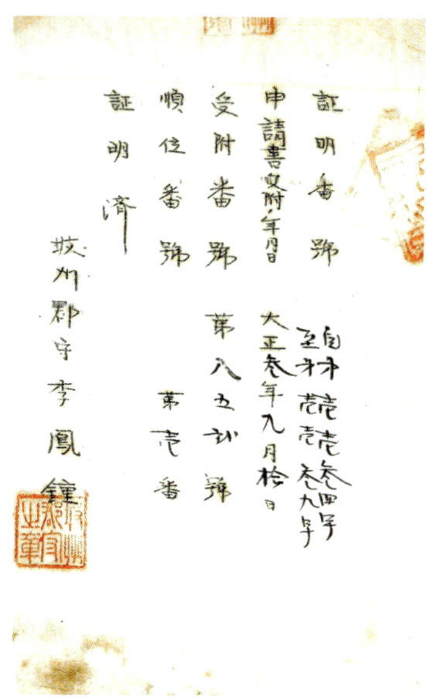

소유권보존증명서

5. 금은동광 광산동업계약서 金銀銅鑛 鑛山同業契約書

소재 강원도 정선군 정선면 회동리·용탄리·마항리 등 지역 일대 금은동광

면적 100만 평

출원 1935년(소화 10) 11월 6일(출원번호 10141호)

계약 1937년(소화 12) 10월 15일

갑 경기도 포천군 일동면 수입리 830번지 안필형 선생(당 45세)

을 강원도 정선군 정선면 용탄리 이승재李勝在

입회 강원도 횡성군 청일면 병지방리 8번지 유덕삼兪德三

내용 출원당시 10분지 3은 이승재(을), 10분지 7은 조시근 소지 지분을, 안필형(갑)이 조시근 지분 전부를 매수하고, 위의 금은동 광산을 경영한다는 계약

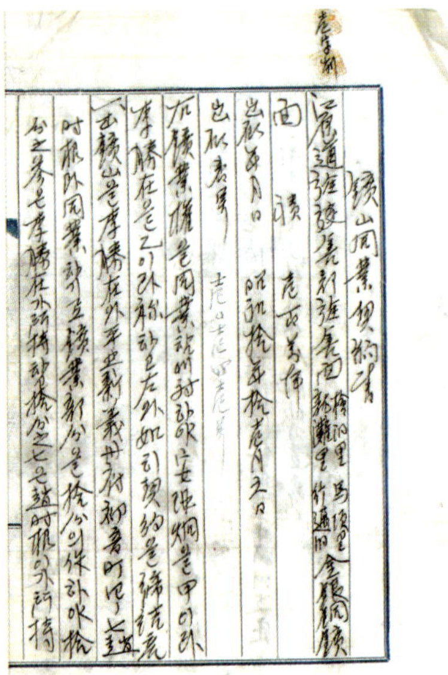

광산동업계약서(1)

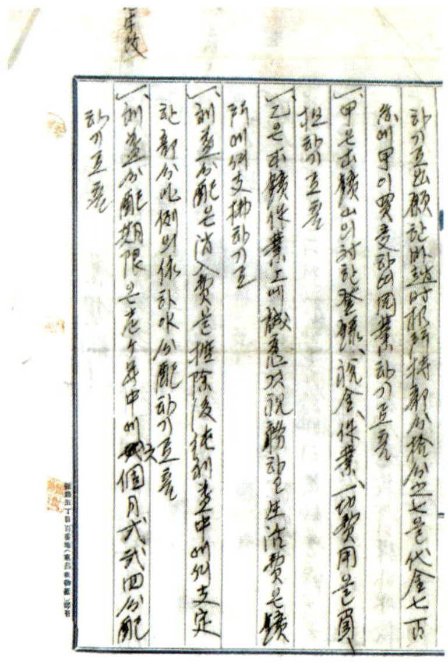

광산동업계약서(2)

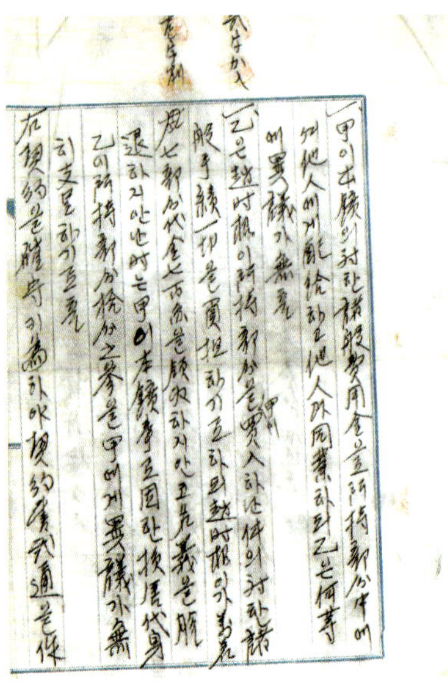

광산동업계약서(3)

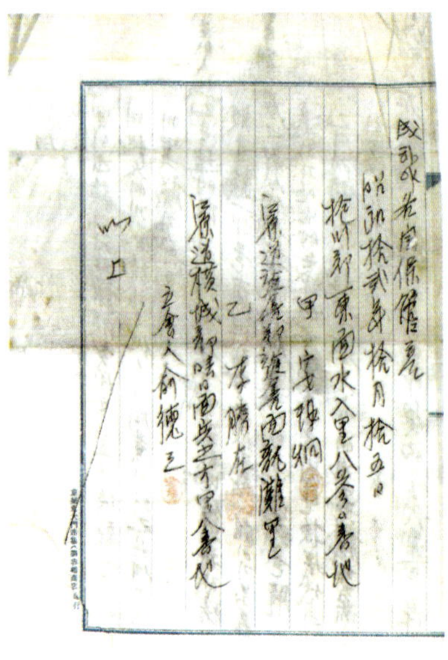

광산동업계약서(4)

6. 형석발견광 출원계약서 螢石發見鑛 出願契約書

소재 경기도 포천군 이동면 연곡리 일대 형석광

계약 1938년(소화 13) 6월 19일

갑 경성부 황금정 4정목 291번지 목촌양영木村良榮

을 경기도 포천군 일동면 수입리 830번지 안필형 선생(당 46세)

병 경성부 봉래정 4정목 12의 16번지 박진우朴鎭宇

내용 을(안필형 선생)이 발견한 형석광 출원 관련 계약 체결

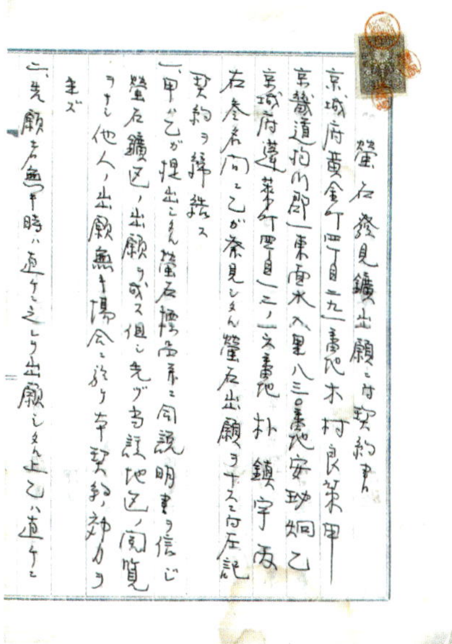

형석발견광 출원계약서(1)

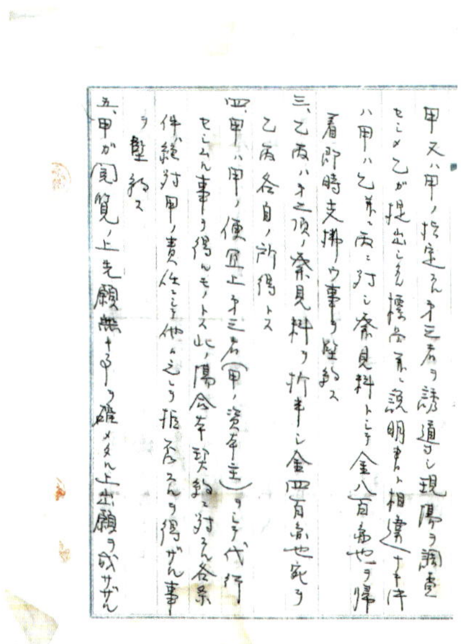

형석발견광 출원계약서(2)

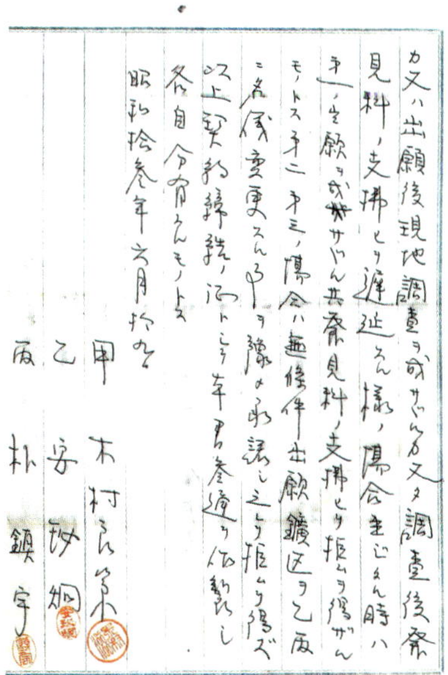

형석발견광 출원계약서(3)

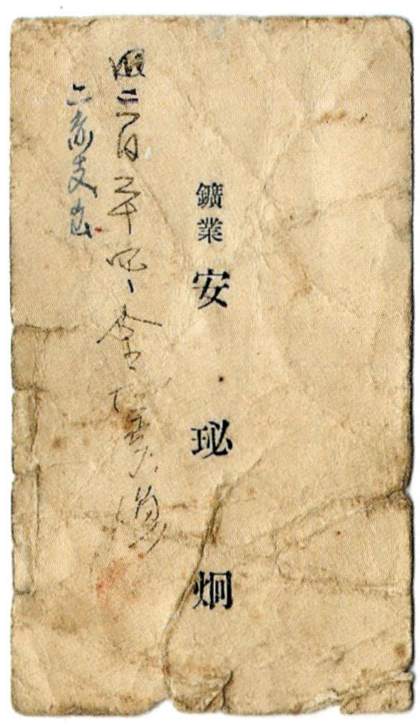

안필형 선생 명함

7. 종환 안필형 선생 묘소

안필형 선생은 1949년 윤7월 14일 작고하여, 고양군 한지면 청량리 태릉측 망우리 공동묘지 자좌子坐로 모셨었다. 45년 만인 1993년 윤3월 20일(양력 5월 11일) 망우리 공동묘지를 벗어나, 용인시 처인구 백암면 고안리 소정마을 대교산 자락에 아들 안재식의 사산私山으로 이장했다. 1995년 7월 27일(양력 8월 23일) 선생의 배필인 이기만 여사의 작고로 2위 합장合葬을 하였다. 유택의 좌향坐向은 묘좌유향卯坐酉向이다.

안필형 선생 묘소(봄)

안필형 선생 묘소(여름)

안필형 선생 묘소(가을)

안필형 선생 묘비

안필형 선생 추모시비(追慕詩碑)

金炳國
김병국
1825~1905

조선 후기 문신으로, 본관은 안동이다. 자는 경용景用이고, 호는 영어穎漁다. 이조판서 김수근金洙根의 아들이며, 영의정을 지낸 김병학金炳學의 동생이다.

1850년(철종 1) 증광문과增廣文科에 병과丙科로 급제한 뒤 대교待教를 거쳐, 1853년 성균관대사성에 특진하였다. 이어 1857년 예조판서, 1858년 병조판서·호조판서, 1860년 훈련대장 등 안동김씨 세도의 물결을 타고 요직을 두루 지냈다.

1864년(고종 1) 흥선대원군興宣大院君 집권으로 안동김씨 세도는 후퇴하였으나, 그는 조선 26대 왕 고종의 즉위에 은밀히 노력한 공로로 별다른 영향을 받지 않고 이조판서가 되었다.

1865년 경복궁 중건 때에는 판중추부사判中樞府事로 영건도감제조營建都監提調를 맡았다. 이어 1866년 호조판서, 1874년 우의정, 1878년 좌의정이 된 뒤, 1880년 황준헌黃遵憲의 《조선책략朝鮮策略》에 따라 연미국론聯美國論을 주장, 미국과의 수교에 찬성하였다.

1882년 임오군란을 계기로 사태 수습에 나선 흥선대원군이 통리기무아문統理機務衙門을 혁파하고, 삼군부三軍府를 설치함에 따라 영삼군부사領三軍府事가 되었다. 1884년 영의정, 같은 해 영돈녕부사領敦寧府事를 역임하고 1885년 벼슬에서 물러났다. 품계는 정1품 대광보국숭록대부, 시호는 충문忠文이다.

1865년 각방당상各房堂上으로 《철종실록》을 편찬하고, 1878년 철종의 왕비 철인왕후(哲仁王后, 1837~1878) 김씨의 묘지문墓誌文을 지었다.

그는 추사秋史 김정희金正喜에게 글씨를 배워 추사체秋史體에 능통한 문필가였다. 1858년(철종 9)에 쓴 '주자소현판鑄字所懸板', 활자주조연혁을 새긴 '주자사실현판鑄字事實懸板'이 유명하다. 그가 지은 〈예릉지문악장睿陵誌文樂章〉이 《예릉지장睿陵誌狀》에 수록되어 있다.

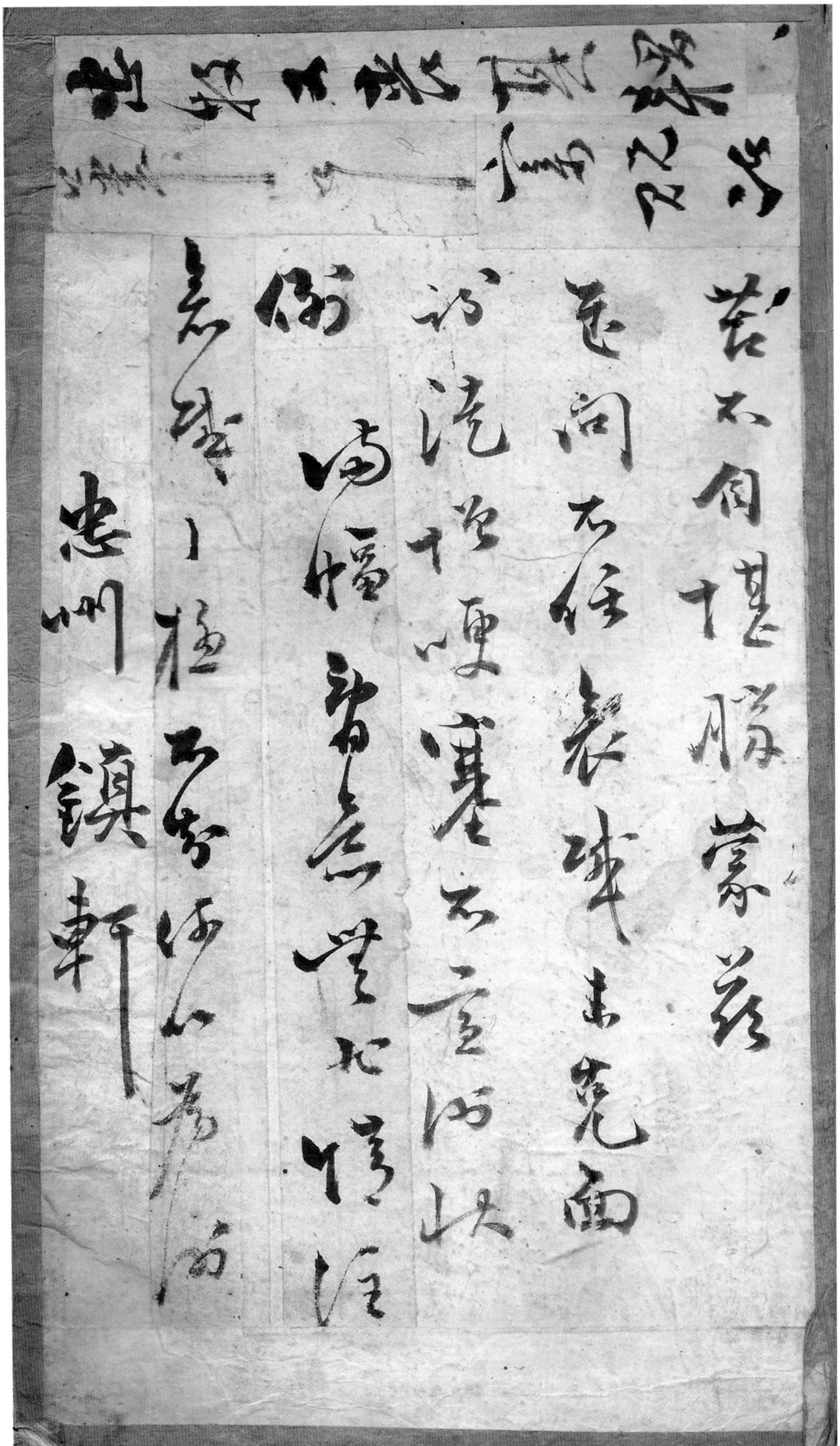

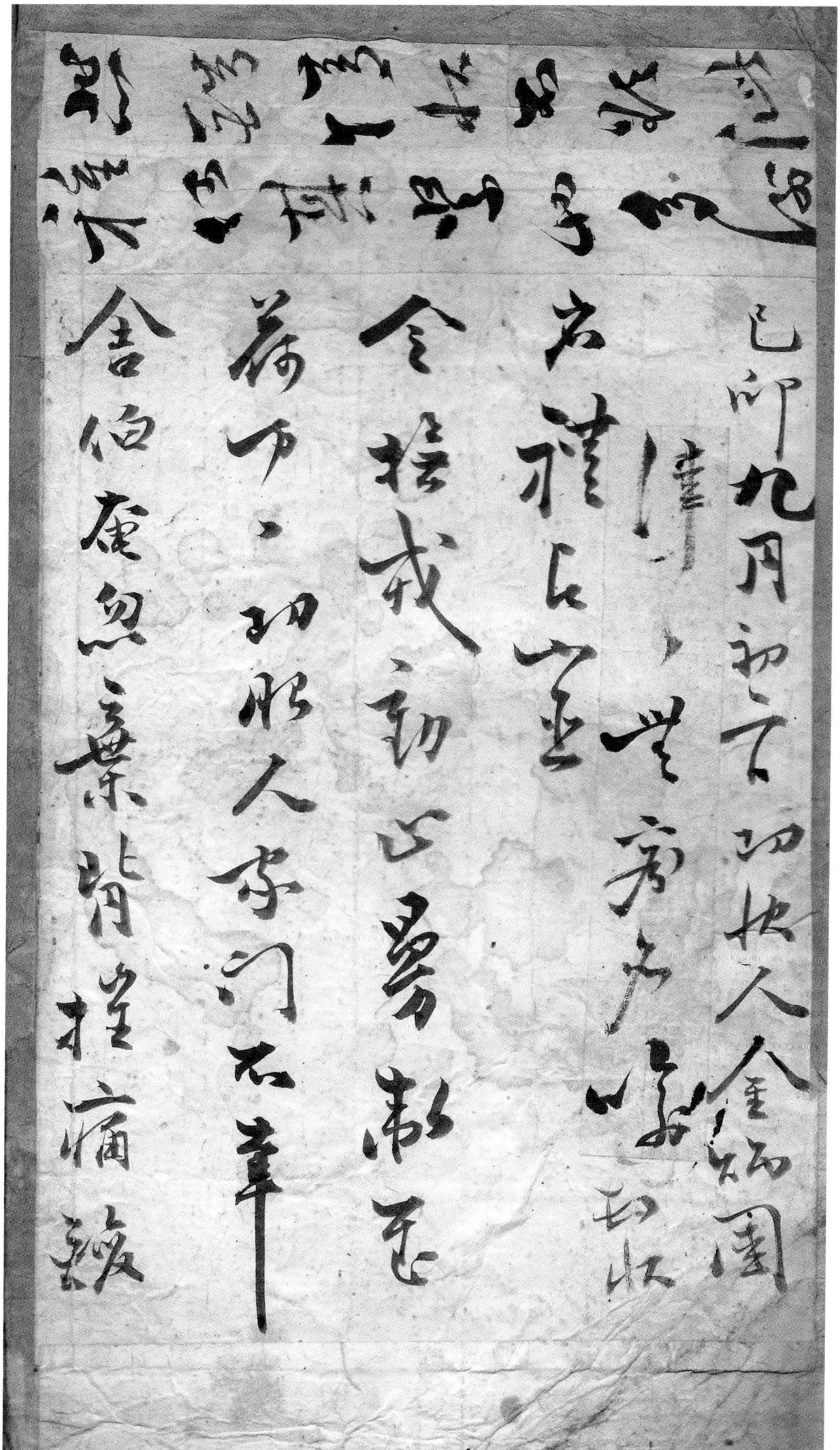

◆탈초와 독음

봉투

忠州鎭軒	충주진헌

본문

① 省禮 卽審	생례 즉심
② 令撫戎 動止曼衛 慰	영무융 동지만위 위
③ 荷萬萬 功服人 家門不幸	하만만 공복인 가문불행
④ 舍伯 奄忽棄背 摧痛酸	사백 엄홀기배 최통산
⑤ 苦 不自堪勝 蒙玆	고 불자감승 몽자
⑥ 慰問 不任哀感 未克面	위문 불임애감 미극면
⑦ 訴 徒增哽塞 不宣謝狀	소 도증경색 불선사장
⑧ 例	례
⑨ 己卯 九月 初二日 功服人 金炳國	기묘 구월 초이일 공복인 김병국
⑩ 頓狀	돈장

추신

⑪ 忠牧 又喪其耦 悲酸情狀 不欲泚	충목 우상기우 비산정상 불욕체
⑫ 筆耳 寄貺諸種 何其緊也 多謝	필이 기황제종 하기긴야 다사
⑬ 津津 無容名喩	진진 무용명유
⑭ 滿幅辭意 無非情注	만폭사의 무비정주
⑮ 哀感之極 不知何以爲謝	애감지극 부지하이위사

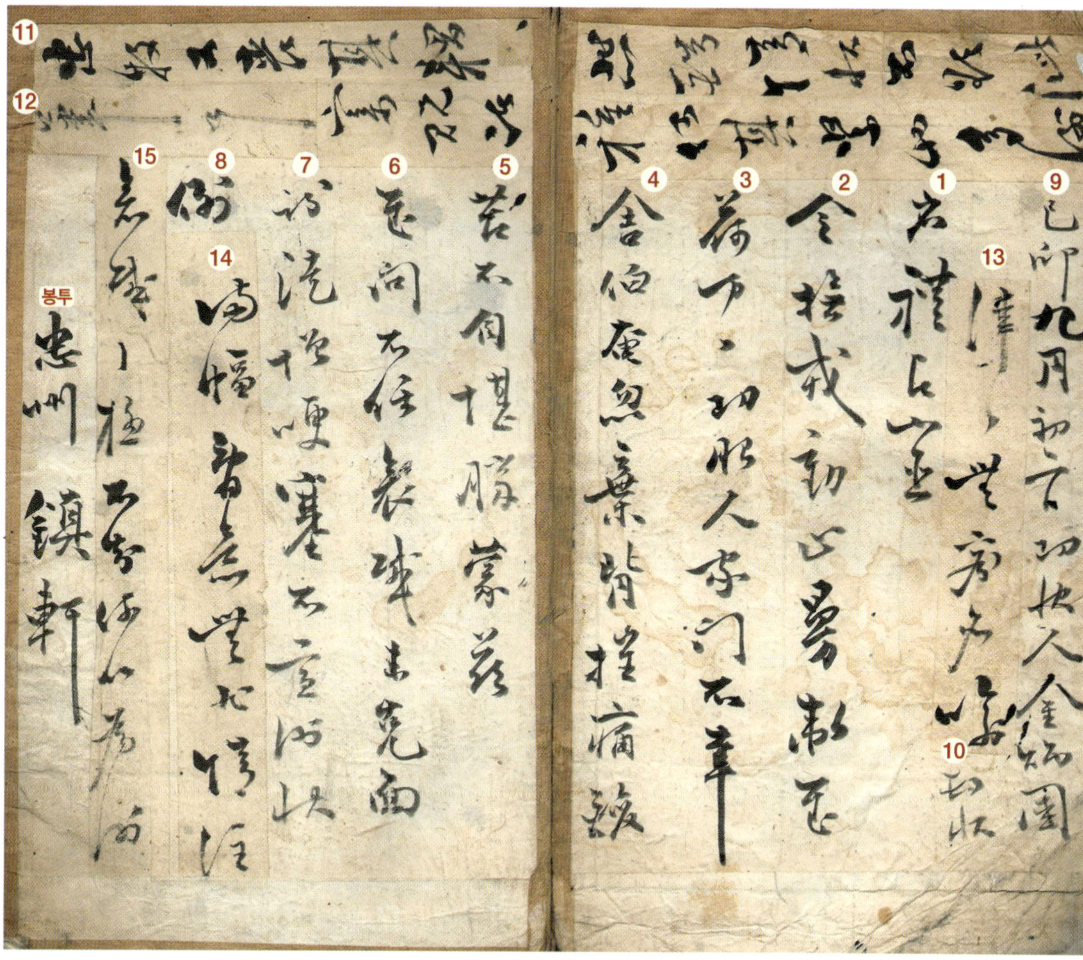

◆ 번역

봉투

충주진헌忠州鎭軒[1]

본문

예는 생략하고 말씀드립니다.[2] 영감令監[3]께서 병영兵營을 어루만지며[撫戎][4] 지내는 안부가 좋으시다니, 매우 위안이 됩니다.

저는[功服人][5] 집안이 불행하여 큰형님[舍伯][6]이 갑자기 돌아가셨습니다. 가슴이 찢어지고 쓰라린 마음을 스스로 이길 길이 없습니다. 그런데 이렇게 당신의 위문장을 받고 애통한 마음을 감당할 수 없는데, 만나서 하소연도 못 하고 한갓 목이 메일 뿐입니다.

이만 줄이고 답장을 씁니다.

기묘己卯[7] [1879] 9월 2일.

공복인功服人 김병국金炳國은 머리를 조아리고 편지를 드립니다.

추신

충주목사가 또 그의 아내를 잃었다고 하니, 비통하고 쓰라린 사정을 차마 편지로 말씀드리고 싶지 않습니다.

보내주신 여러 가지 물건은 어찌나 긴요하게 사용했던지, 너무나 감사하여 말로 표현할 수 없을 정도입니다. 편지에 가득 말씀하신 뜻은 정을 쏟지 않은 것이 없으니, 애통하고 지극한 마음을 어떻게 감사드려야 할지 모르겠습니다.

◆ 해제

기묘년[1879] 9월 2일 당시 김병국金炳國이 좌의정左議政[8]을 지낼 때, 충주영장忠州營將[9] 안정구安珽求에게 보낸 편지이다.

자신의 큰형님 죽음을 위로하기 위해 보낸 상대의 위문장에 감사하는 내용이다.

추신으로, 충주목사가 아내를 잃은 것에 함께 슬퍼하며, 상중喪中에 상대가 보내준 선물에 대하여 감사의 뜻을 전하였다.

◆ 주석

1 충주진헌忠州鎭軒 : '鎭軒'은 '진아鎭衙'와 같은 말로, 각 진鎭의 영장營將 등이 군사 업무를 보도록 된 동헌東軒을 이른다. '충주진忠州鎭'은 충주영장忠州營將이 맡았는데, 진鎭의 관아官衙라는 뜻으로 지방명 아래에 붙여 겉봉에 쓰는 말이다.

2 예는 생략하고 말씀드립니다 : 원문은 '省禮생례'. 일반적으로 상중喪中에 편지를 보낼 때, 격식이나 예절을 생략한다는 뜻으로 쓰는 편지의 투식套式이다. '省禮言생례언', '省式생식', '省생' 등으로도 쓴다.

3 영감令監 : 종2품·정3품 당상관堂上官의 품계를 가진 관리의 존칭이다.

4 병영兵營을 어루만지며[撫戎] : 원문은 '撫戎무융'. 군사 행정 업무에 대하여 안부를 말할 때 쓰는 말이다. 이하 다른 편지에서도 모두 동일한 뜻이다.

5 저는[功服人] : 원문은 '功服人공복인'. 상복喪服 이름인 대공(大功: 9개월 동안 입는 복제)과 소공(小功: 5개월 동안 입는 복제)의 복服을 입은 사람을 이른다.

6 큰형님[舍伯] : 영의정을 지낸 김병학(金炳學, 1821~1879.8.15)을 이른다. 그는 조선 후기 문신으로, 김병국의 큰형님이다. 본관은 안동安東, 자는 경교景敎, 호는 영초穎樵다. 아버지는 이조판서 김수근金洙根이며, 조선 25대 왕 철종의 장인인 영은부원군永恩府院君 김문근金汶根의 조카가 된다. 1853년(철종 4) 정시문과庭試文科에 병과丙科로 급제하여, 장령·사간이 되고, 안동김씨 세도의 배경과 고종 즉위에 은밀히 노력한 공로로 대사헌·이조판서·좌찬성·좌의정·영의정 등을 두루 역임하였다. 1875년 영돈녕부사(領敦寧府事. 정1품)가 된 뒤, 조일수호조약朝日修好條約 체결에 극렬하게 반대하였다. 1879년 사망하기 직전까지도 동생인 좌의정 김병국과 함께, 판부사 홍순목洪淳穆·한계원韓啓源, 영의정 이최응李最應 등과 연차(聯箚: 연명으로 왕에게 쓴 건의문)를 올렸다. 그는 일본이 요구하는 인천·원산 개항 가운데, 인천만은 서울 백 리 안에 있으므로 결코 허락해서는 안 된다고 주장하였다. 총재관摠裁官으로《철종실록》을 편찬하고,《대전회통大典會通》을 완성했다. 시호는 문헌文獻이다.

7 기묘己卯 : 음력 1879년(고종 16)을 이른다. 이하 다른 편지에서도 모두 동일한 뜻이다.

8 좌의정左議政 : 의정부議政府의 고위 관직으로, 정1품 벼슬이다.

9 충주영장忠州營將 : 관식 명칭은 충청도후영장忠淸道後營將, 충주진영장忠州鎭營將, 충장忠將으로도 불린다. 병법에 능한 정3품 당상관 중에서, 각 도道에 있는 지방 군대를 통솔하기 위하여 설치한 진영鎭營의 우두머리 장관將官을 말한다. 충주진영 최고책임자로서 지방군의 주축인 속오군(束伍軍: 속오법에 따라 양반·중인·양인·공사천으로 조직된 혼성군)의 군사지휘권軍事指揮權, 조련권調練權 등을 장악하여 군병 교련과 군비 확충을 전담하는 관직을 이른다.

金炳國
김병국
1825~1905

01
B

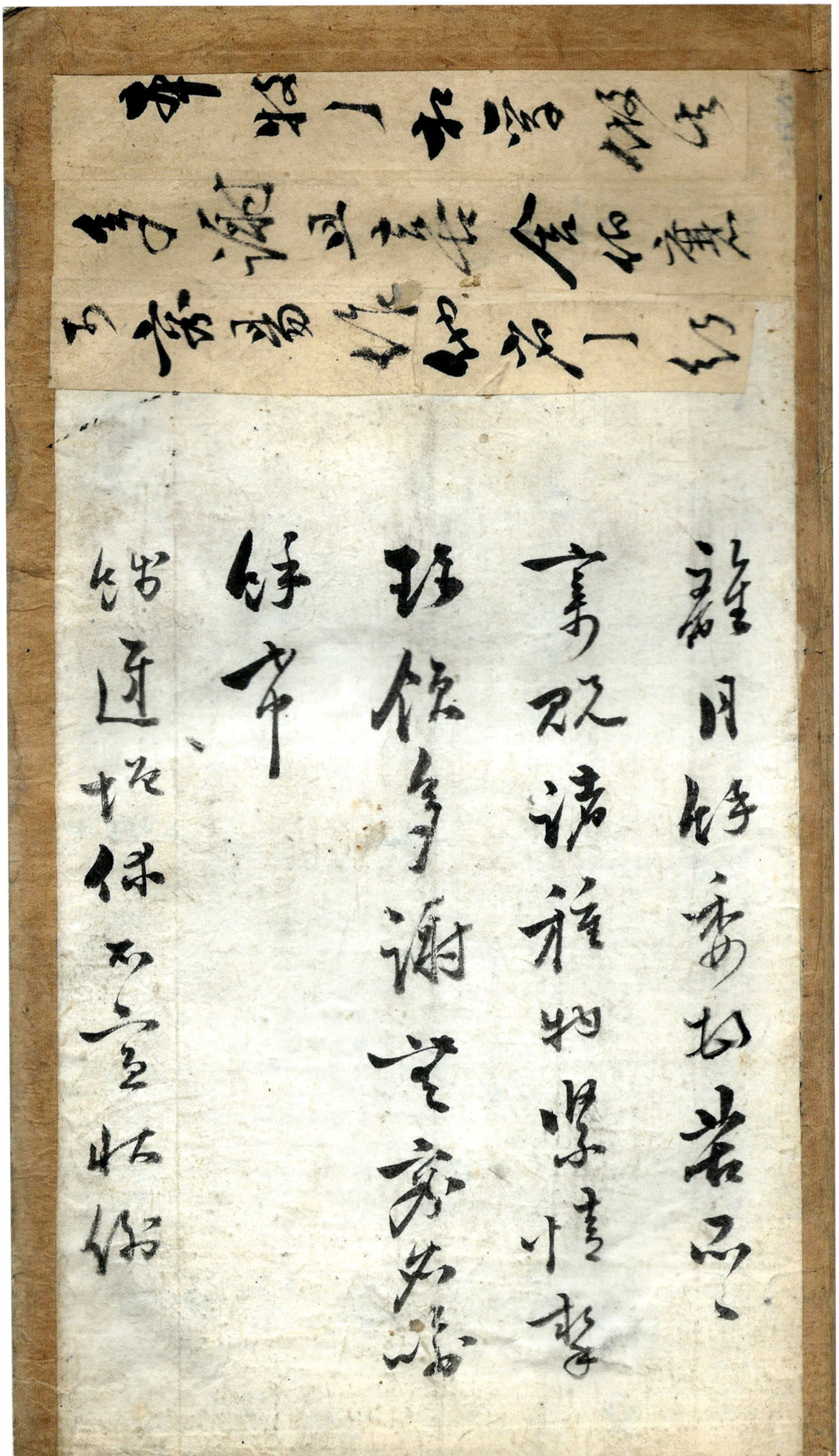

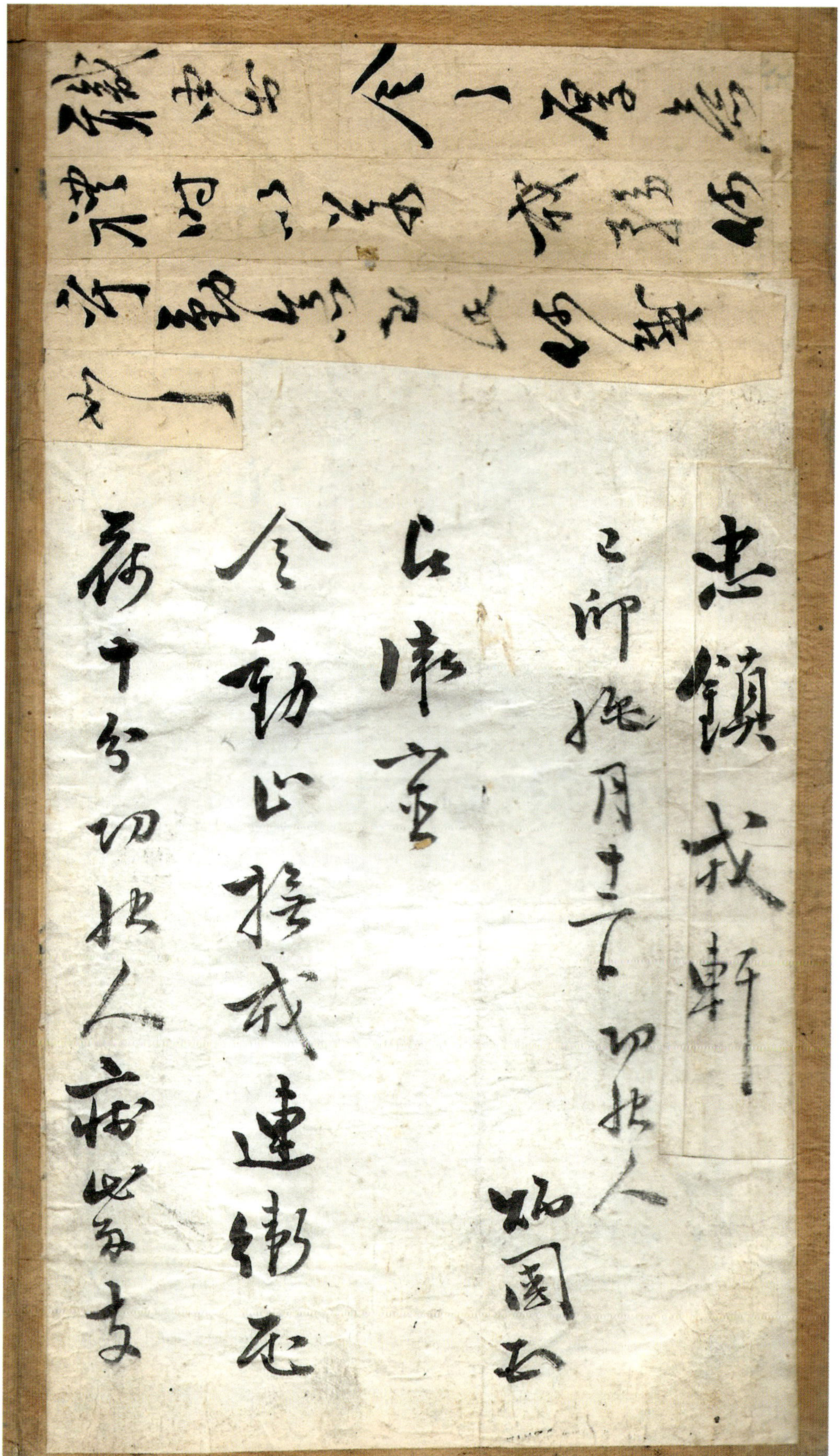

◆탈초와 독음

봉투

忠鎭戎軒	충진융헌

본문

① 卽承審	즉승심
② 令動止 撫戎連衛 慰	영동지 무융연위 위
③ 荷十分 功服人 病祟支	하십분 공복인 병수지
④ 離 月餘委頓 苦悶苦悶	리 월여위돈 고민고민
⑤ 寄貺諸種 物緊情摯	기황제종 물긴정경
⑥ 珍領多謝 無容名喩	진령다사 무용명유
⑦ 餘希	여희
⑧ 餞迓增休 不宣狀例	전아증휴 불선장례
⑨ 己卯 臘月 十二日 功服人 炳國 頓	기묘 납월 십이일 공복인 병국 돈

추신

⑩ 本牧之相孚 做去職 由於令之厚意	본목지상부 주거직 유어영지후의
⑪ 多謝且喜 舍伯襄禮時 以若戎務 何	다사차희 사백양례시 이약융무 하
⑫ 可容易 作他省之行乎 勤念至此 何感	가용이 작타성지행호 근념지차 하감
⑬ 如之	여지

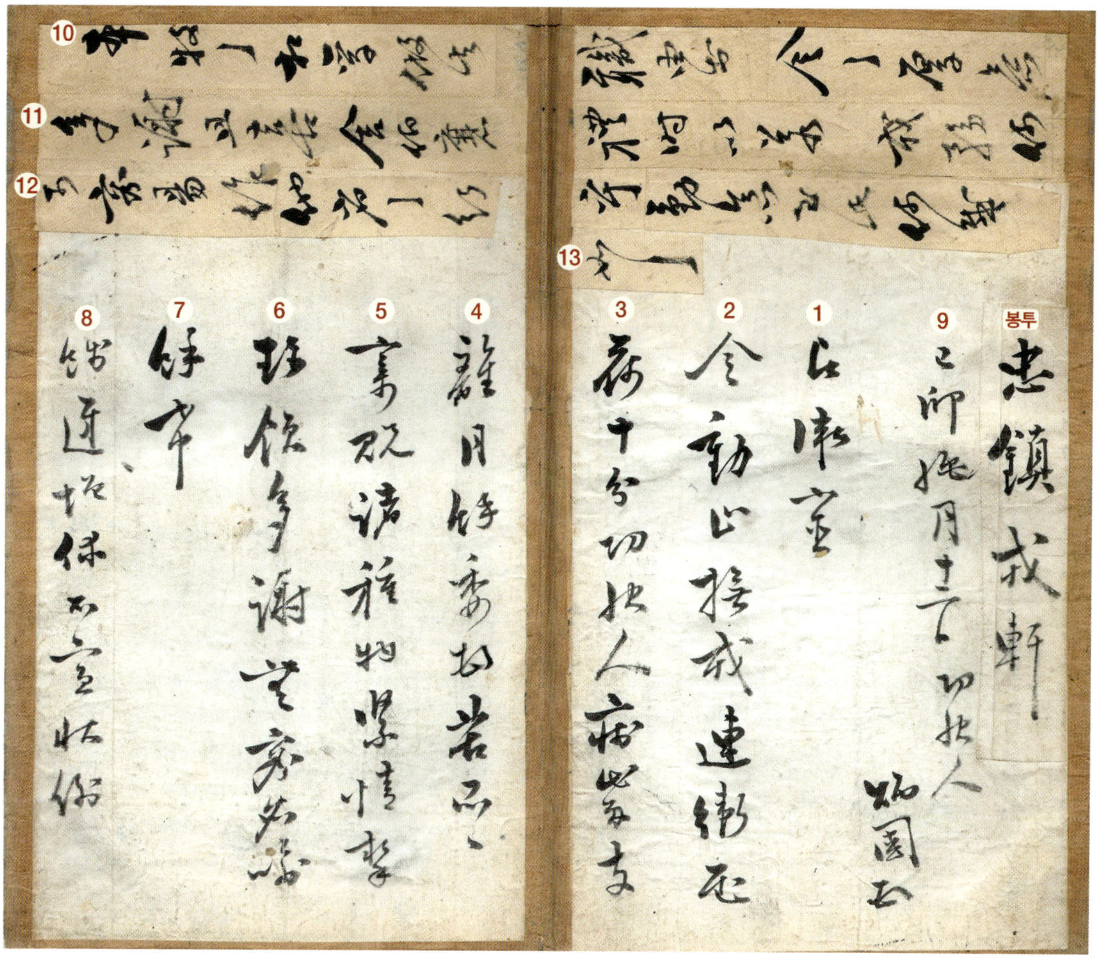

◆ 번역

봉투

충진융헌忠鎭戎軒[1]

본문

즉일卽日 편지를 받고, 영감께서 병영兵營을 어루만지며[撫戎] 연이어 잘 지내신다니, 매우 위안이 됩니다.

저는[功服人] 오랫동안 병이 낫지 않아 한 달 남짓 자리를 보존하고 있으니 괴롭습니다. 보내주신 여러 가지 물건들은 매우 긴요하고 정다운 것들이라, 감사한 마음을 말로 표현할 수 없습니다.

나머지는 새해를 맞아 더욱 아름다우시기를 빌며, 이만 줄입니다.

기묘년[1879] 12월[臘月][2] 12일.

공복인功服人 병국炳國[3]은 머리를 조아립니다.

추신

본 목사牧使[4]와 서로 믿고 지내고 있고, 지난번 직책도 영감의 후의로 말미암은 것이니 매우 감사하고 기쁩니다.

저의 큰형님 장례를 치르는 때이기는 하지만 융무戎務[5]로 바쁜데, 어떻게 쉽사리 다른 도道로 행차하실 수 있었겠습니까? 이처럼 염려해주시니, 감사한 마음을 어찌해야 할지 모르겠습니다.

◆ 해제

기묘년[1879] 12월 12일 당시 김병국金炳國이 좌의정左議政을 지낼 때, 충주영장忠州營將 안정구安珽求에게 보낸 편지이다.

자신은 오랫동안 병이 낫지 않아 괴로운데, 상대가 보내준 선물에 대하여 감사를 표하였다. 추신으로, 상대의 후의로 직책을 받은 것에 감사를 드리고, 자신의 형님이 돌아가셨을 때 상대가 오지 못한 것은, 직책상 다른 도道로 행차하기 어려웠을 것이라며 이해의 뜻을 전하였다.

◆ 주석

1 충진융헌忠鎭戎軒 : 충주진영忠州鎭營의 융헌戎軒을 이른다. 진헌鎭軒과 비슷한 뜻으로, 지방명 아래에 붙여 겉봉에 쓰는 말이다.

2 12월[臘月] : 원문은 '臘月납월'. 음력 선달의 별칭으로, 12월을 달리 이르는 말이다. 이하 다른 편지에서도 모두 동일한 뜻이다.

3 병국炳國 : 조선 후기 문신으로, 영의정을 지낸 김병국(金炳國, 1825~1905)을 이른다.

4 목사牧使 : 1879년 12월 당시 충주목사忠州牧使를 지낸 조신희趙臣熙를 이른다.

5 융무戎務 : 군대에 관한 업무를 달리 부르는 말이다.

閔謙鎬
민겸호
1838~1882

02 A

조선 고종 때 문신으로, 본관은 여흥驪興이고, 자는 윤익允益이다. 아버지는 판돈녕부사 민치구閔致久, 형님은 민승호閔升鎬, 큰아들은 충정공忠正公 민영환閔泳煥, 둘째 아들은 민영찬閔泳瓚이다. 홍선대원군의 처남으로, 고종의 외삼촌이고, 명성왕후(明成王后, 1851~1895) 민씨와는 친척 오빠가 된다.

1866년(고종 3) 알성장원謁聖壯元으로 급제하고, 1867년 부수찬·응교, 1872년 이조참의·성균관대사성·예조참판을 제수받았다.

1874년 형님인 민승호가 폭발물 사고로 죽자, 민씨 세력의 중심인물이 되어 1877년 홍문관부제학·형조판서·시강원우빈객·병조판서, 1878년 판의금부사·금위대장을 거쳐, 1879년 이조판서와 무위도통사, 지삼군부사를 지냈다.

1879년(고종 16) 12월 21일, 왕세자(王世子: 훗날 순종)가 천연두에 걸렸다가 회복된 기념으로, 당시 의약청議藥廳 약방제조藥房提調로서 치료에 전념한 공로를 인정받아 가선대부(嘉善大夫: 종2품)에서 특별히 보국숭록대부(輔國崇祿大夫: 정1품)로 품계가 건너뛰었다. 같은 날 숙마(熟馬: 길이 잘 든 말) 1필匹, 표피(豹皮: 표범의 가죽) 1령令, 전田 30결(結: 헥타르), 노비 각각 4구奴婢各各四口를 사급(賜給: 하사) 받았다.[《승정원일기》 고종 16년 12월 21일 기사 참조]

이후에도 1880년 예조판서·어영대장·한성부판윤·판돈녕부사·총융사 등 요직을 두루 역임하고, 신식 군대인 별기군別技軍을 창설하였다.

선혜청당상宣惠廳堂上에 올랐으나, 1882년(고종 19) 6월 10일 임오군란 때, 창덕궁 중희당重熙堂에서 난군亂軍에 피살되었다. 영의정에 추증되었고, 시호는 충숙忠肅이다.

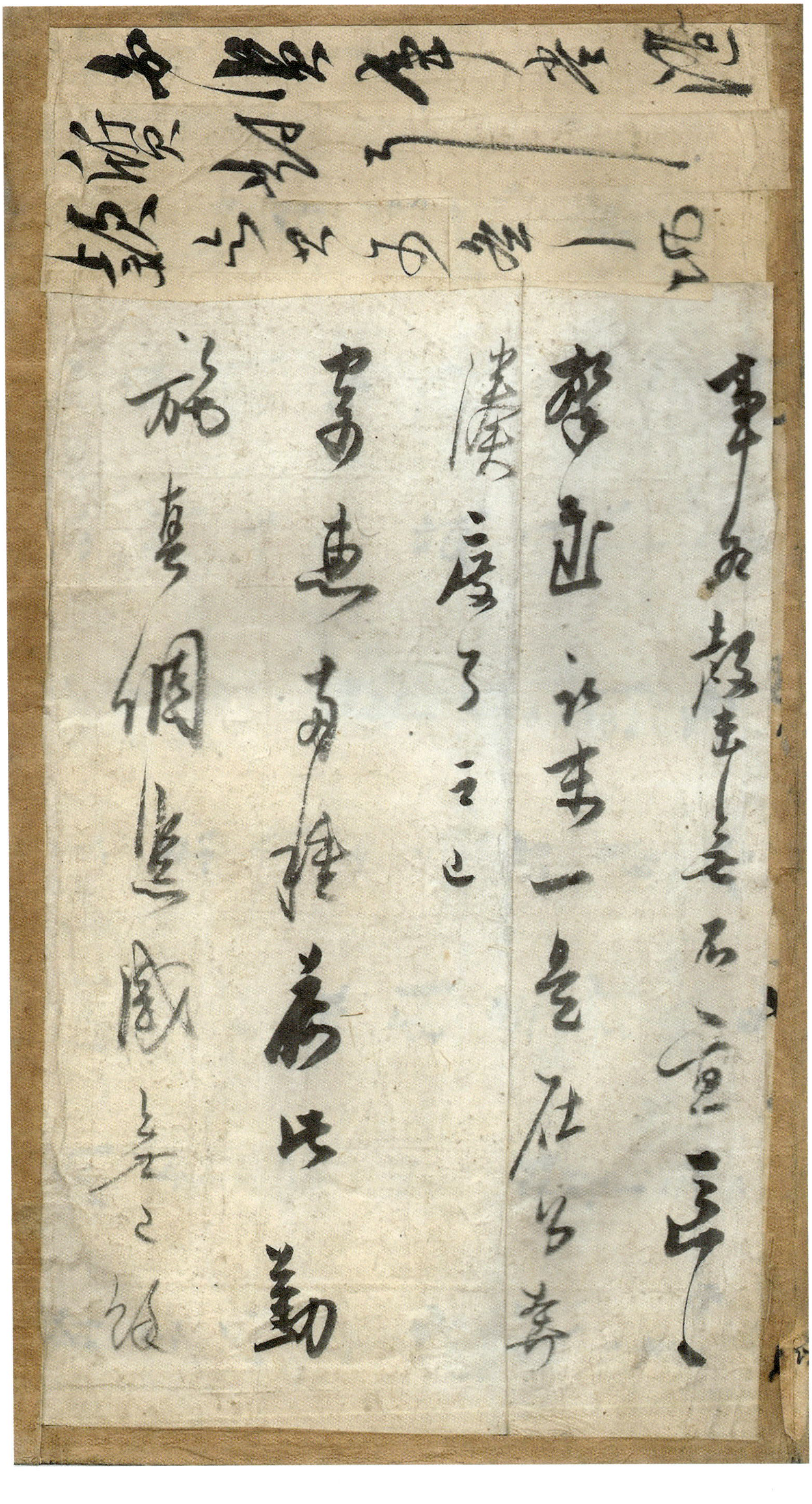

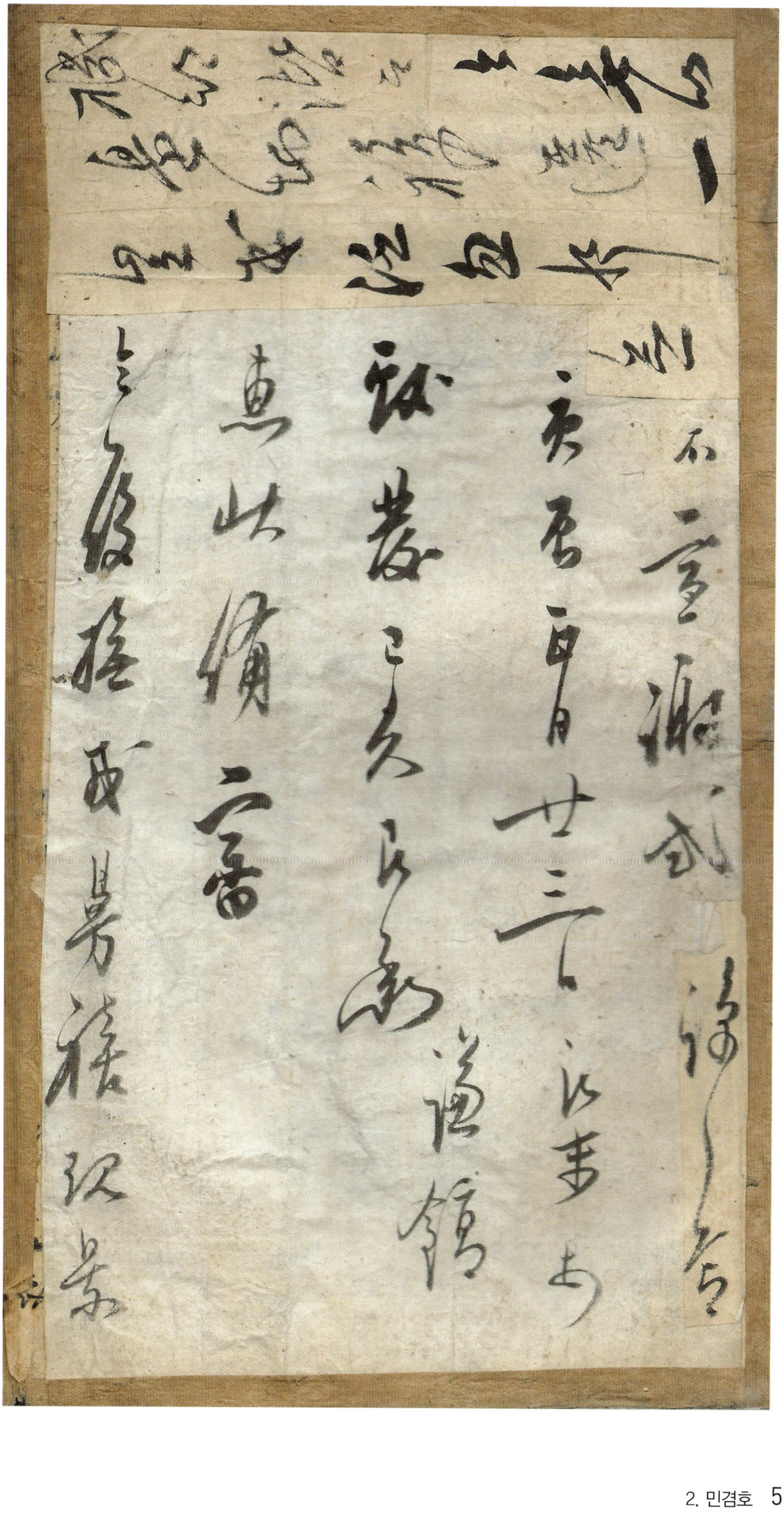

◆ 탈초와 독음

본문

① 獻發已久 卽承	헌발이구 즉승
② 惠狀 備審	혜장 비심
③ 令履撫戎曼禧 現景	영리무융만희 현경
④ 事 爲罄無不宜 區區	사 위경무불의 구구
⑤ 擎慰 記末 一是在公 奔	경위 기말 일시재공 분
⑥ 湊度了而已	주도료이이
⑦ 寄惠兩種 荷此勤	기혜양종 하차근
⑧ 施 眞個緊感無已 餘	시 진개긴감무이 여
⑨ 不宣謝式	불선사식
⑩ 庚辰 正月 卄三日 記末 謙鎬 頓	경진 정월 입삼일 기말 겸호 돈

추신

⑪ 胤賢事 當隨機期諧 而今無以	윤현사 당수기기해 이금무이
⑫ 質對耳 邊地移遷一	질대이 변지이천일
⑬ 款 亦其可圖之地 豈或泛忽耶	관 역기가도지지 기혹범홀야
⑭ 竝	병
⑮ 諒之焉	량지언

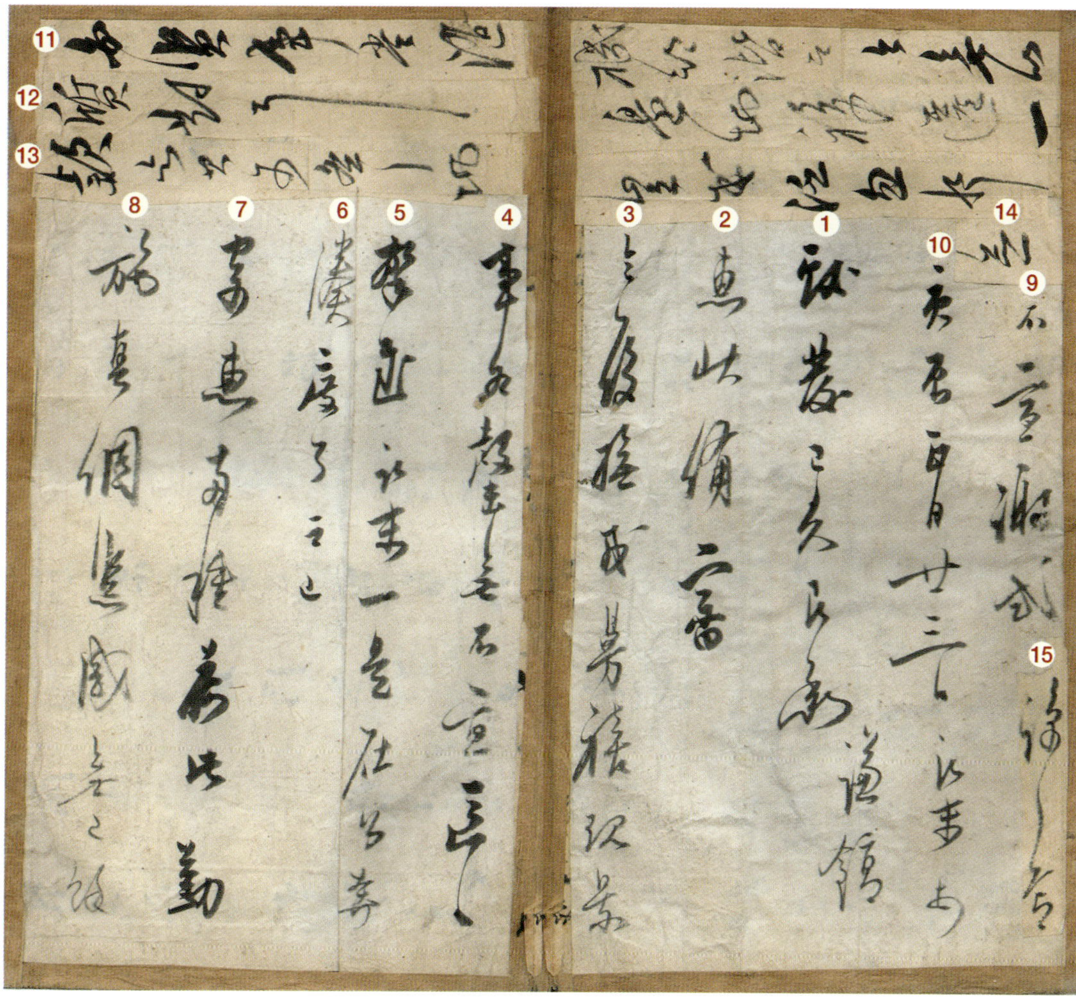

◆ 번역

본문

해가 바뀐 지 이미 오래인데, 즉일卽日 편지를 받고 영감께서 병영兵營을 어루만지며[撫戎] 잘 지내시는 줄 알았습니다. 현경現景[1]의 일은 마땅치 않음이 없으니[2] 매우 위안이 되었습니다. 저는[記末][3] 줄곧 공직에 있으면서 바쁘게 날을 보내고 있을 뿐입니다. 보내신 두 가지 물건은 간절히 베풀어 주심을 입었으니, 참으로 감사하기 그지없습니다.

이만 줄입니다.

경진庚辰[4] [1880] 1월 23일[廿三日].[5]

기말記末 겸호謙鎬[6]는 머리를 조아립니다.

추신

당신 아드님의 일은 마땅히 기회를 보아 잘 처리할 것을 약속하겠지만, 지금은 문답할 수 없습니다. 변방으로 옮기는 한 조목[一款]은 또한 도모할 수 있는 처지이니, 어찌 소홀히 할 수 있겠습니까? 모두 헤아려 주십시오.

◆ 해제

경진년[1880] 1월 23일 당시 민겸호閔謙鎬가 무위도통사武衛都統使[7] 겸 약방제조藥房提調[8]를 지낼 때, 충주영장忠州營將 안정구安珽求에게 보낸 편지이다.

상대가 연말에 보내준 선물을 잘 받았다는 사연과 함께, 아들의 일을 확답하기는 어렵지만 상황에 따라 잘 처리하겠다고 하였다.

◆ 주석

1 현경現景 : 인명으로 어떤 사람인지 정확하지 않다.

2 마땅치 않음이 없으니 : 원문은 '罄無不宜경무불의'. 《시경》 〈천보天保〉에 "하늘이 그대를 안정시켜 그대로 하여금 모두 좋게 하셨다. 다 마땅하지 않음이 없어서 하늘의 온갖 녹을 받거늘, 그대에게 장구한 복을 내리시되 날마다 부족하게 여기시도다.[天保定爾 俾爾戩穀 罄無不宜 受天百祿 降爾遐福 維日不足]"라는 구절에서 유래한다.

3 저는[記末] : 원문은 '記末기말'. 편지에서 자기보다 지위가 낮은 사람에게 자신을 낮추어 이르는 말이다. 이하 다른 편지에서도 모두 동일한 뜻이다.

4 경진庚辰 : 음력 1880년(고종 17)을 이른다. 이하 다른 편지에서도 모두 동일한 뜻이다.

5 23일[卄三日] : 원문은 '卄三日입삼일'. 음력 23일을 달리 이르는 말이다.

6 겸호謙鎬 : 조선 고종 때 문신인 민겸호(閔謙鎬, 1838~1882)를 이른다.

7 무위도통사武衛都統使 : 약칭은 도통都統이다. 궁궐 수호와 수도 방위를 위하여 설치한 무위소(영)의 최고 관직으로 품계는 종1품~종2품이다.

8 약방제조藥房提調 : 임금에게 올리는 약을 감독하는 관원을 이른다. 궁중의 의약에 관한 일을 맡아보는 약원제거藥院提擧와 같은 관직이다. 의약청議藥廳은 왕이나 왕비의 병이 위중할 때, 임시로 두었던 의료기관의 명칭이다.

閔謙鎬

민겸호

1838~1882

02
B

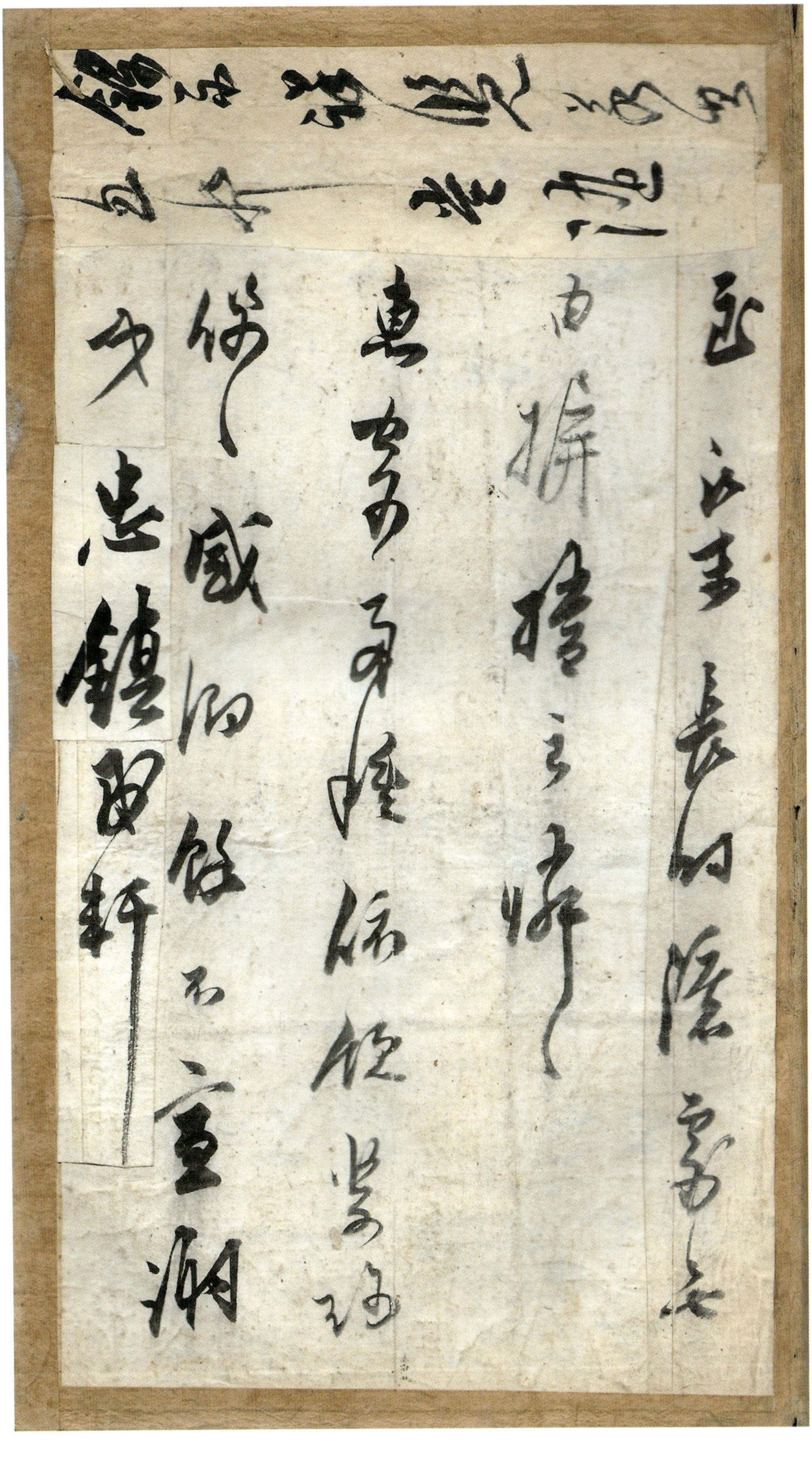

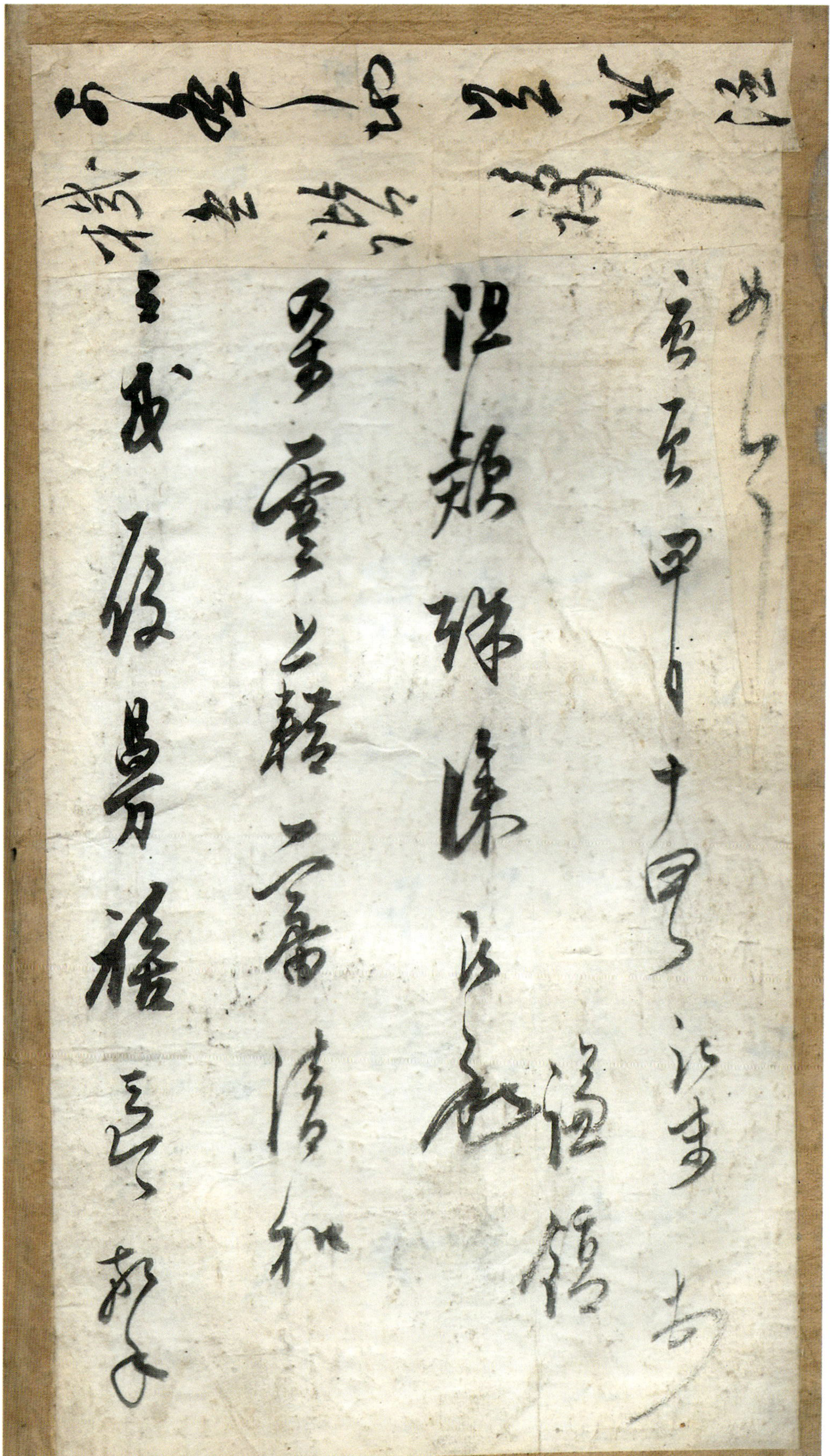

◆ 탈초와 독음

봉투

忠鎭戎軒 충진융헌

본문

① 阻頴殊深 卽承 조경수심 즉승

② 朶雲 藉審淸和 타운 자심청화

③ 令戎履曼禧 區區擎 영융리만희 구구경

④ 慰 記末 長時滾劇 無 위 기말 장시곤극 무

⑤ 由摒擋 良憐良憐 유병당 양련양련

⑥ 惠寄兩種 依領緊珍 혜기양종 의령긴진

⑦ 僕僕感泐 餘不宣謝 복복감늑 여불선사

⑧ 式 식

⑨ 庚辰 四月 十四日 記末 謙鎬 頓 경진 사월 십사일 기말 겸호 돈

추신

⑩ 錄示詳覽 若其可圖之地 豈或泛 녹시상람 약기가도지지 기혹범

⑪ 忽耶 當隨機圖諧 諒之 홀야 당수기도해 량지

⑫ 如何 여하

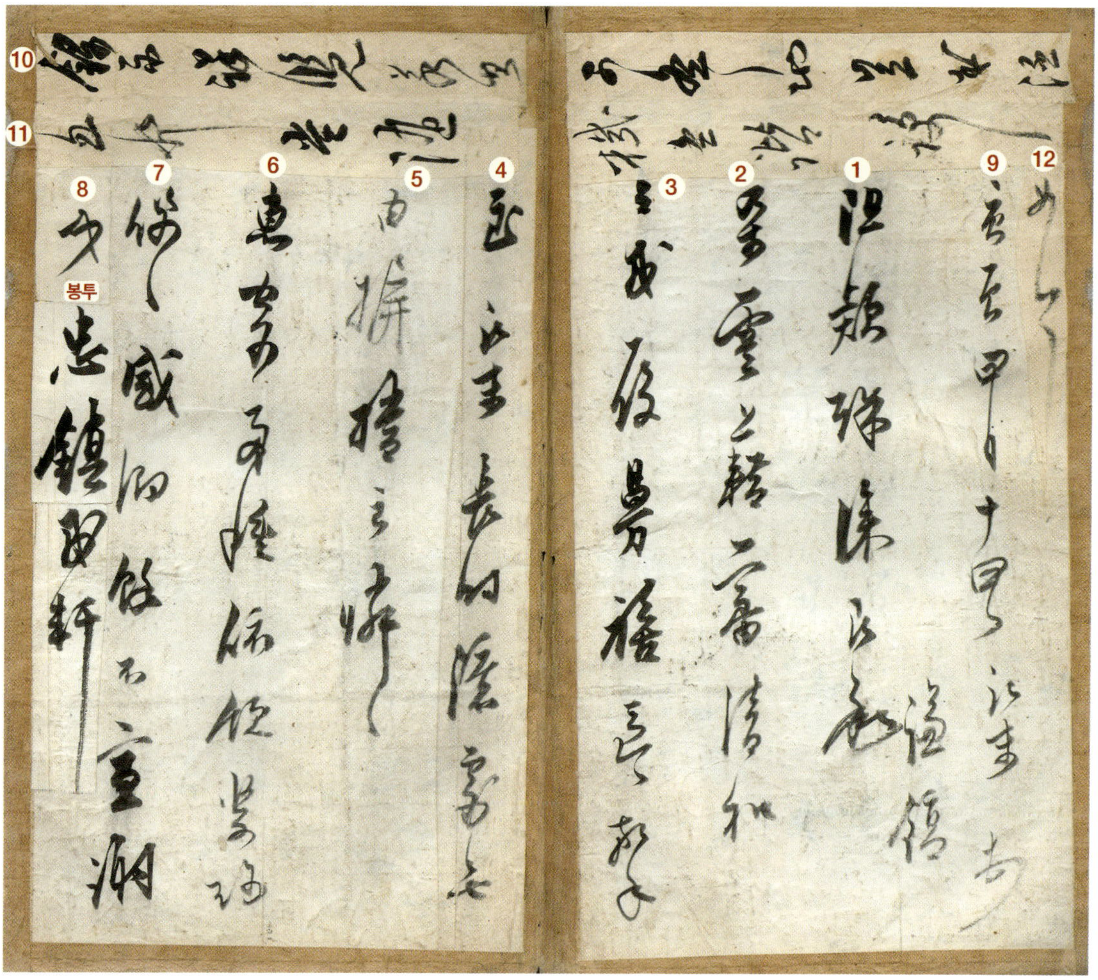

◆ 번역

봉투

충진융헌忠鎭戎軒

본문

소식이 막혀 매우 그리웠는데, 당신의 편지[朶雲][1]를 받았습니다. 맑고 화창한 날씨에 융리戎履[2]가 좋으시다니, 매우 위안이 되었습니다.

저는[記末] 오랫동안 일에 파묻혀 지내느라, 일을 수습할 방법이 없어 참으로 가련합니다. 보내주신 두 가지 물건은 잘 받았습니다. 매우 긴요하고 값진 물건들이어서 매우 감사합니다.

나머지는 이만 줄입니다.

경진년[1880] 4월 14일.

기말記末 겸호謙鎬는 머리를 조아립니다.

추신

적어 보내시는 것은 자세히 보았습니다. 만약 그 일이 도모할 수 있는 상황이라면 어찌 소홀하게 하겠습니까? 마땅히 기회를 보아 도모하여 잘 처리하도록 하겠으니, 헤아려주시는 것이 어떻습니까?

◆해제

경진년[1880] 4월 14일 당시 민겸호閔謙鎬가 예조판서禮曹判書[3]를 지낼 때, 충주영장忠州營將 안정구安珽求에게 보낸 편지이다. 상대가 보내준 선물을 잘 받았다는 사연과 함께, 상대가 부탁한 일은 상황을 살펴 잘 처리하겠다고 하였다.

◆주석

1 편지[朶雲] : 원문은 '朶雲타운'. '드리운 구름'이란 뜻으로, 상대의 편지를 높여 이르는 말로 쓰인다. 당나라 명필 위척韋陟이 편지를 쓸 때, 항상 시첩侍妾으로 하여금 오채전五采牋에 내용을 쓰게 하고, 자신은 서명만을 하였는데, 자신이 서명한 척陟 자가 오타운五朶雲과 같다고 하였다는 고사에서 유래한다.

2 융리戎履 : 일반적으로 군사 업무에 관한 안부를 말할 때 쓰는 말이다.

3 예조판서禮曹判書 : 6판서六判書 중의 하나로, 예의 및 음악·제사·연회·외교·교육·과거에 대한 사항을 담당하는 장관급 정2품 벼슬이다.

閔台鎬 03

민태호

1834~1884

조선 말기 문신으로, 본관은 여흥驪興이다. 자는 경평景平이고, 호는 표정杓庭이다. 민영익閔泳翊의 아버지, 순명왕후(純明王后, 1872~1904) 민씨의 아버지로, 조선 27대 마지막 왕인 순종純宗의 장인이다.

척사파斥邪派 유신환兪莘煥의 문인門人으로, 1870년 정시문과庭試文科에 병과丙科로 급제하였다. 홍문관전한·병조참의·동부승지·춘천부사·황해도관찰사를 지내고, 1875년 9월 운요호사건雲揚號事件 때는 경기도관찰사를 맡았다.

이어 1879년 호조참판·부총관·이조참판을 거쳐, 홍문관제학·형조판서·시강원우빈객·이조판서·예조판서, 1881년 병조판서·대제학 등 요직을 두루 역임하였으나, 3정승三政丞에는 오르지 못했다.

이후 1882년 의정부좌찬성(議政府左贊成: 종1품)을 제수받고, 같은 해 1월 26일 고종의 전교傳敎로 그의 집에서 세자빈(世子嬪: 훗날 순종의 왕비 순명왕후)의 혼사를 치르기도 하였다.

1884년 12월 갑신정변 때, 김옥균 등 개화당 인사에 의해 조영하趙寧夏·이조연李祖淵·한규직韓圭稷 등과 함께 경우궁景祐宮으로 입궐하다가 참살당하였다. 고종이 보낸 승지承旨가 직접 치제(致祭: 공신이 죽었을 때 나라에서 지내주는 제사)하였으며, 3년 치의 녹봉이 내려졌다.

1907년 순종 즉위 후 여은부원군驪恩府院君이 되었다. 영의정에 추증되었고, 시호는 충문忠文이다.

그는 추사秋史 김정희金正喜에게 글씨를 배운 서예가로, 전서篆書·예서隸書·행서行書·초서草書 등에 모두 능통하였다.

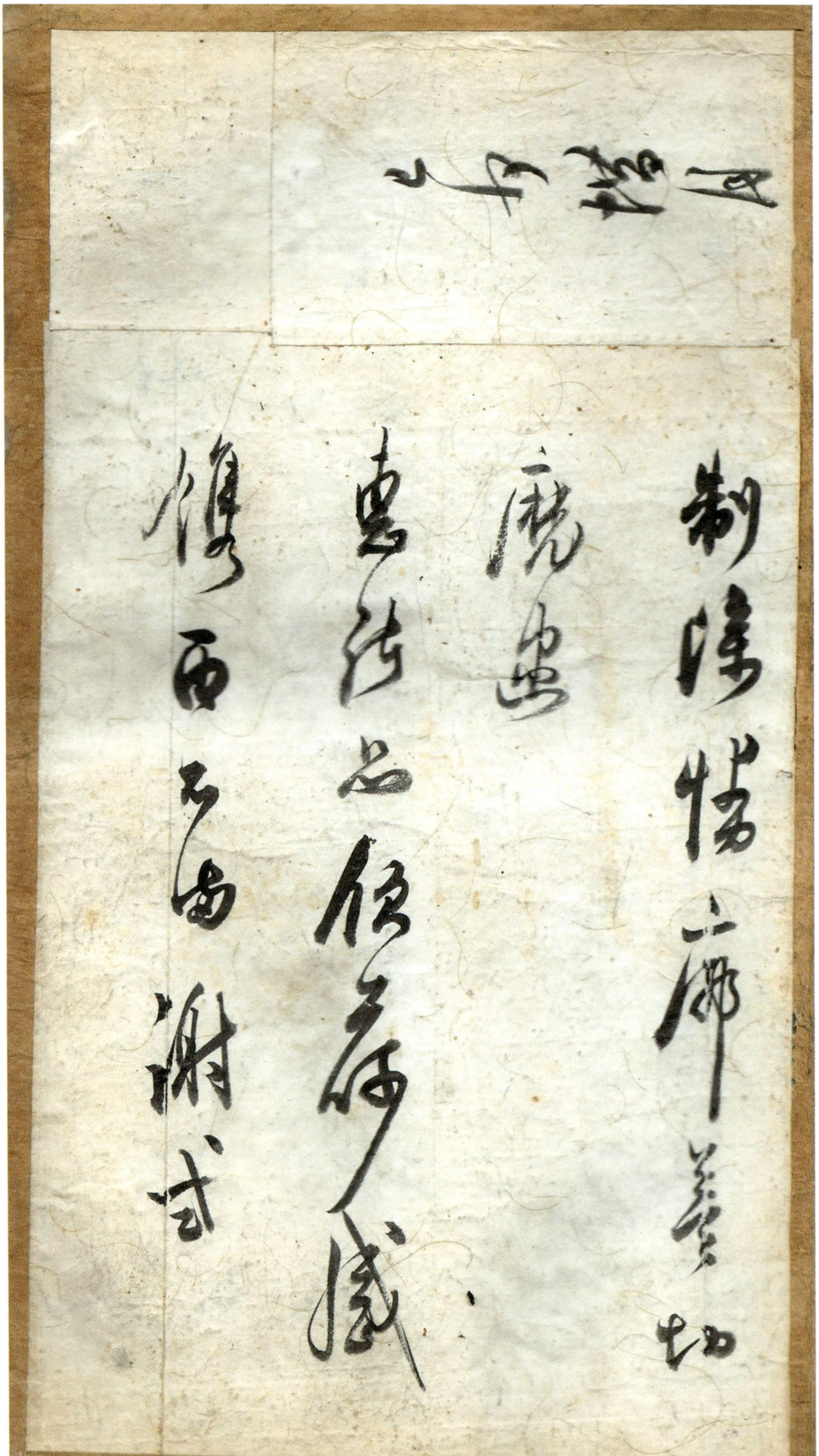

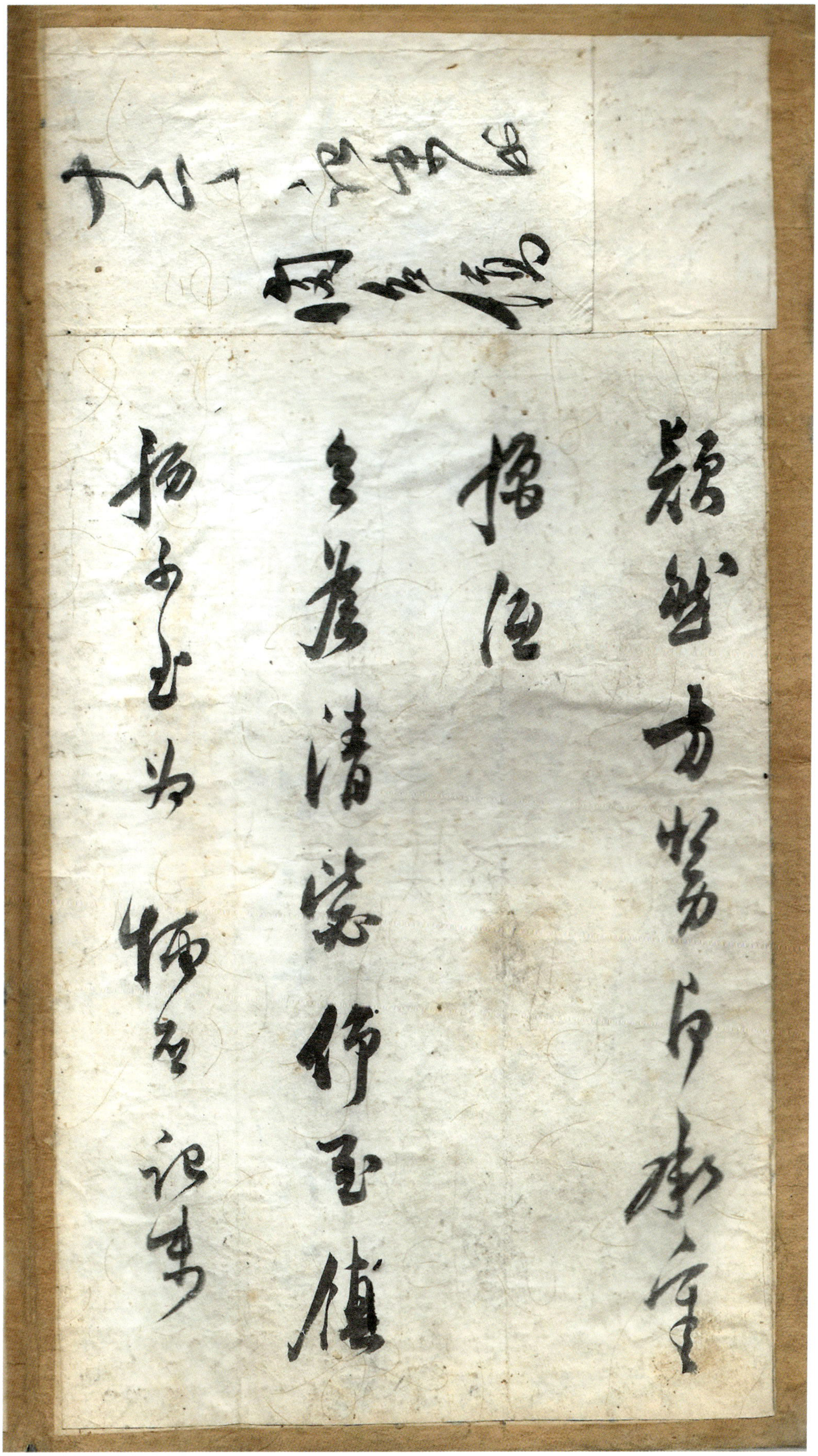

◆ **탈초와 독음**

① 頌然方勞 卽承審	경연방로 즉승심
② 臘沍	납호
③ 令候淸毖 仰慰 鎭	영후청비 앙위 진
④ 務 不至爲惱否 記末	무 부지위뇌부 기말
⑤ 制深慟廓 益切	제심통곽 익절
⑥ 靡逮	미체
⑦ 惠諸品 領荷感	혜제품 영하감
⑧ 鐫 留不備謝式	전 유불비사식
⑨ 己卯 臘月 十二日 記末 頓	기묘 납월 십이일 기말 돈
⑩ 閔台鎬	민태호

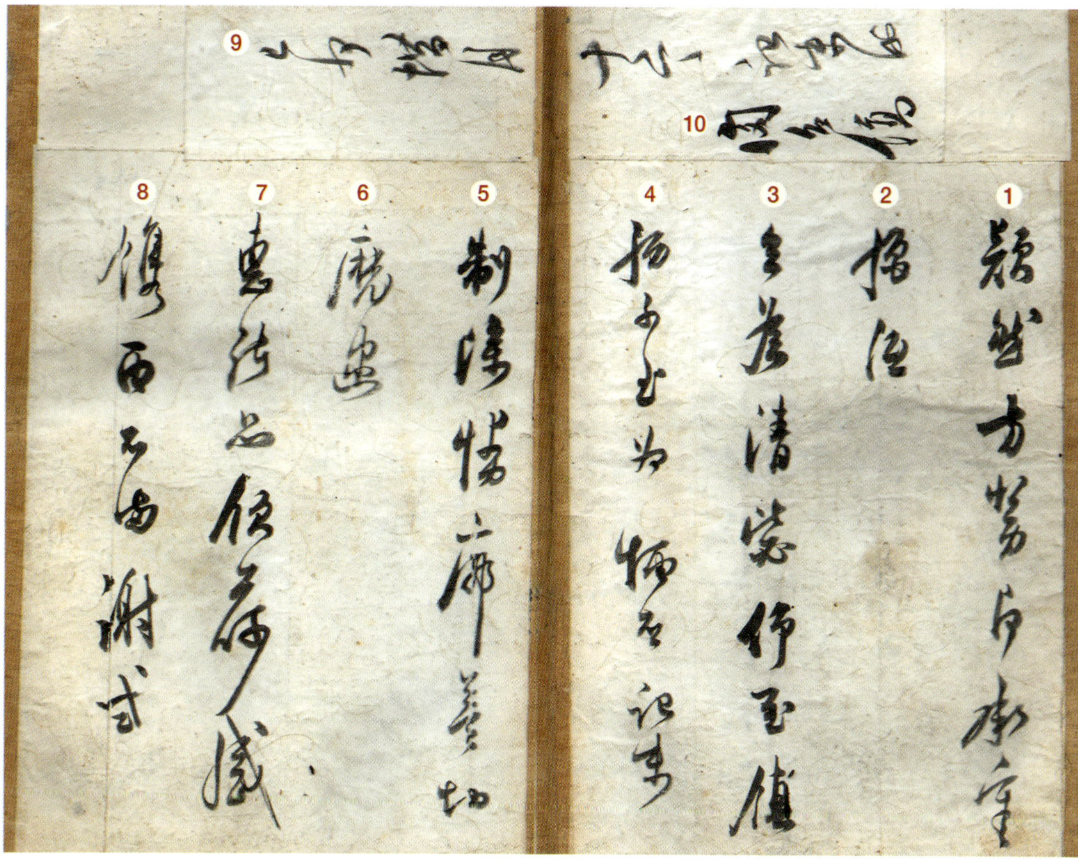

◆ 번역

그리움이 간절하던 차에, 즉일卽日 편지를 받고 섣달 추위에 영감의 안부가 좋으시다니, 위안이 되었습니다. 병영兵營의 일은 괴로운 지경에는 이르지 않았는지요? 저는[記末] 상제喪制[1]를 당하여 애통한 마음이 더욱 절실하지만 따라갈 수가 없습니다.[2] 은혜롭게 보내주신 여러 가지 물건은 잘 받아 감사드립니다. 나머지 사연은 남겨두고 이만 줄입니다.

기묘년[1879] 12월 12일. 기말記末은 머리를 조아립니다. 민태호閔台鎬

◆ 해제

기묘년[1879] 12월 12일 당시 민태호閔台鎬가 이조참판吏曹參判[3]을 지낼 때, 충주영장忠州營將 안정구安珽求에게 보낸 편지이다.

초상初喪을 당한 자신에게 보내준 여러 가지 선물은 잘 받았다는 감사의 뜻을 전하였다.

◆ 주석

1 상제喪制 : 부모나 조부모의 거상居喪 중에 있는 경우를 이른다.

2 따라갈 수가 없습니다 : 원문의 '靡逮미체'는 '미체지통靡逮之痛'의 준말이다. 따라가려고 해도 미치지 못하는 것처럼, 죽은 사람을 따라가지 못하는 슬픔을 말한다.

3 이조참판吏曹參判 : 문관의 임명·봉록·인사행정권을 관장하는 이조의 종2품 벼슬이다.

李載冕

이재면

1845~1912

04

조선 말기 왕족이며 대신이다. 본관은 전주全州, 자는 무경武卿, 호는 우석又石이다. 고종高宗의 친형으로, 흥선대원군과 여흥민씨驪興閔氏 사이에서 큰아들로 태어났다. 훗날 순종純宗의 명命으로 이희李熹로 개명하였다.

1864년(고종 1) 정시문과庭試文科에 급제하였다. 그 후 규장각대교와 예문관검열을 거쳐, 이조참의·도승지·검교직제학·형조판서를 지내고, 1878년부터 지종정경知宗正卿, 1879년에는 시강원우빈객侍講院右賓客이 되었다.

1879년 12월 21일, 왕세자(王世子: 훗날 순종)가 천연두에 걸렸다가 회복된 기념으로, 별입직(別入直: 숙직)을 하며 치료에 전념한 공로를 인정받아 특별히 숭정대부(崇政大夫: 종1품)로 초자(超資: 품계를 건너뛰어 올라감)되고, 같은 날 판의금부사判義禁府事에 임명되었다. 또한 구마(廐馬: 관아에서 기르던 말) 1필匹, 전田 20결(結: 헥타르), 노비 각각 3구奴婢各各三口를 사급(賜給: 하사) 받았다. [《승정원일기》 고종 16년 12월 21일 기사 참조]

이후 1880년 병조판서, 1881년 금위대장·이조판서, 1882년 예조판서·호조판서·선혜청당상 등 요직을 두루 역임하였다.

1882년 7월 대원군이 청군에 납치된 뒤, 청나라를 왕래하며 톈진[天津]에 감금되어 있던 대원군을 봉양하면서 귀국을 위해 이홍장李鴻章과 교섭했다. 1885년 8월 대원군이 환국할 때 배종하였다. 그 뒤 10년간 운현궁雲峴宮에서 칩거하였다. 1900년 완흥군完興君에 책봉되었고, 1910년 흥친왕興親王으로 봉해졌다.

1898년 1월 어머니 여흥부대부인(驪興府大夫人, 1818~1898) 민씨에 이어, 2월에는 아버지 흥선대원군(興宣大院君, 1820~1898)의 임종을 지켰다. 본인은 1845년 7월 20일 운현궁에서 태어나, 1912년 9월 9일 운현궁에서 사망했다. 소생으로는 영선군永宣君 이준용(李埈鎔: 이준으로 개명)을 두었다.

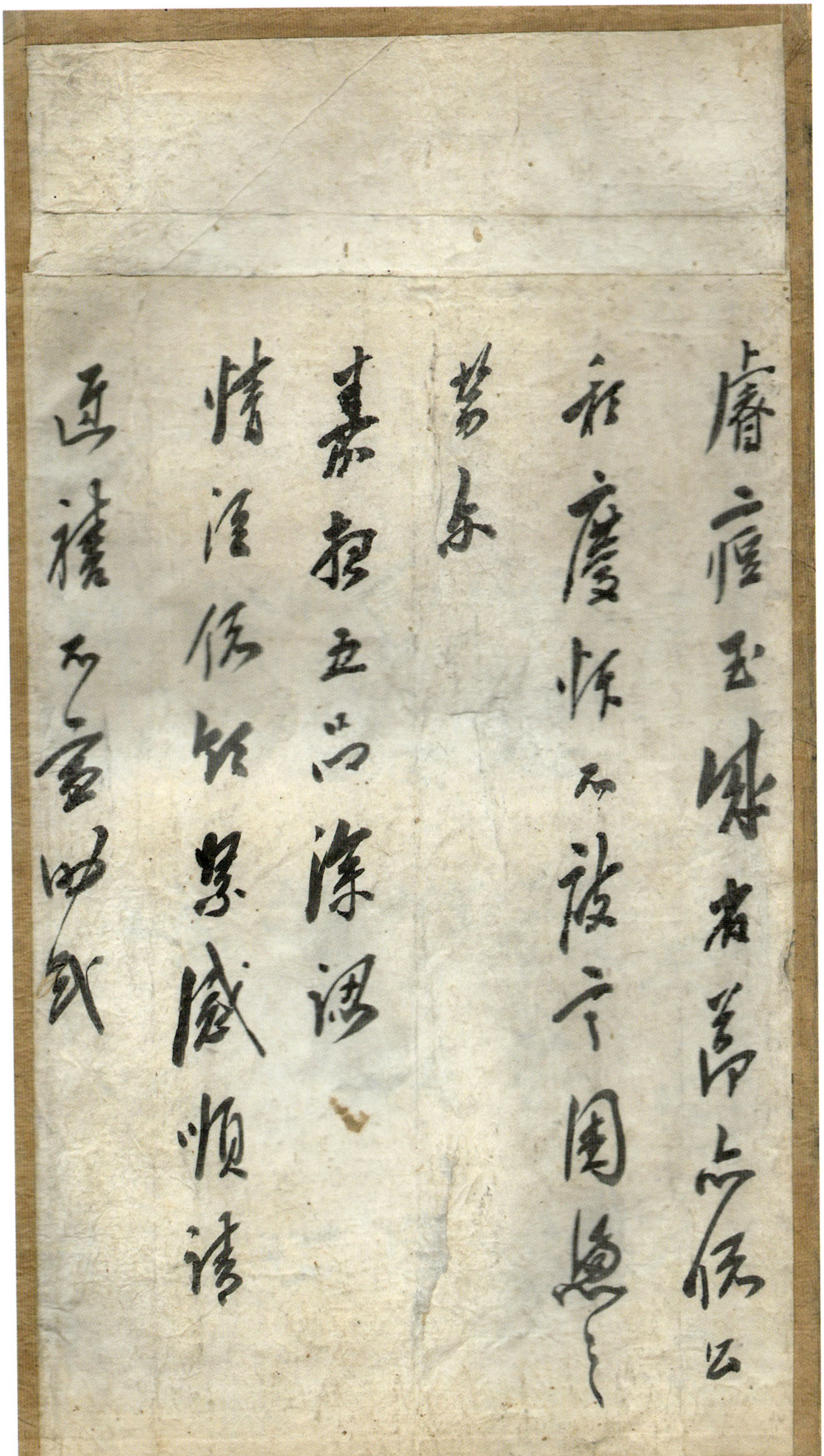

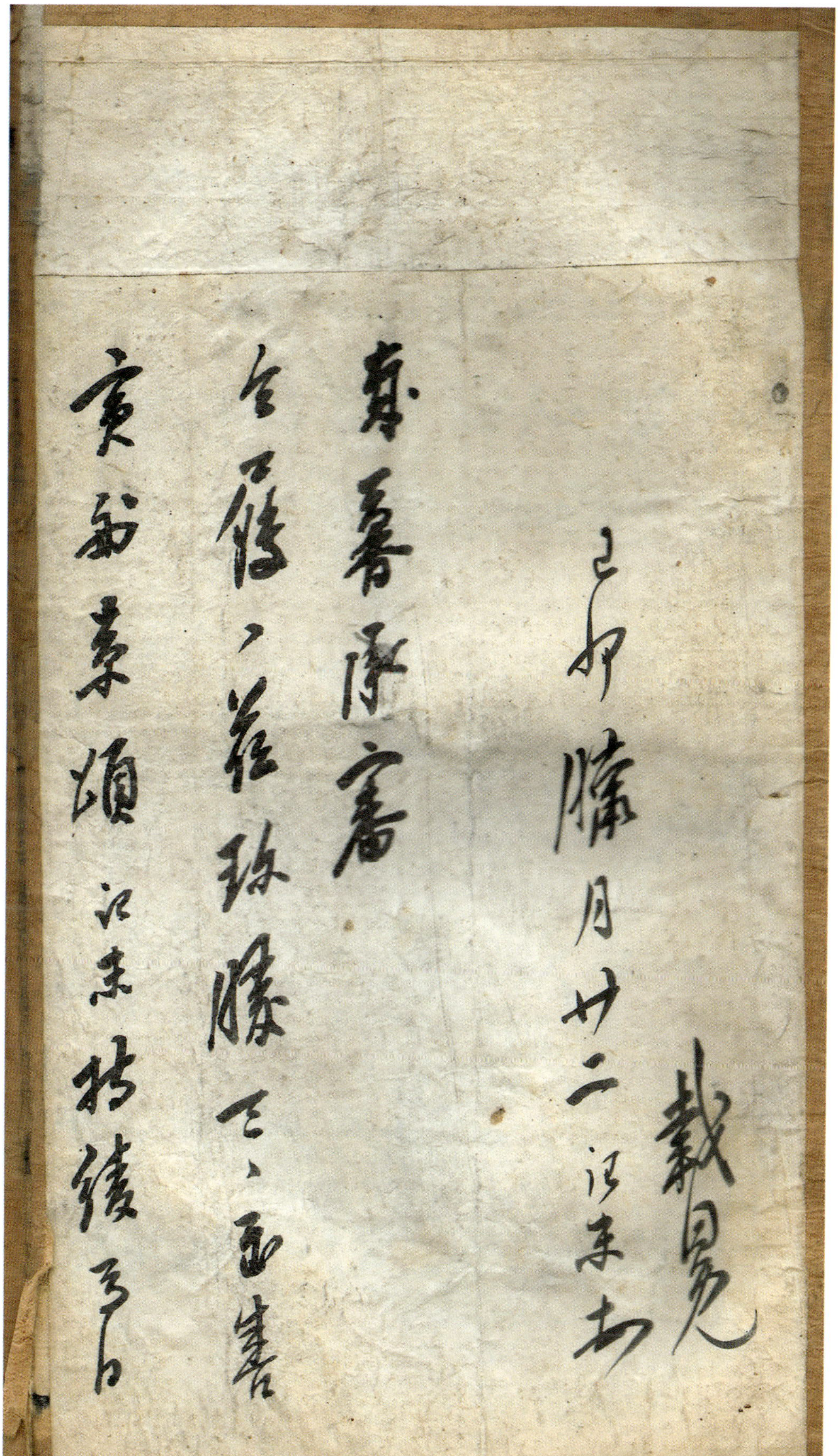

◆ 탈초와 독음

① 歲暮 承審	세모 승심
② 令履 履玆珍勝 區區慰喜	영리 리자진승 구구위희
③ 實副素頌 記末 持綾有日	실부소송 기말 지릉유일
④ 睿痘玉成 省節亦依 公	예두옥성 성절역의 공
⑤ 私慶忭 不敢言困憊之	사경변 불감언곤비지
⑥ 茶爾	날이
⑦ 嘉想五品 深認	가상오품 심인
⑧ 情注 依領緊感 順請	정주 의령긴감 순청
⑨ 迓禧 不宣謝式	아희 불선사식
⑩ 己卯 臘月 廿二 記末 頓 載冕	기묘 납월 입이 기말 돈 재면

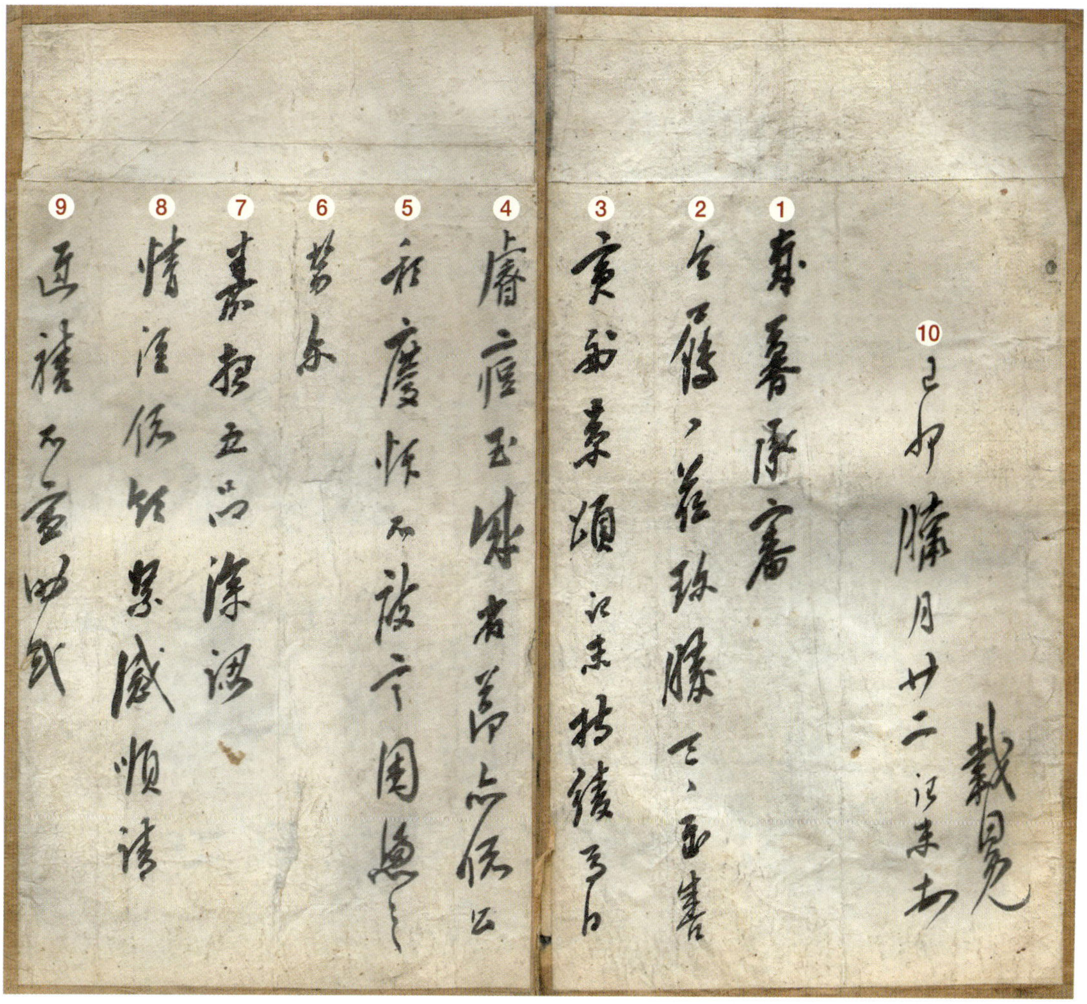

◆번역

해가 저물어 가는데 영감께서 잘 지내신다는 소식을 듣고, 매우 위안이 되고 기뻤습니다.
이는 실로 평소에 저의 바람에도 부합되었습니다.
저는[記末] 숙직을 한 지 여러 날이 되었고, 왕세자가 천연두를 잘 이겨내었습니다.[1]
부모님 안부도 별고 없으니, 공사 간의 기쁜 일로 감히 피곤하다고 말할 수도 없습니다.
아름다운 생각으로 보내주신 다섯 가지 물건은 정을 쏟아 보내신 것임을 잘 알고 있기에 받고서 매우 감사하였습니다.
부디 새해 복 많이 받으시기를 기원하며, 이만 줄이고 답장을 드립니다.
기묘년[1879] 12월 22일.
기말記末은 머리를 조아립니다. 재면載冕[2]

◆해제

기묘년[1879] 12월 22일 당시 고종의 형인 흥친왕興親王 이재면李載冕이 시강원우빈객侍講院右賓客[3] 겸 지종정경知宗正卿[4]을 지낼 때, 충주영장忠州營將 안정구安珽求에게 보낸 편지이다.

자신은 여러 날 숙직을 하고 있고, 왕세자 이척(李拓: 훗날 순종)이 천연두에 걸렸다가 회복하였다는 소식과 함께, 상대가 보내준 선물에 감사의 뜻을 전하였다.

◆ 주석

1 잘 이겨내었습니다 : 당시 고종의 여섯 살 난 아들인 이척(李拓: 훗날 순종)도 천연두를 피할 수 없었다. 1874년(고종 11) 2월에 이척은 고종과 명성왕후 민씨의 둘째 아들로 태어났는데, 태어난 다음 해 2월 왕세자로 책봉되었다. 왕세자가 여섯 살이 되던 1879년 12월 12일 천연두에 걸렸다가, 다행히 증세가 빠르게 호전되어 12월 21일에 회복 상태가 양호해지자, 의약청을 해산하고 회복에 힘써준 관원들에게 시상했다. 원문은 '옥성玉成'. 하늘이 온갖 시련을 주어 완전한 사람이 되도록 만든다는 뜻이다. 송宋나라 장재張載의 〈서명西銘〉에 "그대를 빈궁하게 하고 시름에 잠기게 하는 것은, 장차 그대를 옥으로 만들어 주려 함이다.[貧賤憂戚 庸玉汝於成也]"라고 하였다.

2 재면載冕 : 고종의 친형인 흥친왕興親王 이재면(李載冕, 1845~1912)을 이른다.

3 시강원우빈객侍講院右賓客 : 세자의 교육을 맡아보던 세자시강원世子侍講院의 정2품 문관 벼슬이다.

4 지종정경知宗正卿 : 종신 명예 관직으로, 종친부宗親府의 종1품~정2품 벼슬이다.

05

金炳㴤
김병주
1827~1887

조선 후기 문신이다. 본관은 안동이고, 자는 범초範初, 호는 소산小山이다. 좌의정 김홍근金弘根의 아들로 태어나, 이조판서 김유근金逌根에게 입양되었다.

양아버지 김유근은 영안부원군永安府院君 김조순金祖淳의 큰아들이고, 조선 23대 왕 순조純祖의 정비 순원왕후(純元王后, 1789~1857) 김씨의 친오빠가 된다. 이런 인연으로 그는 안동김씨 세도가의 핵심석인 척신 중 하나로서 주요 관직을 두루 역임하였다.

1851년 정시문과庭試文科에 을과乙科로 급제하였다. 1852년 홍문관수찬, 1853년 규장각직각, 1857년 성균관대사성을 거쳐, 1859년부터 1863년까지 예문관제학·대사헌·도승지·평안도관찰사·형조판서·한성부판윤·공조판서·대호군·경상도관찰사 등을 지냈다.

1863년 홍선대원군이 집권한 다음에는 안동김씨 세도가 꺾였으나, 그는 별다른 영향을 받지 않고 약방제조·판의금부사·병조판서·예조판서·이조판서·시강원좌빈객 등 여러 중책을 계속 맡았다.

이어 1877년 의정부좌참찬, 1878년 상호군, 1885년 판돈녕부사(判敦寧府使: 종1품)에 이르렀다. 시호는 효문孝文이다.

1865년(고종 2) 실록교수당상實錄校讐堂上으로 《철종실록》을 편찬했다.

1878년(고종 15)에는 순원왕후 옥책문 서사관玉册文 書寫官을 지냈다. 화양구곡에 각자刻字 바위가 있다.

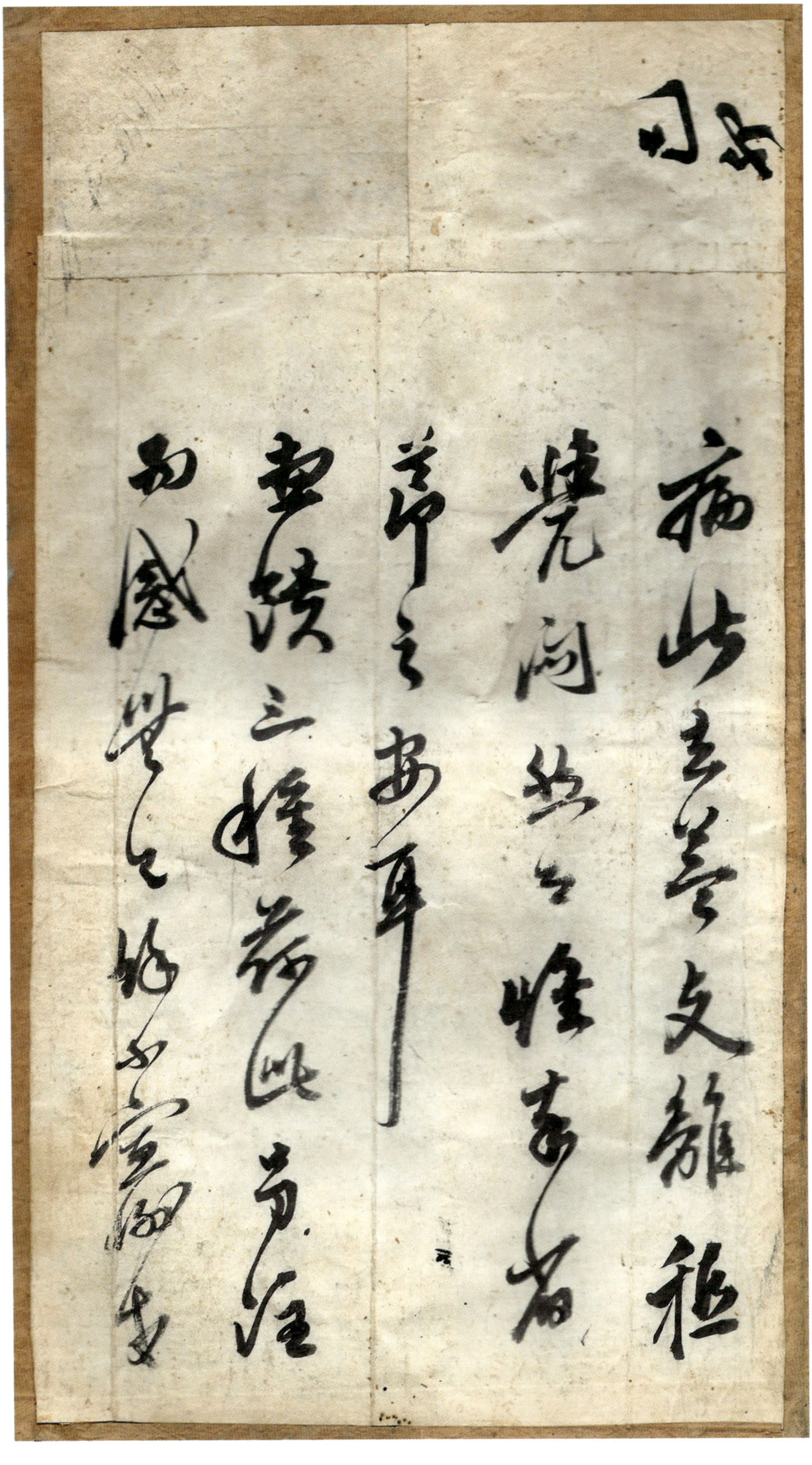

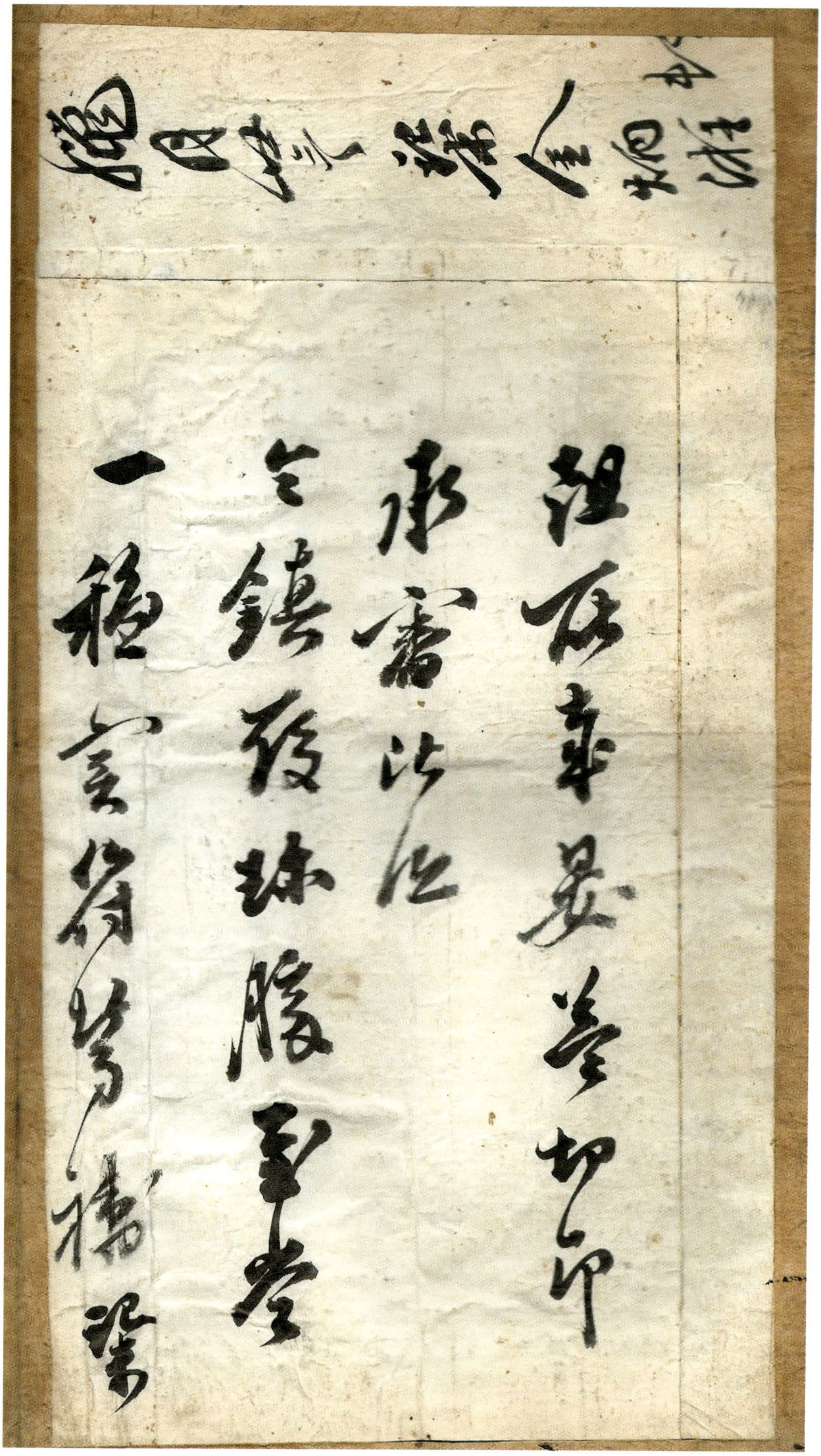

◆ 탈초와 독음

① 阻耿歲晏 益切仰	조경세안 익절앙
② 承審比沍	승심비호
③ 令鎭履珍勝 慰當	영진리진승 위당
④ 一穩 實符勞禱 記末	일온 실부노도 기말
⑤ 病狀 去益支離 祇	병상 거익지리 지
⑥ 覺悶然 而惟幸省	각민연 이유행성
⑦ 節之安耳	절지안이
⑧ 惠饋三種 荷此另注	혜궤삼종 하차령주
⑨ 而感無已 餘不宣謝式	이감무이 여불선사식
⑩ 己卯 臘月 卄三日 記末 金炳溎 頓	기묘 납월 입삼일 기말 김병주 돈

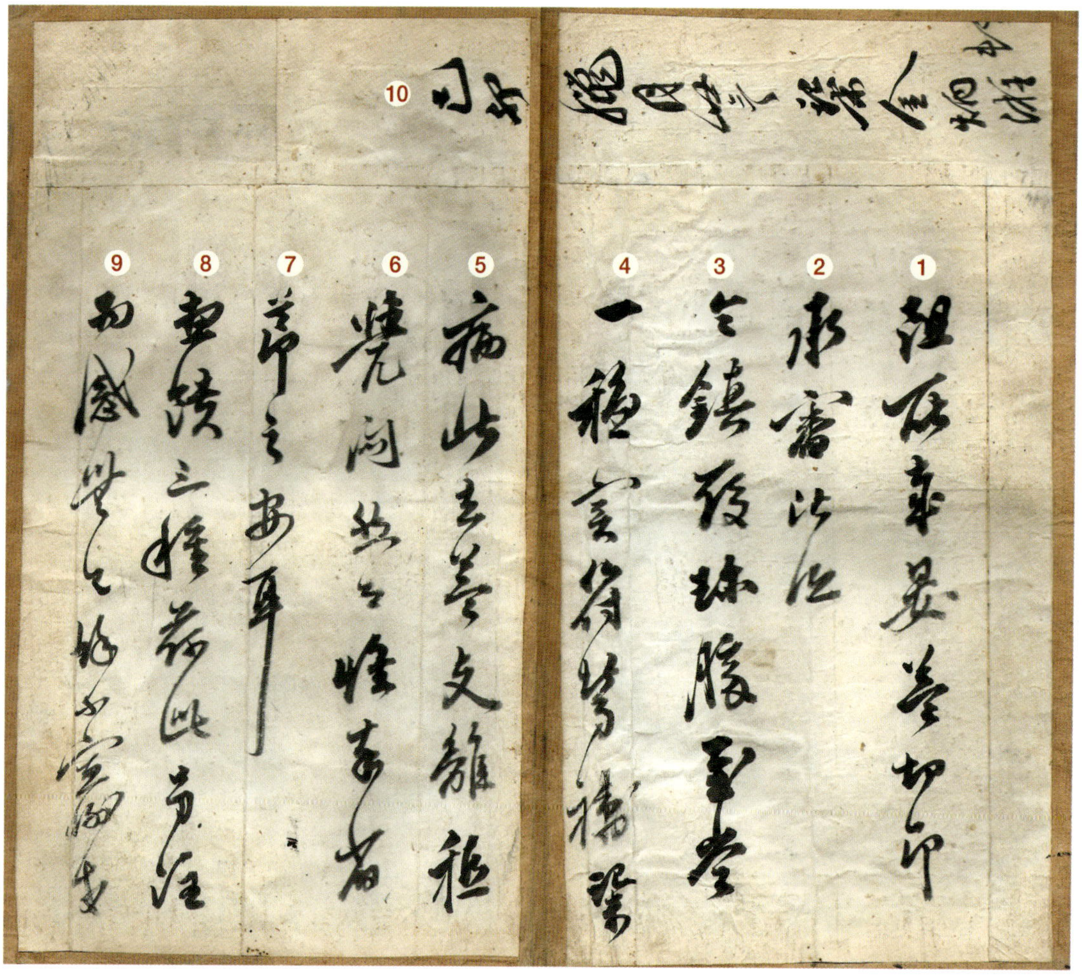

◆ 번역

소식이 막혀 그립던 마음이 해가 저무니 더욱 간절합니다. 편지를 받고, 요사이 추위에 영감의 진무鎭撫[1]하는 안부가 좋으시다니, 한번 만나 정담을 나누는 것 같습니다.

저는[記末] 병든 상황이 갈수록 더욱 지루하여 마음이 답답하고 괴로움을 깨닫지만, 오직 부모님 모시고 편안하기를 바랄 뿐입니다. 은혜롭게 보내주신 세 가지 물건은 특별히 신경을 써주시어 감사하기 그지없습니다.

나머지는 이만 줄이고 답장을 드립니다.

기묘년[1879] 12월 23일.

기말記末 김병주金炳澍는 머리를 조아립니다.

◆ 해제

기묘년[1879] 12월 23일 당시 김병주金炳澍가 상호군上護軍[2]을 지낼 때, 충주영장忠州營將 안정구安珽求에게 보낸 편지이다.

자신의 병든 상황을 전하면서, 병중病中에 상대가 보내준 여러 가지 선물에 대해 감사의 뜻을 전하였다.

◆ 주석

1 진무鎭撫 : 백성이나 군사들의 마음을 어루만져 편안하게 위무함을 이르는 말이다.

2 상호군上護軍 : 오위五衛의 정3품 벼슬이다. 보직補職이 없는 문무관에게 녹봉祿俸을 주기 위해 만든 관직이다.

06

○壽鍾

○수종

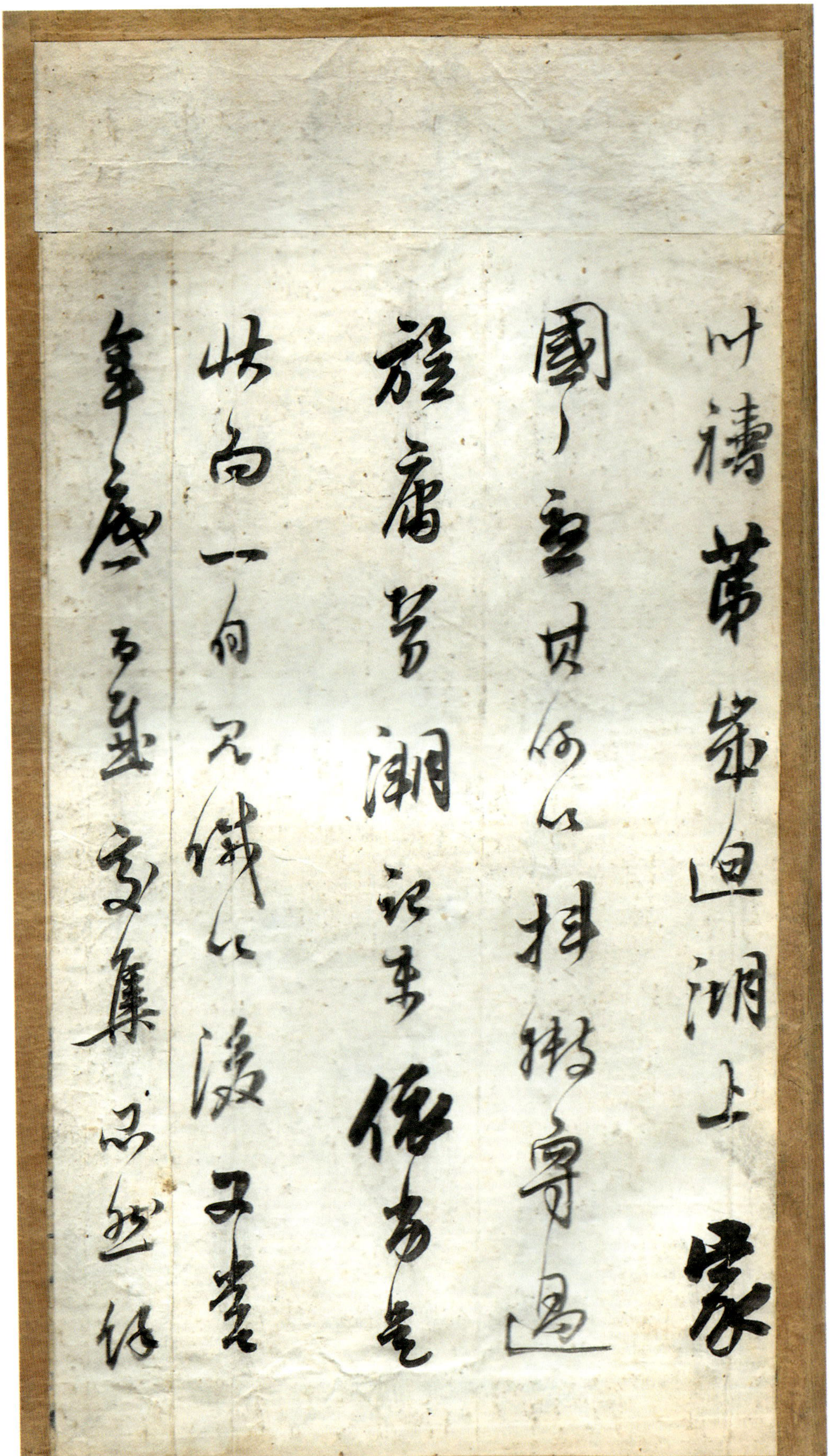

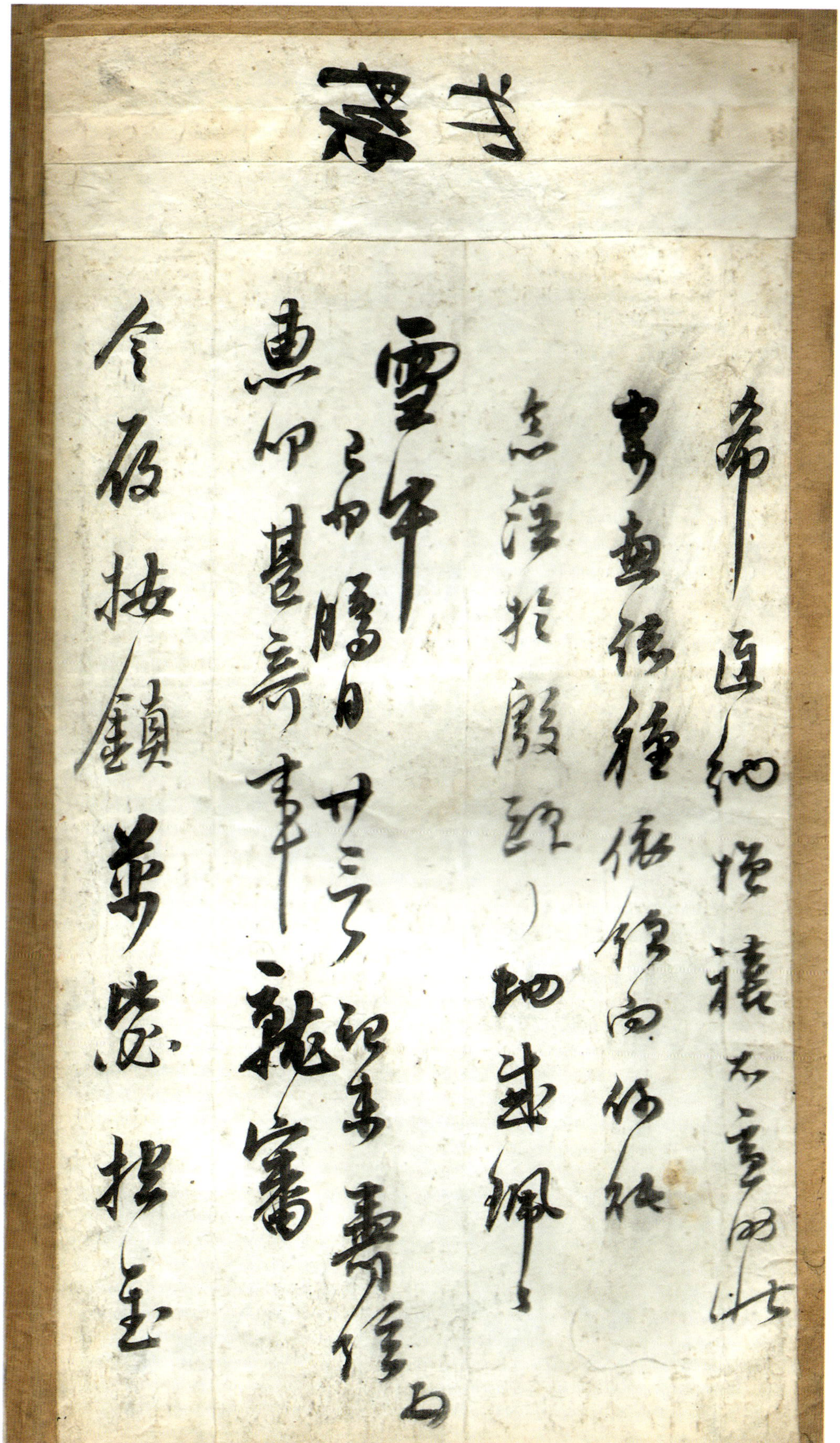

◆ 탈초와 독음

봉투

謝狀	사장

본문

① 雪中	설중
② 惠叩 甚奇事 就審	혜고 심기사 취심
③ 令履按鎭萬毖 控慰	영리안진만비 공위
④ 叶禱 第歲迫湖上 家	협도 제세박호상 가
⑤ 國之憂 其何以抖擻耐過	국지우 기하이두수내과
⑥ 旋庸勞溯 記末 依劣是	선용노소 기말 의열시
⑦ 狀 而一自見減以後 又當	상 이일자견감이후 우당
⑧ 年底 百感交集 悶然 餘	년저 백감교집 민연 여
⑨ 希迓納增禧 不宣謝狀	희아납증희 불선사장
⑩ 寄惠諸種 依領 而何能	기혜제종 의령 이하능
⑪ 念注於殷酬之地 感佩感佩	념주어은수지지 감패감패
⑫ 己卯 臘月 卄三日 記末 壽鍾 頓	기묘 납월 입삼일 기말 수종 돈

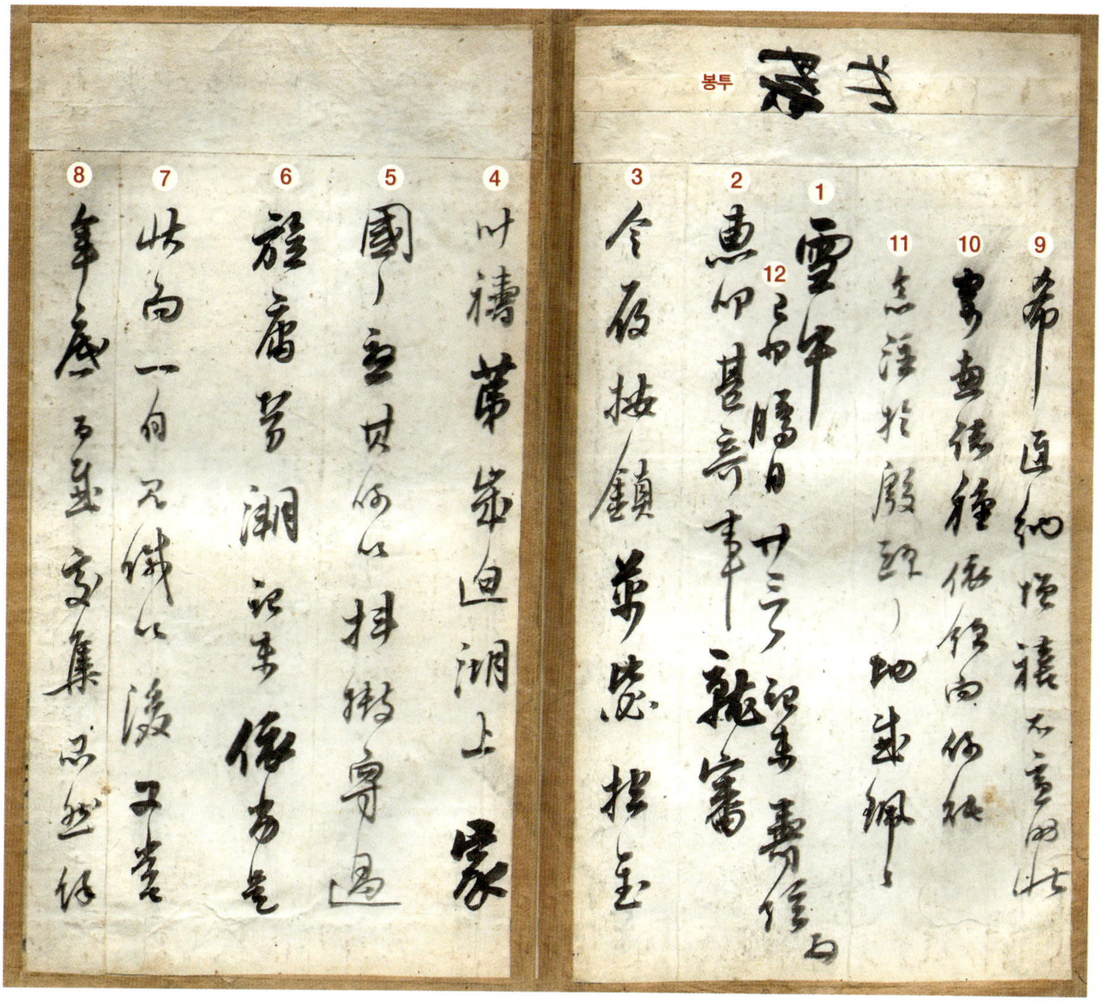

◆번역

봉투

사장謝狀[1]

본문

눈 속에 은혜롭게 문안해 주신 일은 매우 기이한 일이었습니다. 영감의 진무鎭撫하는 안부가 좋으시다니, 저의 바람대로여서 위안이 되었습니다. 다만 호숫가에서 신년이 다가오는데, 집안과 나라의 근심을 어떻게 떨치고[抖擻][2] 견디시는지 간절히 그립습니다.

저는[記末] 예나 다름없이 지내고 있지만, 한번 감손減損[3] 당한 이후에 또 연말이 되니, 온갖 감정이 몰려와 걱정입니다. 나머지는 새해를 맞아 더욱 복 받으시기를 바랍니다.

이만 줄이며 답장을 드립니다.

보내주신 여러 가지 물건은 보내신 대로 잘 받았습니다. 어찌 한창 바쁘신 와중에 염려하셨는지, 감사한 마음을 잊지 못하겠습니다.

기묘년[1879] 12월 23일.

기말記末 수종壽鍾[4]은 머리를 조아립니다.

◆ 해제

기묘년[1879] 12월 23일에 발신인 ㅇ수종壽鍾이 충주영장忠州營將 안정구安珽求에게 보낸 편지이다.

자신은 한번 감손減損 당한 이후에 연말이 되니 걱정이라는 사연과 함께, 상대가 보내준 선물에 대하여 감사의 뜻을 전하였다.

◆ 주석

1 사장 謝狀 : 감사의 뜻을 담은 편지를 말한다.

2 떨치고[抖擻] : 원문은 '抖擻두수'. 불가의 용어로 번뇌를 떨어버림을 이른다.

3 감손減損 : 덜어서 줄이는 것을 이른다.

4 수종壽鍾 : 《승정원일기承政院日記》에 '1866년 1월 30일(고종 23) 홍수종洪壽鍾을 부장部將으로 임명한다.'는 기록이 나오지만 확실치가 않다.

閔泳翊
민영익
1860~1914

조선 말기 문신으로, 본관은 여흥驪興이다. 자는 우홍遇鴻이고, 호는 운미雲楣·죽미竹楣·원정園丁·천심죽재千尋竹齋다. 고종의 정비 명성왕후明成王后 민씨의 사촌동생인 민태호閔台鎬의 아들이다.

1877년(고종 14) 정시문과庭試文科에 병과丙科로 급제하였다. 1877년 홍문관전한을 거쳐, 1878년 도승지·이조참의·성균관대사성을 지냈다. 이어 1879년 규장각직제학奎章閣直提學과 겸보덕兼輔德에 이르고, 1880년 이조참판이 되었다.

불과 20살도 채 되지 않은 나이에 정3품 당상관으로 정계에 진출하였고, 명성왕후의 친정 조카로 세간에서는 '죽동궁竹洞宮 주인'이라고 불렸다. 그는 자신의 사저私邸 죽동궁에서 젊은 개화파 인사들인 김옥균金玉均·홍영식洪英植·김홍균金興均·어윤중魚允中 등 '죽동 8학사'들과 자주 모임을 갖고 어울렸다.

1881년에는 별기군 교련소당상을 지내며, 임오군란 전까지 별기군의 실질적인 총책임자였다. 그는 병조판서·한성부판윤·이조판서·형조판서·예조판서 등 요직을 두루 역임하며 승승장구하다가, 1894년 선혜청당상宣惠廳堂上이 되었으나 고종 폐위 음모에 연루되어 홍콩으로 망명하였다. 그 후 일시 귀국했다가 1905년 을사조약으로 친일 내각이 수립되자, 다시 상하이로 망명하여 안중근 의사의 변호사 비용을 대기도 하였다. 1910년 경술국치 후에는 술로 살다가 1914년 향년 55세로 세상을 뜨고 말았다.

추사 김정희 문하에서 글씨를 배운 부친 민태호와 숙부 민규호閔奎鎬의 가학家學을 이어받아 15세 무렵부터 서화가로 이름을 알리기 시작하였다. 김정희 제자인 허련許鍊을 자택에 머물게 하는 등 추사파와 인연이 깊었다. 그는 행서行書에 능하였고, 묵화墨畫를 잘 그렸는데, 필세와 화풍이 뛰어나서 오창석 등 중국 문인 화가들의 찬사를 받았다. 추사 김정희, 석파 이하응과 함께 조선 3대 묵란 작가로 꼽힌다.

작품으로는 〈묵란墨蘭〉 간송미술관과 〈노근묵란露根墨蘭〉 삼성미술관이 대표적이며, 다수의 사군자四君子가 전해지고 있다.

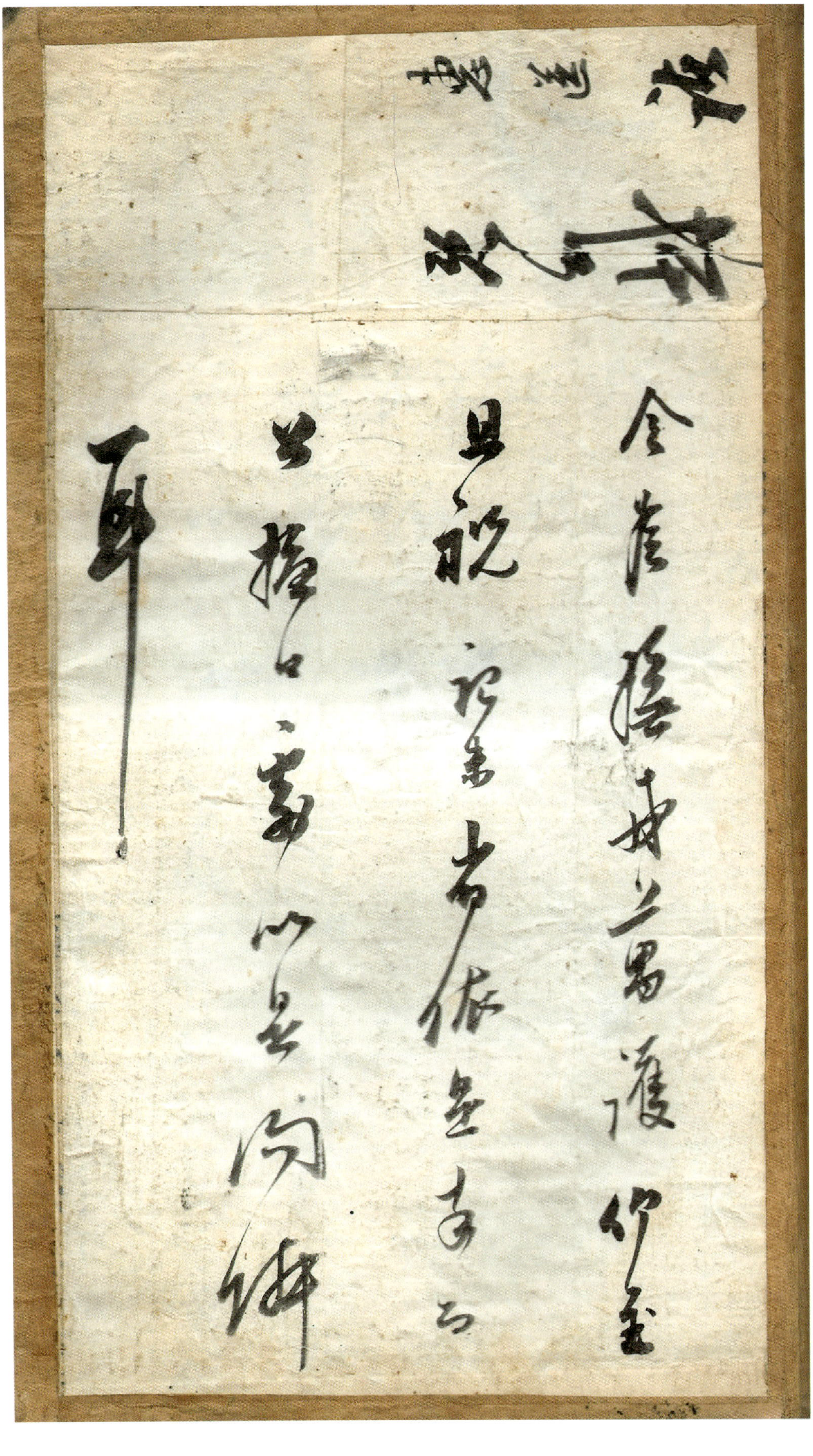

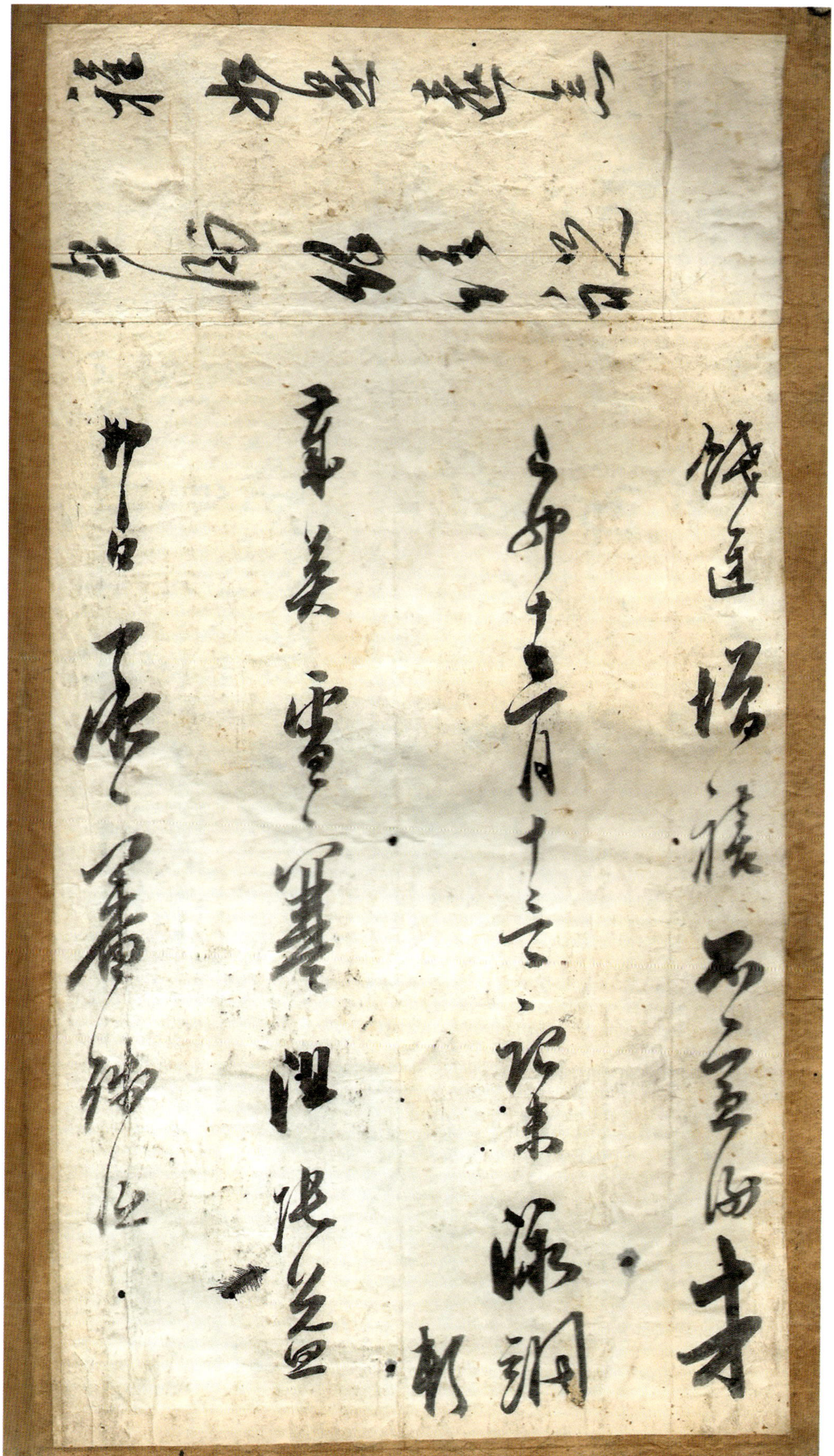

◆ 주석

1 莫[暮] : 莫막은 暮모의 오자誤字로 바로잡는다.

2 선달 : 원문은 '殘沍잔호'. 12월을 달리 이르는 말이다.

3 영익泳翊 : 조선 말기 문신으로, 서화가인 민영익(閔泳翊, 1860~1914)을 이른다.

4 규장각직제학奎章閣直提學 : 역대 임금의 글, 글씨, 보감 등을 관리하며 학술 및 정책을 연구하던 왕실 도서관 관직으로 정3품 벼슬이다.

5 겸보덕兼輔德 : 세자시강원에서 세자를 가르치던 정3품 벼슬이다.

洪在鉉 홍재현

1815~?

08

조선 후기 문신으로, 본관은 남양南陽이다. 서울 출신이고, 자는 경옥景玉이다. 홍장섭洪章燮의 아들로 태어나, 연안부사延安府使 홍명섭洪明燮에게 입양되었다.

1859년(철종 10) 경과증광별시문과慶科增廣別試文科에 병과丙科 19위로 급제하였다. 1867년(고종 4) 성균관대사성을 거쳐, 1868년 이조참의·사간원대사간·형조참의·동부승지·호조참의를 역임하였다.

이어 1872년 순천부사順天府使로 나갔다가, 1874년 부총관·예조참판, 1875년 이조참판, 1877년 병조참판과 강원도관찰사를 지냈다.

1879년 도총관都摠管과 한성부판윤漢城府判尹을 겸직한 뒤, 같은 해에 형조판서가 되었고, 1880년 지의금부사, 1881년 사헌부대사헌, 1882년 예조판서(禮曹判書: 정2품) 등 중책을 두루 맡았다.

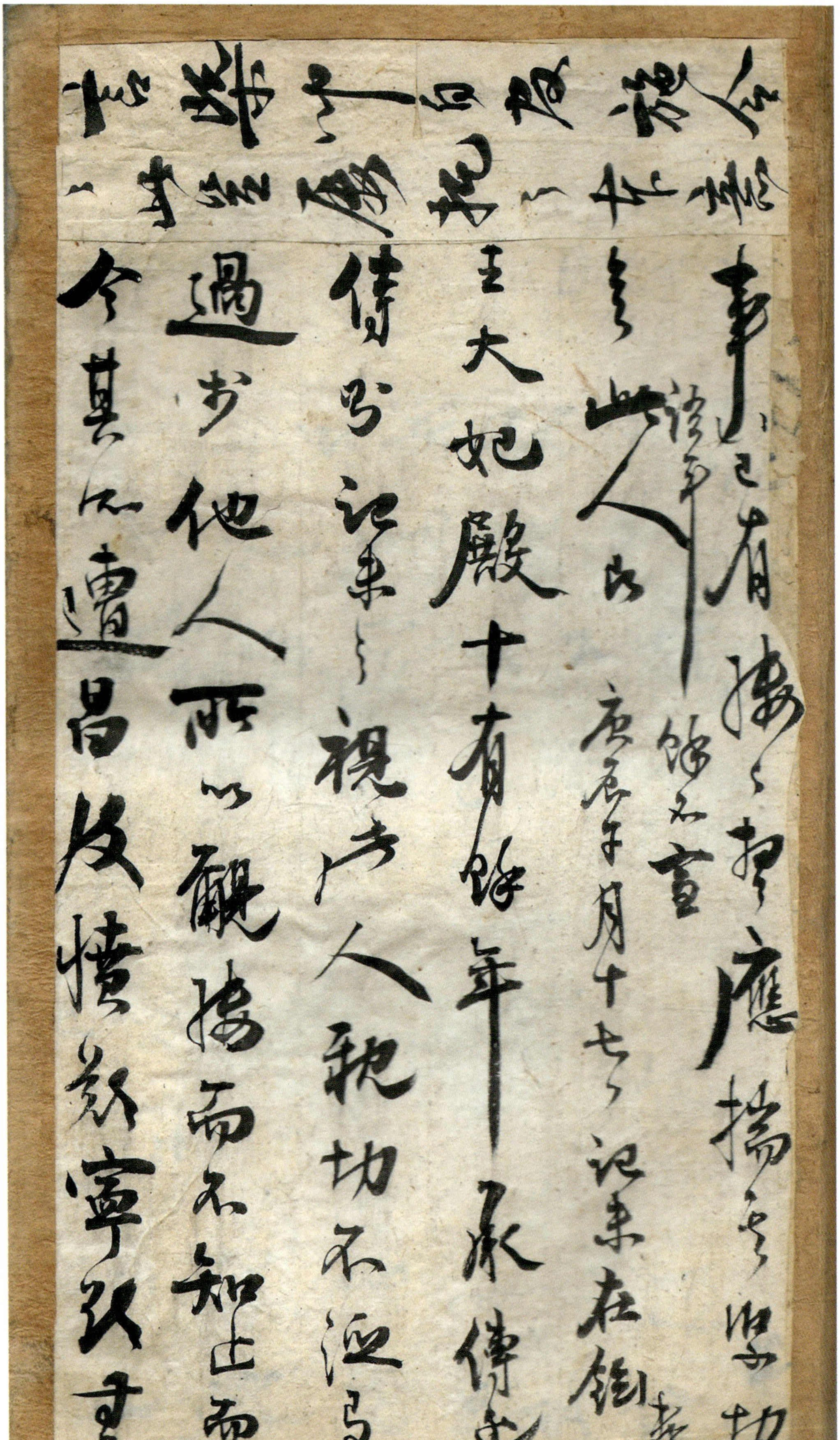

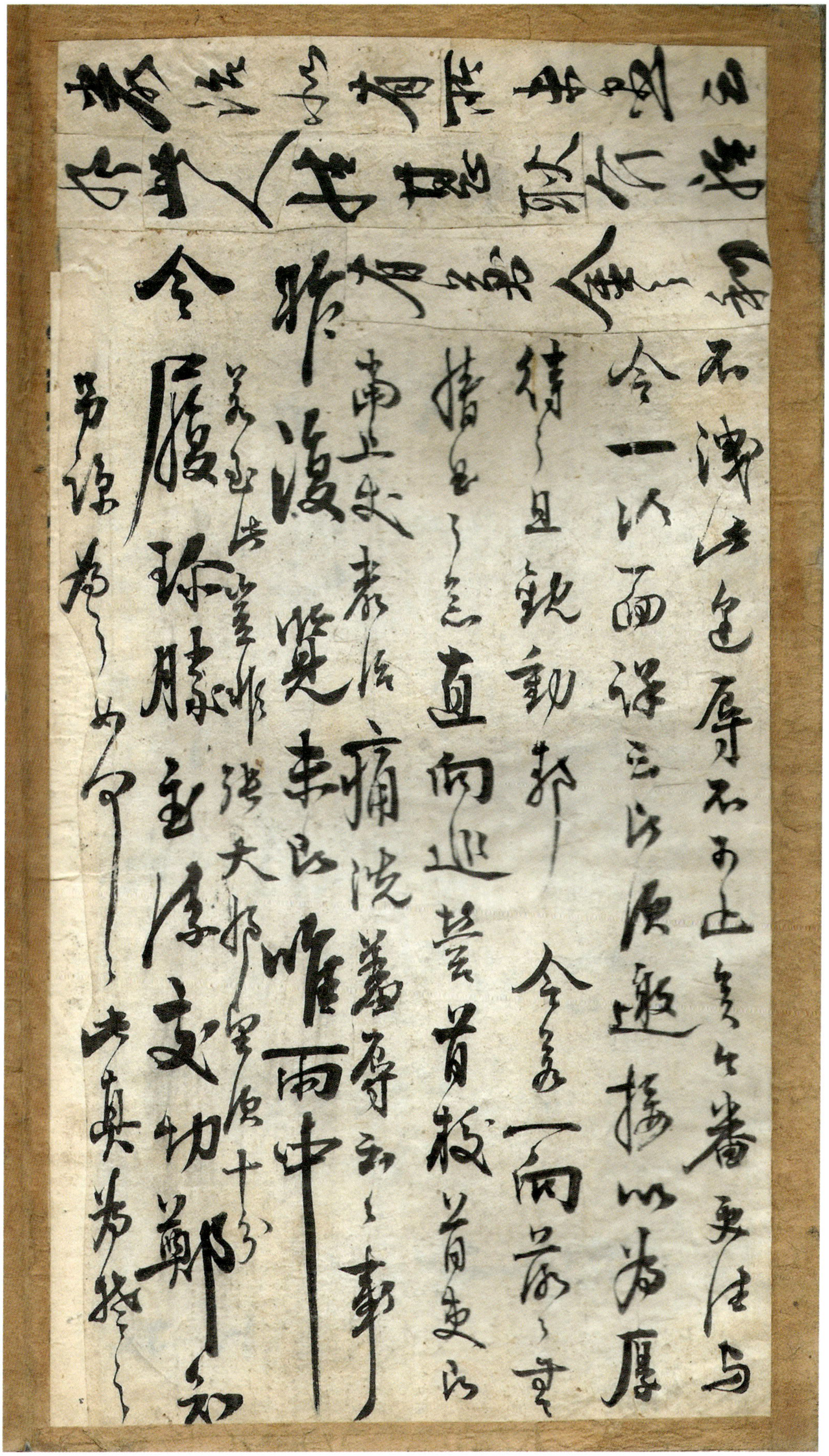

◆ 탈초와 독음

① 昨復覽未 卽唯雨中	작복람미 즉유우중
② 令履珍勝 慰溸交切 鄭知	영리진승 위소교절 정지
③ 事 已有縷縷 想應揣其緊切	사 이유누누 상응췌기긴절
④ 矣 此人 卽	의 차인 즉
⑤ 王大妃殿 十有餘年 承傳近	왕대비전 십유여년 승전근
⑥ 侍 則記末之視此人 親切不泛 有	시 즉기말지시차인 친절불범 유
⑦ 過於他人 所以覼縷 而不知止 而	과어타인 소이나루 이부지지 이
⑧ 今其所遭昌皮憤歎 寧欲無	금기소조창피분탄 녕욕무
⑨ 言 概聞自官施令嚴治 似有所未盡云	언 개문자관시령엄치 사유소미진운
⑩ 云 此豈屢托之本意耶 此人性甚耿介 雖	운 차개누탁지본의야 차인성심경개 수
⑪ 有萬金之利	유만금지리
⑫ 不洩此逢辱 不可止矣 今番 更往與	불설차봉욕 불가지의 금번 갱왕여
⑬ 令 一次面詳云 卽須邀接 以爲厚	령 일차면상운 즉수요접 이위후
⑭ 待之 且觀動靜 令若一向落落 無	대지 차관동정 영약일향낙낙 무
⑮ 情曲之念 直向巡營首校首吏 卽	정곡지념 직향순영수교수리 즉
⑯ 當上丈嚴治 痛洗羞辱云云 事	당상장엄치 통세수욕운운 사
⑰ 若至此 豈非張大耶 望須十分	약지차 기비장대야 망수십분
⑱ 另諒爲之如何 此眞爲楚之	령량위지여하 차진위초지
⑲ 語耳 餘不宣	어이 여불선
⑳ 庚辰 午月 十七日 記末 在鉉 頓	경진 오월 십칠일 기말 재현 돈

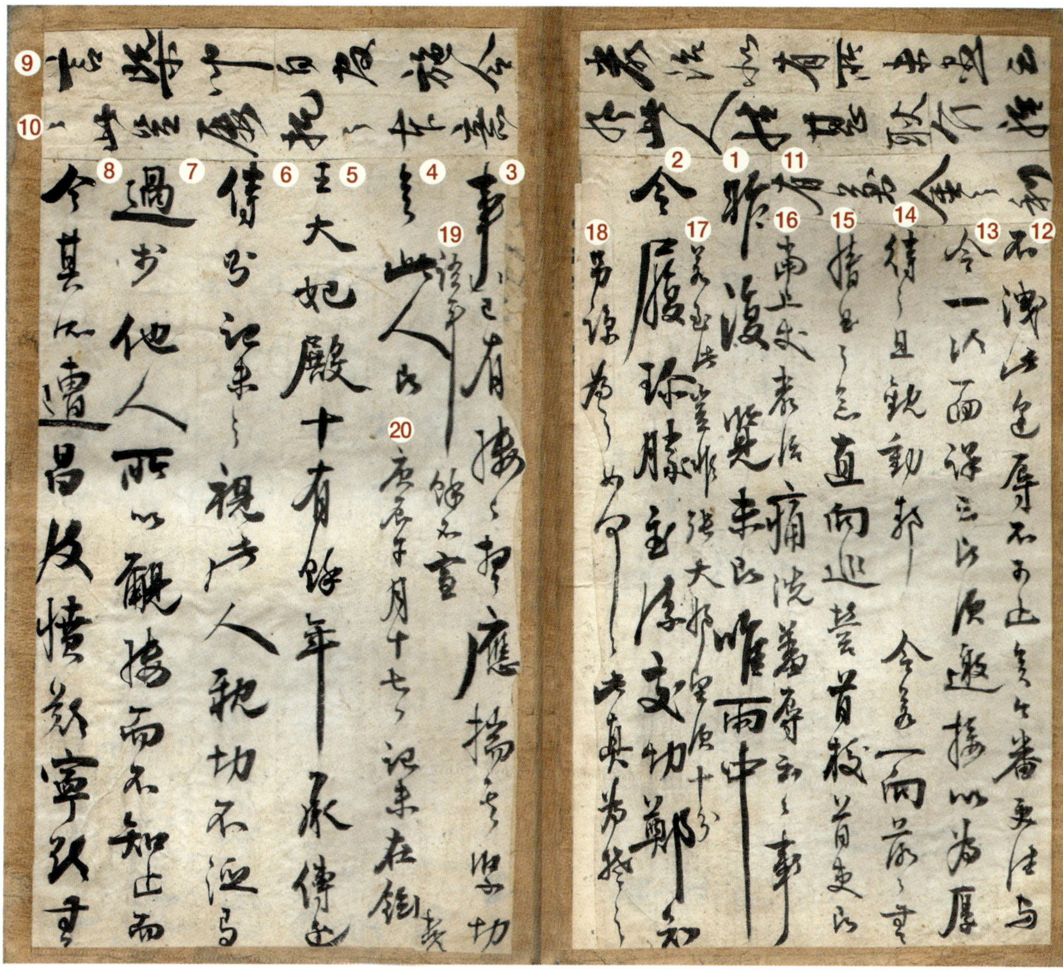

◆번역

어제 보내드린 답장은 보셨는지요? 오직 영감께서 빗속에 잘 지내시는지, 위안되고 그리운 마음이 번갈아 간절합니다.

정지사鄭知事에 관한 여러 번의 부탁으로 응당 그의 간절함을 헤아릴 것이라 생각합니다. 이 사람은 바로 왕대비전王大妃殿에서 10여 년을 가까이 모시며 명命을 전달하던 사람입니다. 제가 이 사람과의 관계가 매우 가까워 데면데면할 수 없는 처지가 다른 사람보다 더해 자세히 말씀드리며 그칠 줄을 몰랐습니다. 지금 그가 당한 창피와 분하고 한탄스러운 일은 차라리 말하고 싶지 않습니다.

대개 관청에서 명령을 내려 엄하게 다스렸다는 말을 들었지만, 미진한 바가 있는 듯하다고 하였습니다. 이 어찌 여러 번 부탁을 드린 본래의 의도였겠습니까? 이 사람은 성품이 본래 정직하여 아무리 만금萬金의 이익이 있더라도, 욕을 당한 일에 관해서는 발설하지 않겠지만 이를 말릴 수는 없습니다.

이번에 다시 가서 영감을 한번 만나 자세히 말씀을 드린다고 합니다. 모쪼록 그를 맞이하여 후하게 대접하면서 그의 동정을 살펴주십시오. 영감께서 요사이 멀리 떨어져 있어 정으로 염려해주시는 마음이 없다면, 곧바로 순영巡營[1]의 수교首校[2]나 수리首吏[3]에게 간다고 합니다. 그래서 윗사람을 대적한 죄로 엄히 다스려 부끄럼과 치욕을 통렬히 씻도록 할 것이라고 합니다. 만약 이렇게 된다면 어찌 일이 커지지 않겠습니까?

바라건대 모쪼록 특별히 헤아려주시는 것이 어떻겠습니까? 이는 참으로 초楚나라를 위한[4] 말일 뿐입니다.

나머지는 이만 줄입니다.

경진년[1880] 5월[午月][5] 17일.

기말記末 재현在鉉[6]은 머리를 조아립니다.

◆ 해제

경진년[1880] 5월 17일 당시 홍재현洪在鉉이 형조판서刑曹判書[7] 겸 지의금부사知義禁府事[8]를 지낼 때, 충주영장忠州營將 안정구安珽求에게 보낸 편지이다.

발신인과 가깝게 지내는 정지사鄭知事는 왕대비를 오랫동안 모시고 있던 사람인데, 창피를 당한 일이 있으니, 이 일에 관하여 잘 처리하여 달라는 부탁을 하였다.

◆ 주석

1 순영巡營 : 8도八道에 파견된 감사監司가 직무를 보던 관청이다.

2 수교首校 : 군역軍役에 종사하는 장교의 우두머리를 말한다.

3 수리首吏 : 으뜸이 되는 향리鄕吏, 호장戶長을 말한다.

4 초楚나라를 위한 : 원문은 '爲楚위초'. 《십팔사략十八史略》의 '위초비위조爲楚非爲趙'의 준말이다. 초楚나라를 위하는 것이 아니라 제齊나라를 위한다는 것으로, 겉으로는 위하는 체하면서 실상은 다른 것을 위함을 이르는 말이다.

5 5월[午月] : 원문은 '午月오월'. 월건月建이 오午로 된 달로, 음력 5월을 달리 이르는 말이다.

6 재현在鉉 : 조선 후기 문신으로, 대사헌을 지낸 홍재현(洪在鉉, 1815~?)을 이른다.

7 형조판서刑曹判書 : 6판서六判書 중의 하나로, 형법·소송·감옥을 총괄하는 장관급 정2품 벼슬이다.

8 지의금부사知義禁府事 : 특별 사법관청인 의금부義禁府의 정2품 문관 벼슬이다.

金興均 09

김홍균

1858~?

조선 후기 문신으로, 본관은 안동安東이고, 포천 출신이다. 자는 기재起哉, 호는 우능又能이다. 김병훈金炳薰의 아들로 태어나, 예조판서 김병필金炳弼에게 입양되었다. 양아버지 김병필은 철인왕후(哲仁王后, 1837~1878) 김씨의 남동생이다. 따라서 그는 왕후의 조카가 되어 안팎의 총애를 받게 되었다.

철인왕후는 평소 친정을 두둔하지 않았고, 정치에도 관여하지 않았다. 하지만 조선 25대 왕 철종의 왕비가 된 이후부터 안동김씨 세도정치는 절정에 달하였다.

그는 1872년 동몽교관童蒙教官으로 있다가, 1875년(고종 12) 별시병과別試丙科에 24위로 급제하였다.

그 당시 고종이 전교하기를, "새로 과거에 급제한 김홍균의 창방일(唱榜日: 급제자 이름을 부르는 날)에는 영은부원군(永恩府院君: 철인왕후의 아버지 김문근) 내외의 사판(祠版: 위패)에 승지承旨를 보내어 치제(致祭: 제사)하게 하라."고 명하였다. [《고종실록》 12권, 고종 12년 5월 7일 1번째 기사 참조]

1876년 홍문관부수찬·규장각직각·응교를 거쳐, 1878년 동부승지·부호군·예조참의를 지냈다. 1879년에는 조사위장曹司衛將과 검교직각檢校直閣을 겸하고, 이어 1880년 공조참판·도총관(都摠管: 정2품), 1881년 한성부우윤, 1883년 예조참판, 1884년 이조참판 등 관직을 두루 역임하였다.

그 후 1898년(고종 35) 3월 8일, 평소보다 한참 낮은 관직인 황해도관찰부 주사(主事: 판임관으로 7~9품)를 끝으로 의원면직依願免職하고, 벼슬길을 떠났다.

그는 민영익閔泳翊의 사저 죽동궁竹洞宮에서 자주 회합하던 김옥균金玉均·홍영식洪英植·어윤중魚允中·홍순형洪淳馨·이중칠李重七 등과 함께 개화파 '죽동 8학사' 중에 한 사람으로 개화 정책을 꿈꾸던 젊은 정치인이었다.

1884년(고종 21) 갑신정변甲申政變 후에 항렬자行列字를 바꾸면서, 그해 11월 19일 김홍규金興圭로 개명改名하였다.

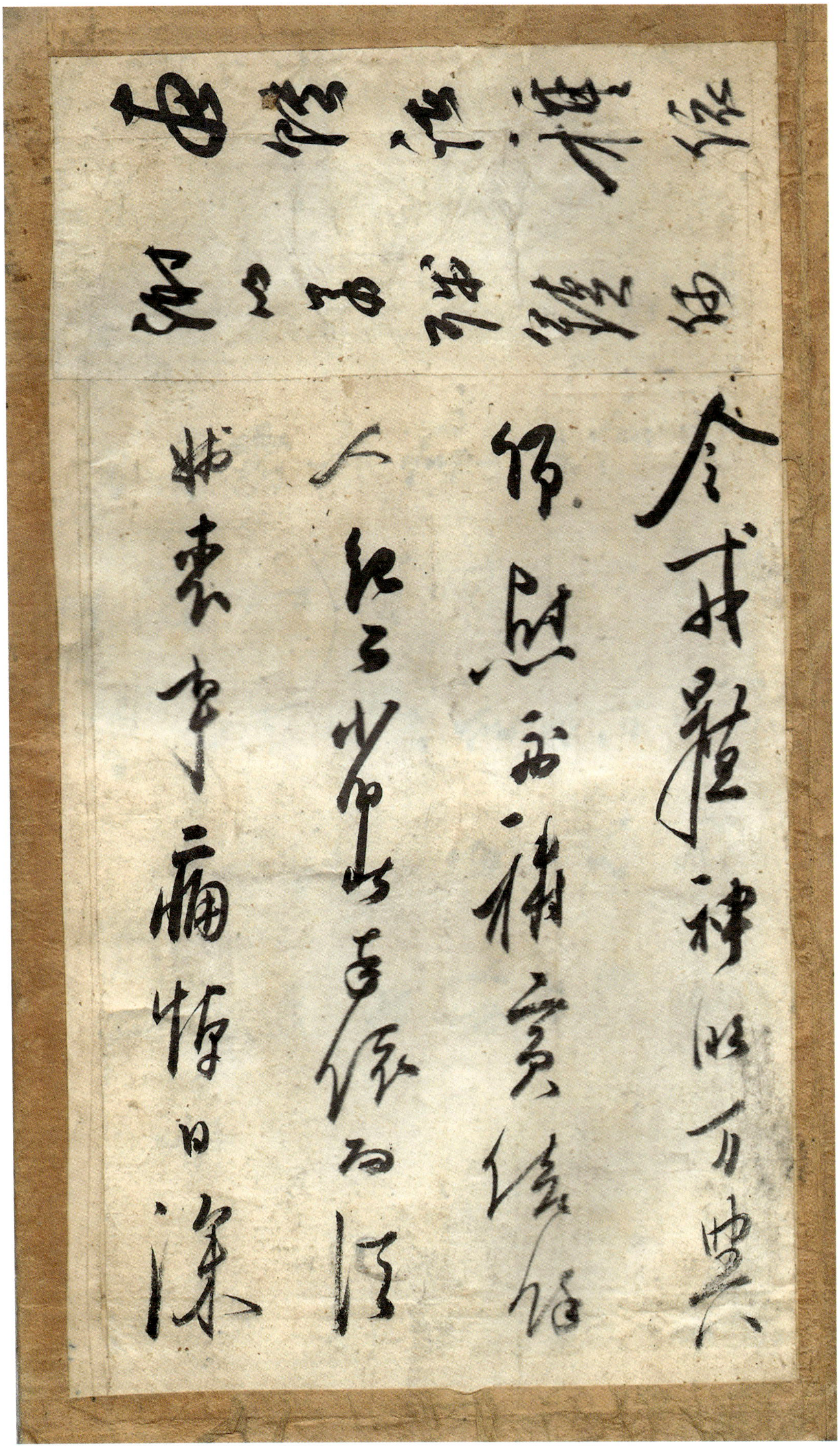

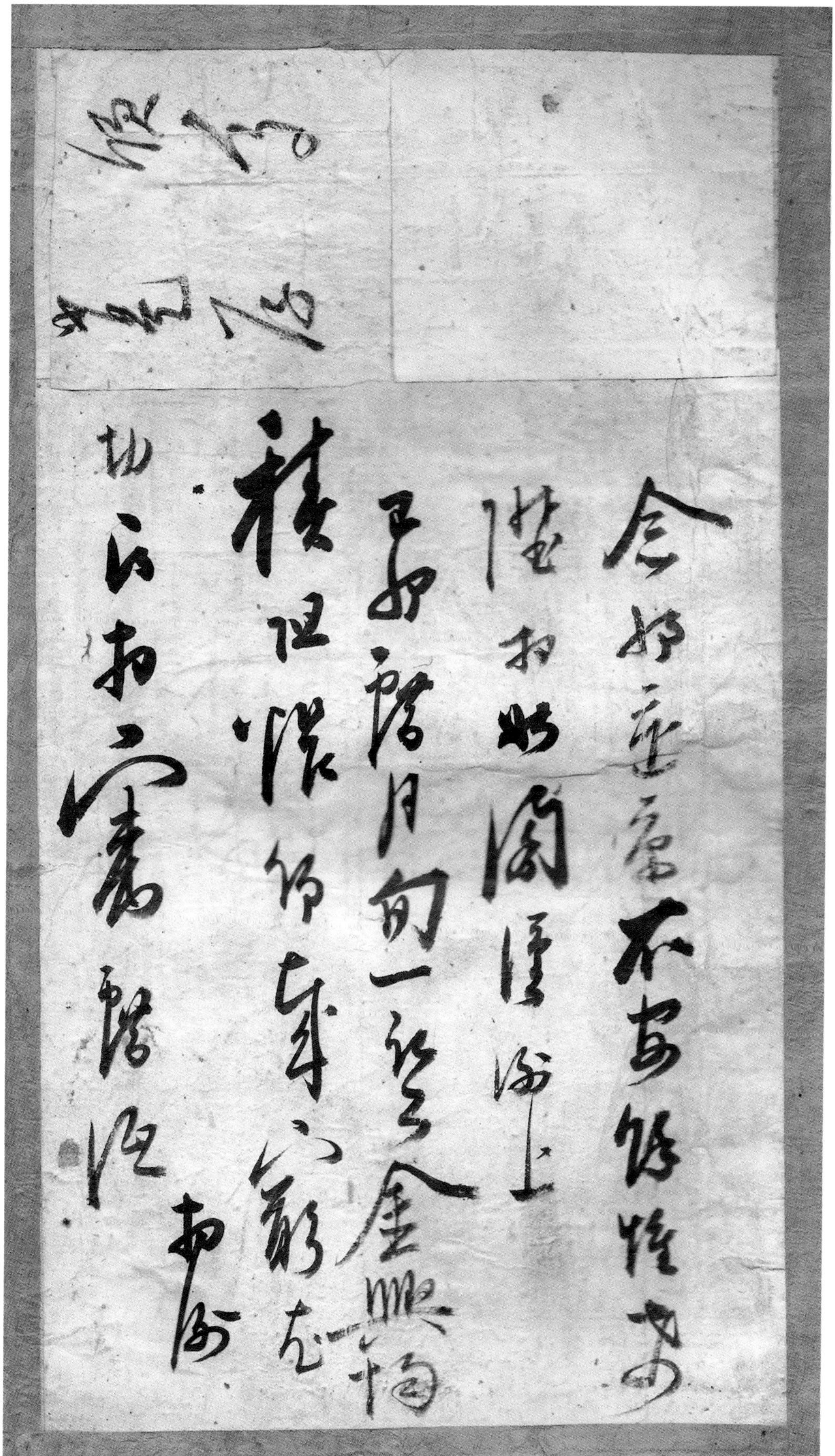

◆ 탈초와 독음

① 積阻悵仰 歲窮尤	적조창앙 세궁우
② 切 卽拜審臘冱	절 즉배심납호
③ 令戎體 神旺萬典	영융체 신왕만전
④ 仰慰副禱 實倍餘	앙위부도 실배여
⑤ 人 記下 省狀幸依 而從	인 기하 성상행의 이종
⑥ 叔喪事 痛悼日深	숙상사 통도일심
⑦ 惠饋諸種 依領多	혜궤제종 의령다
⑧ 謝 以若殘鎭 何如是厚	사 이약잔진 하여시후
⑨ 念耶 還庸不安 餘惟希	념야 환용불안 여유희
⑩ 陞 拜姑閣 謹謝上	승 배고각 근사상
⑪ 己卯 臘月 旬一 記下 金興均	기묘 납월 순일 기하 김흥균
⑫ 拜謝	배사

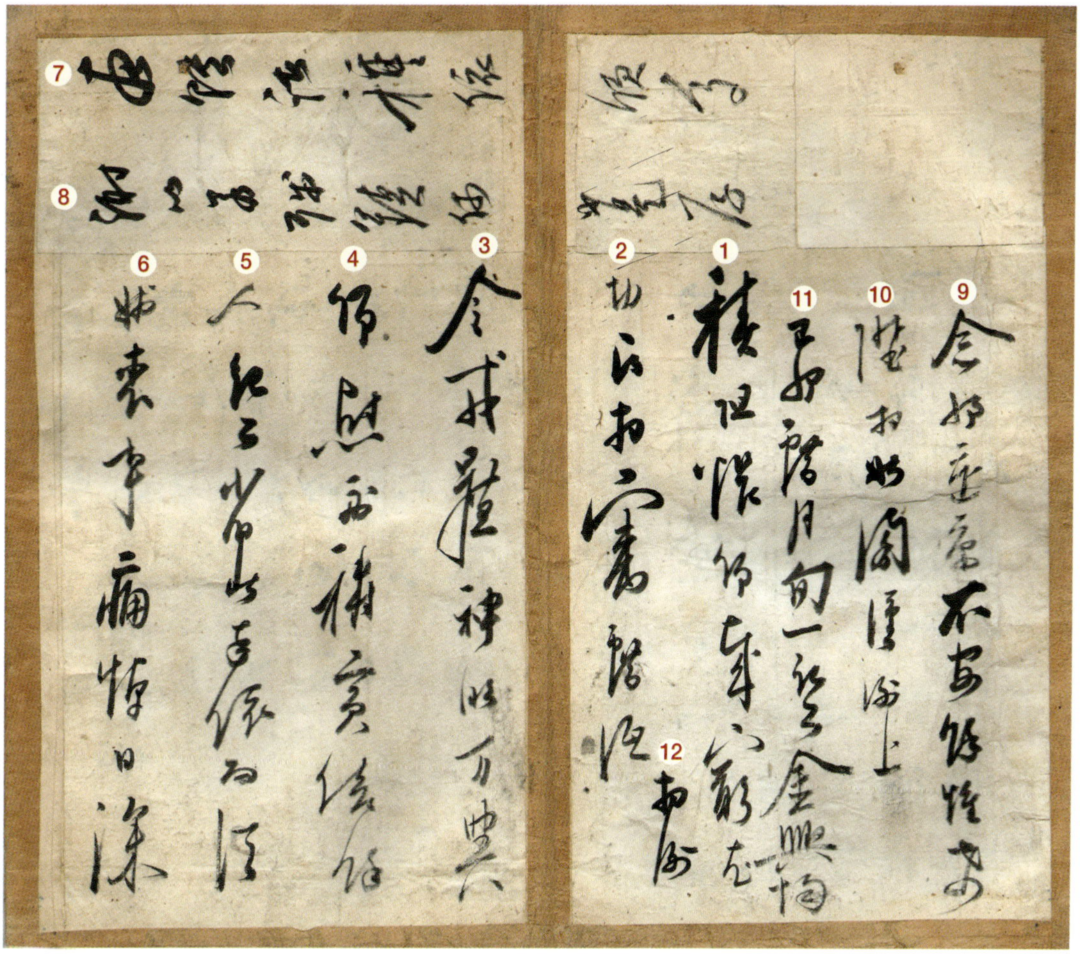

◆ 번역

오랫동안 소식이 막혀 그립던 마음이 세모가 되니 더욱 간절합니다. 섣달 추위에 영감의 안부가 좋으시다는 소식을 듣고, 우러러 위안되니 제 마음의 바람대로입니다. 이는 참으로 다른 사람에 비해 배나 더합니다.

저는[記下][1] 부모님 모시고 별 탈 없이 지내고는 있지만, 당수堂叔께서 돌아가시어 애통한 마음이 날로 깊습니다. 은혜롭게 보내주신 여러 가지 물건은 보내신 대로 잘 받았으니, 매우 감사합니다. 가난한 진영鎭營에서 어떻게 이렇게까지 신경을 쓰셨는지요? 도리어 마음이 편치가 않습니다.

나머지는 승진하시기를 바라며, 이만 줄입니다. 삼가 답장을 드립니다.

기묘년[1879] 12월 11일[旬一].[2]

기하記下 김흥균金興均은 절하고 답장을 드립니다.

◆ 해제

기묘년[1879] 12월 11일 당시 김흥균金興均이 조사위장曹司衛將[3] 겸 검교직각檢校直閣[4]을 지낼 때,

충주영장忠州營將 안정구安珽求에게 보낸 편지이다.

자신의 종숙從叔이 죽었을 때, 상대가 보내준 여러 가지 물건에 대해 감사의 뜻을 전하였다.

◆ 주석

1 저는[記下] : 원문은 '記下기하'. 지위나 신분 등이 자신보다 높은 사람에게 자신을 낮추어 하는 말이다. 기하생記下生이라고도 한다. 이하 다른 편지에서도 모두 동일한 뜻이다.

2 11일[旬一] : 원문은 '旬一순일'. 음력 11일을 달리 이르는 말이다.

3 조사위장曹司衛將 : 궁내宮內에 입직入直하여 오위五衛 소속의 군대를 통솔하는 관직으로, 임금의 신임을 받은 관료가 임명되는 정3품 벼슬이다.

4 검교직각檢校直閣 : 명망 있는 젊은 문관 가운데 선발하는 관직이다.

金敬均
김경균

1840~?

10

조선 고종 때 문신으로, 본관은 안동安東이고, 자는 치정穉正이다. 조부는 이조판서 김시근金蓍根이고, 부친은 직각直閣 김병소金炳韶다. 생부는 김병겸金炳謙이다.

1864년(고종 1) 증광문과增廣文科에 병과丙科 21위로 급제하였다. 가주서假注書를 시작으로, 1866년 윤영신尹榮信·조경호趙慶鎬·조항교趙恒敎 등과 함께 승정원의 주서注書로 추천되었다.

이어 사간원정언, 1867년 문신겸선전관·병조정랑, 1868년 홍문관교리·사헌부장령 등을 제수받았다.

그는 1869년 수릉綏陵 등의 왕실 제사 때, 대축응교大祝應敎로 참여하여 품계를 올려받고 형조참의가 되었다. 이후 동부승지·부호군을 거쳐 1879년(고종 16) 성균관대사성에 이르고, 1881년 이조참의에 임명되었다.

1882년 왕세자(王世子: 훗날 순종)의 관례(冠禮: 여은부원군 민태호의 딸 민씨를 세자빈으로 맞이함. 훗날 순명왕후)에 전교관傳敎官 예방승지禮房承旨로 참여하여 재차 품계를 올려받았다. 한성부우윤·형조참판이 되고, 1884년에는 예조참판(禮曹參判: 종2품) 등을 지냈다.

승정원의 6승지六承旨 중, 도승지都承旨를 빼고는 두루두루 역임하여, 《승정원일기承政院日記》에 총 1,067건의 기사가 나온다.

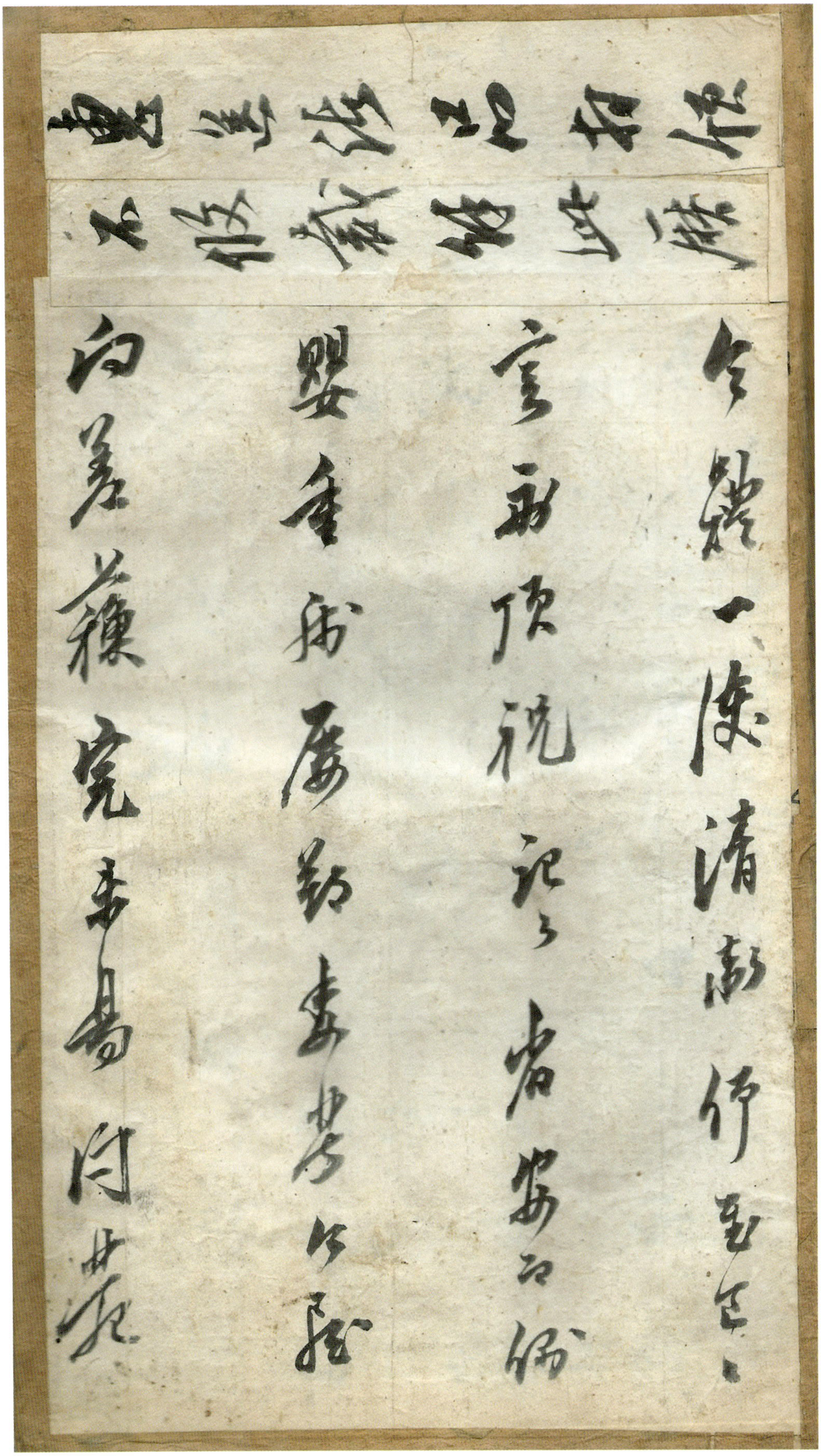

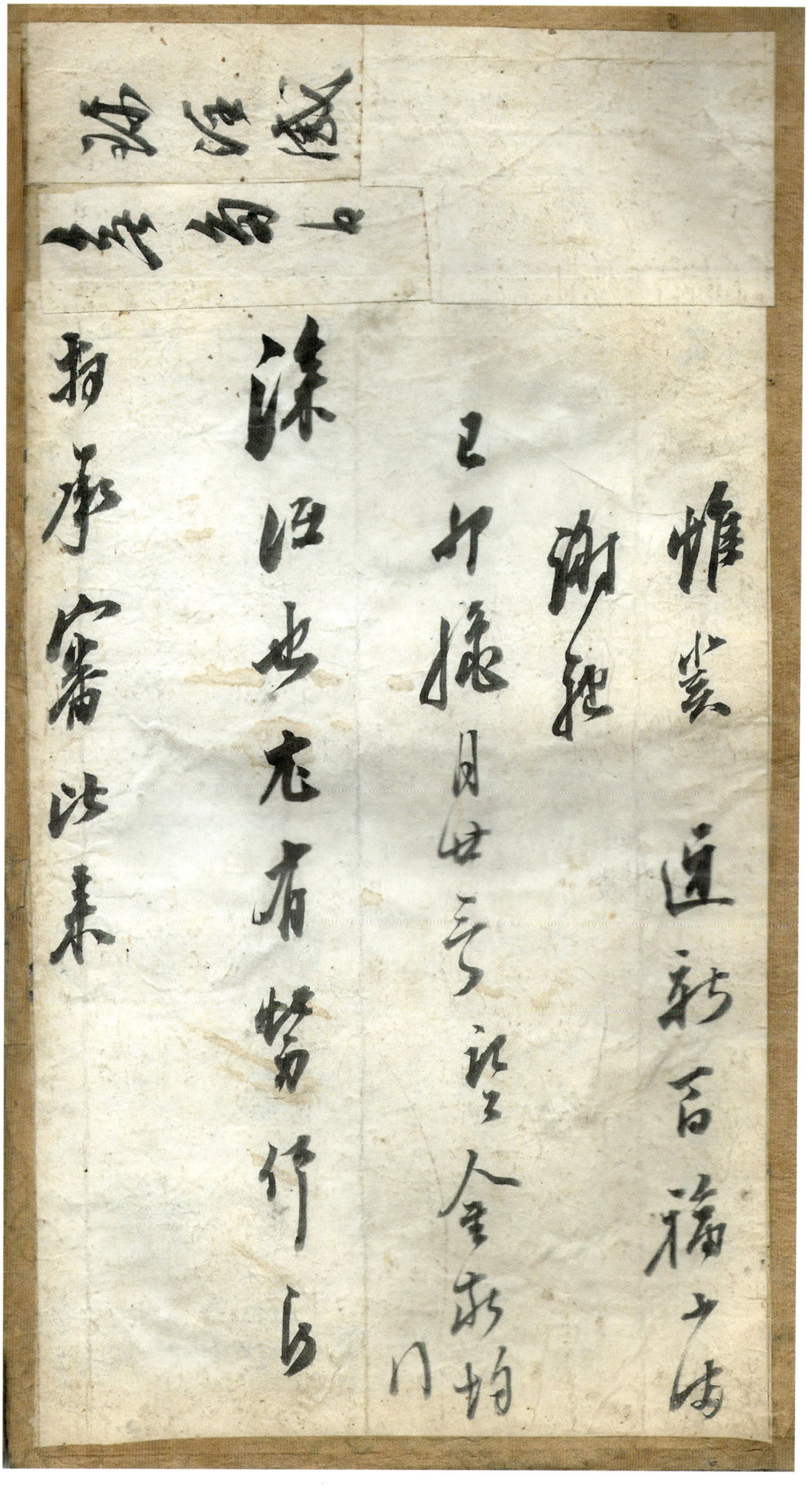

◆ 탈초와 독음

① 深沍也 尤有勞仰 卽	심호야 우유노앙 즉
② 拜承審比來	배승심비래
③ 令體 一護淸衛 仰慰區區	영체 일호청위 앙위구구
④ 實副頂祝 記下 省安 而側	실부정축 기하 성안 이측
⑤ 嬰重病 屢朔委苦 今雖	영중병 누삭위고 금수
⑥ 向差 蘇完未易 悶菀	향차 소완미이 민울
⑦ 惠送諸品 拜領珍注 感	혜송제품 배령진주 감
⑧ 不攸裁 餘此曆無多日	불유재 여차역무다일
⑨ 惟冀迓新百福 不備	유기아신백복 불비
⑩ 謝禮	사례
⑪ 己卯 臘月 廿三日 記下 金敬均	기묘 납월 입삼일 기하 김경균
⑫ 拜	배

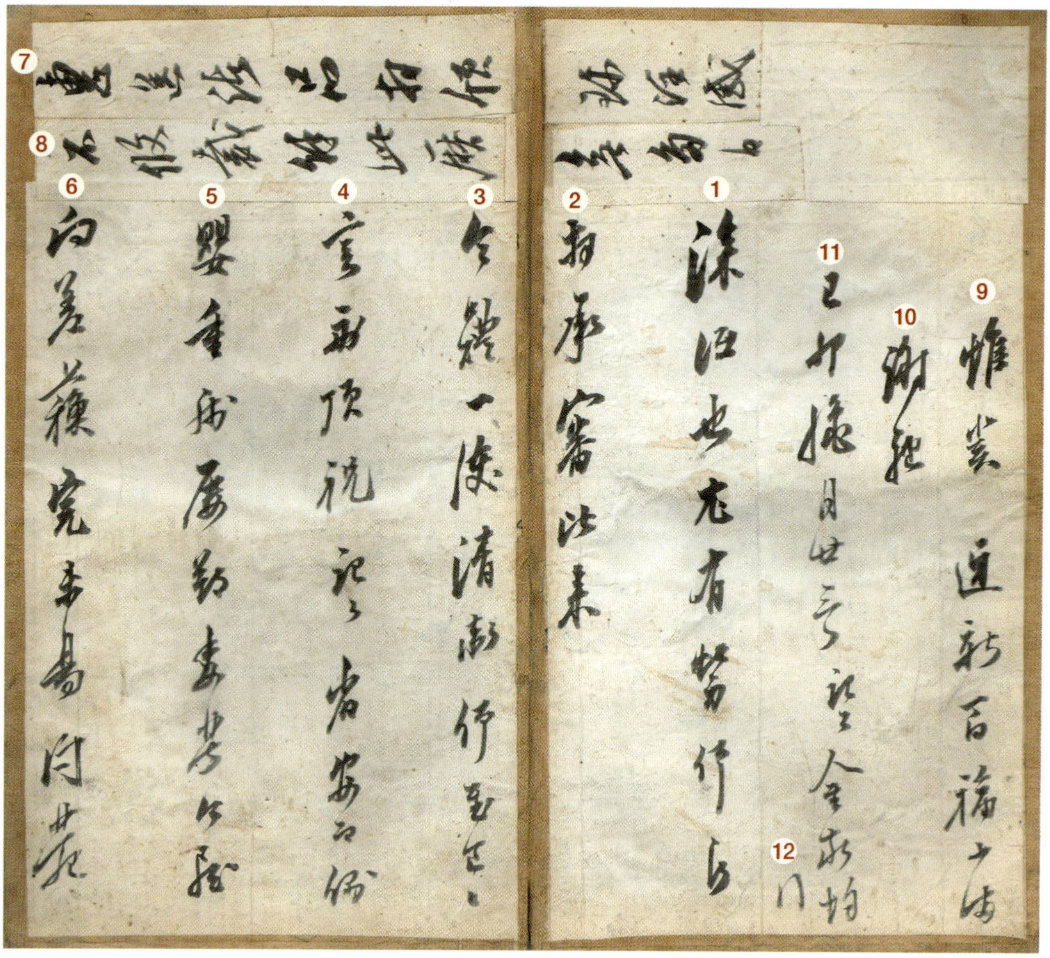

◆ 번역

깊은 추위라, 더욱 그립던 참에 보내신 편지를 받았습니다. 요사이 영감께서 한결같이 잘 지내신다니, 위로를 받아 마음이 편안합니다. 간절히 머리 숙여 기원하는 마음에 부합되었습니다.

저는[記下] 부모님 모시고 편안히 지내고 있지만, 곁에 있는 어린아이가 중병으로 여러 달을 자리에 누워 고통스러워하고 있습니다. 지금 비록 나아가고는 있지만, 완전히 낫기는 쉽지 않을 듯하니 답답합니다.

은혜롭게 보내신 여러 가지 물건은 잘 받았습니다. 기울여주신 정성에 감사한 마음을 어찌할 바 모르겠습니다.

나머지는 달력에 많은 날이 남지 않았는데, 새해를 맞아 많은 복 받으시기를 바랍니다.

답장의 예를 갖추지 않습니다.

기묘년[1879] 12월 23일.

기하記下 김경균金敬均은 절합니다.

◆ 해제

기묘년[1879] 12월 23일 당시 김경균金敬均이 성균관대사성成均館大司成[1]을 지낼 때, 충주영장忠州營將 안정구安珽求에게 보낸 편지이다.

자신의 어린아이가 중병으로 고생을 하고 있는데, 여러 가지 물건을 보내주어 매우 감사하다는 뜻을 전하였다.

◆ 주석

1 성균관대사성成均館大司成 : 문관 출신으로, 학문이 뛰어난 자가 임명되었다. 유학儒學에 관계된 일과 문묘文廟 관리에 관한 업무를 담당했다. 성균관의 최고 전임 관직으로 정3품 벼슬이다.

11

趙龍鏞

조용훈

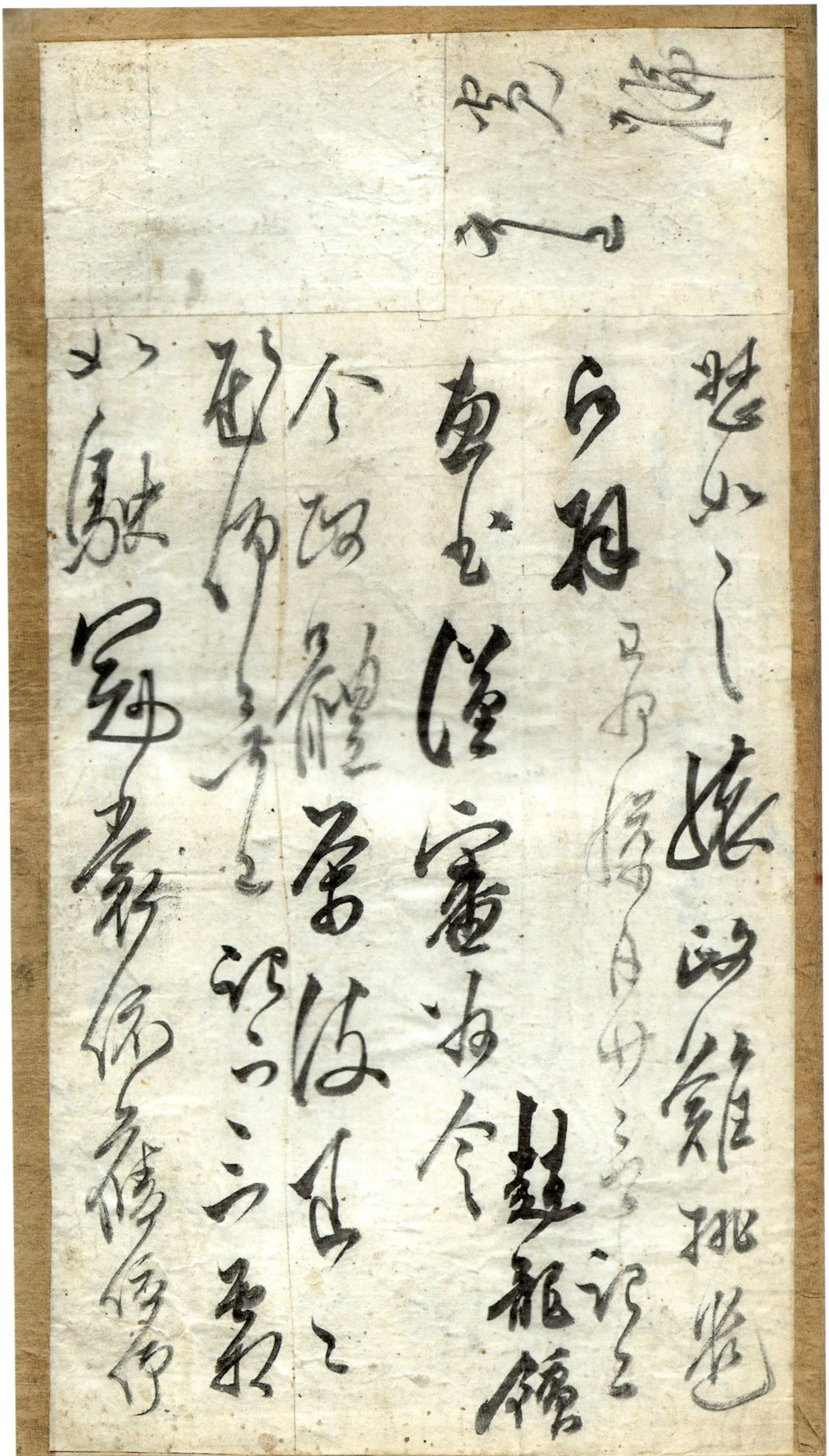

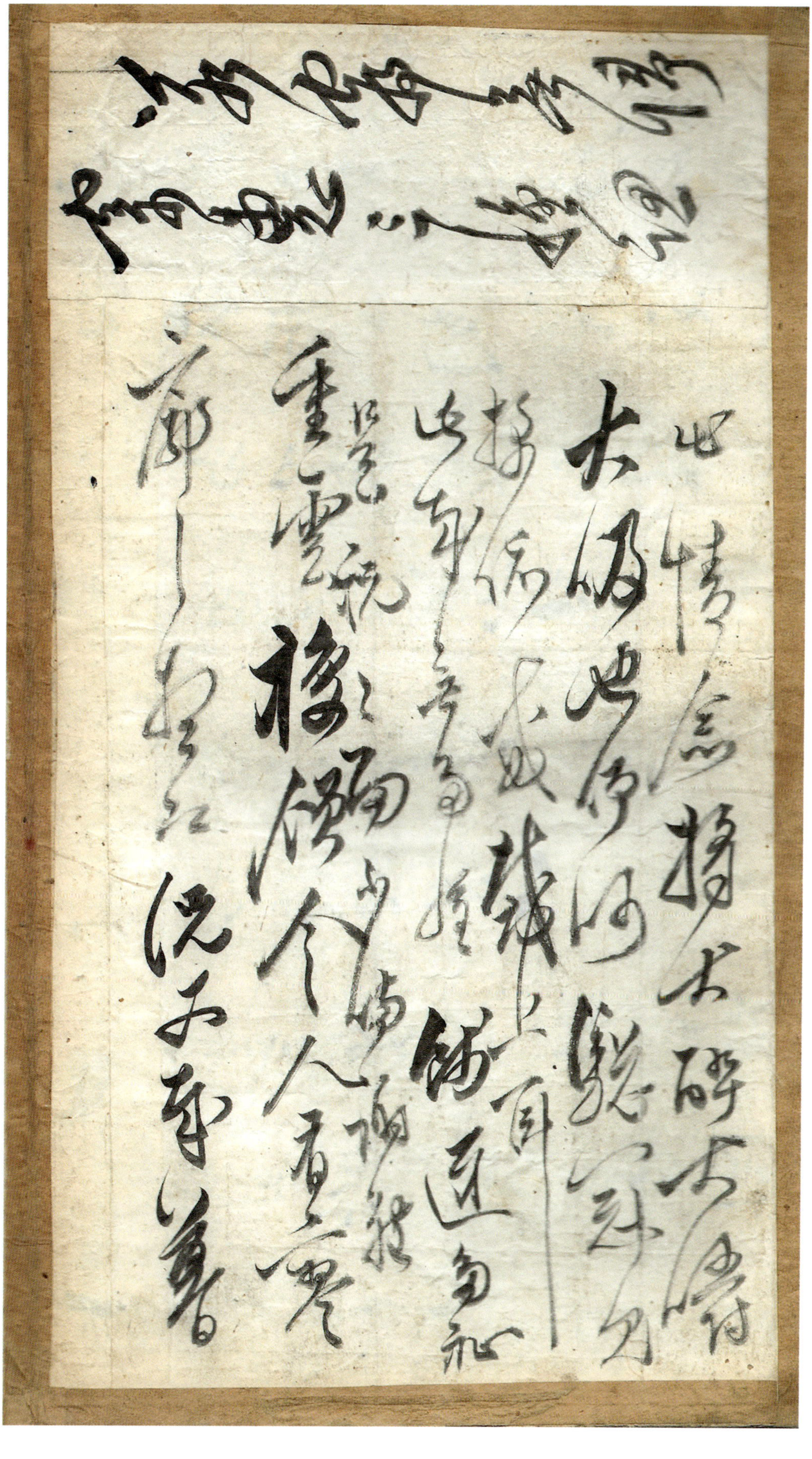

◆ 탈초와 독음

① 重雲複鎖 令人有寥	중운복쇄 영인유료
② 廓之想 而況又歲暮	곽지상 이황우세모
③ 惄如之懷 政難排遣	녁여지회 정난배견
④ 卽拜	즉배
⑤ 惠書 謹審玆今	혜서 근심자금
⑥ 令政體萬護 區區	영정체만호 구구
⑦ 慰仰無已 記下 三霜	위앙무이 기하 삼상
⑧ 如駛 冠裳依舊 俯仰	여사 관상의구 부앙
⑨ 冤號 若窮無歸	원호 약궁무귀
⑩ 而已 寄惠三種 認	이이 기혜삼종 인
⑪ 出情念 將大醉大嚼	출정념 장대취대작
⑫ 大吸也 仰呵 驄冠見	대흡야 앙가 총관견
⑬ 樣 依戒戴上耳	양 의계재상이
⑭ 此歲無多 惟餞迓多祉	차세무다 유전아다지
⑮ 是祝是祝 留不備謝禮	시축시축 유불비사례
⑯ 己卯 臘月 卄三日 記下	기묘 납월 입삼일 기하
⑰ 趙龍鏞	조용훈

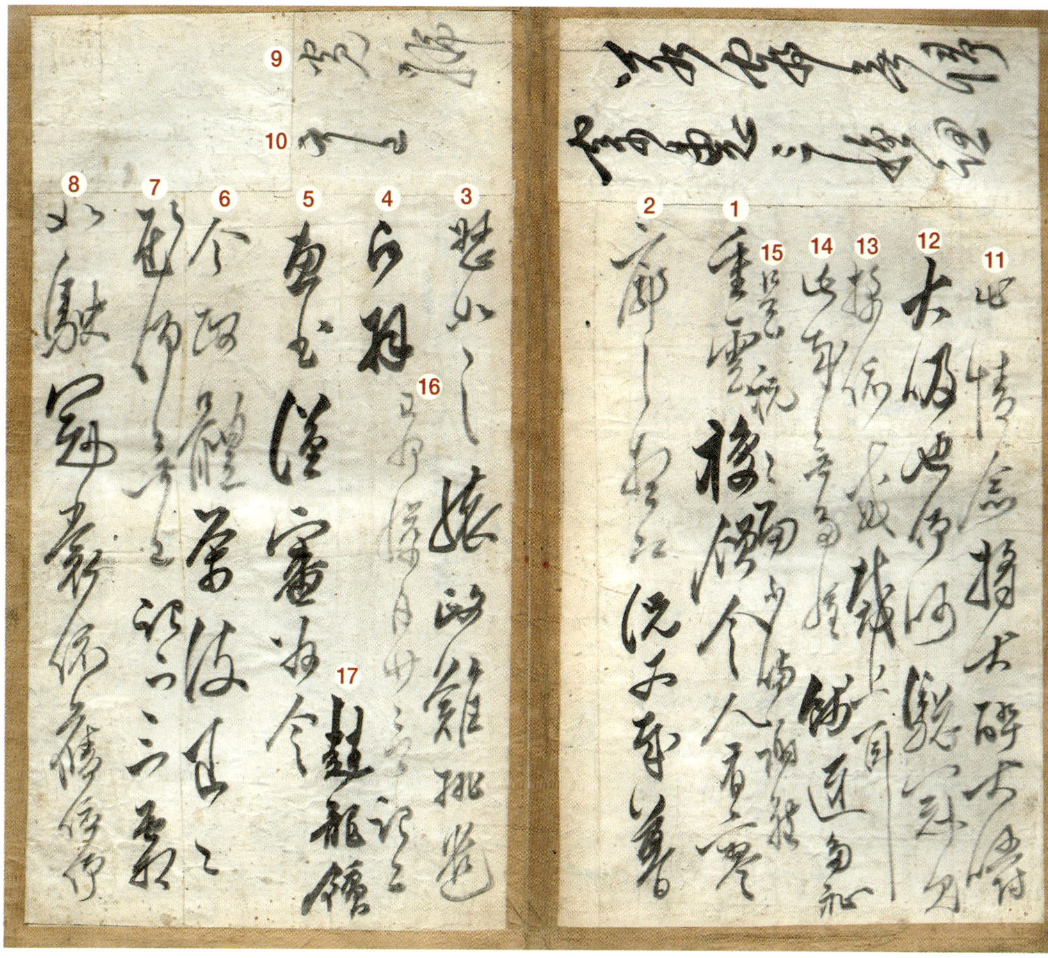

◆번역

중첩된 구름이 겹겹이 자물쇠가 되어, 사람으로 하여금 쓸쓸한 생각이 들게 합니다. 더구나 또 세모에 만나지 못해 그리운 마음[1]은 달래기가 어렵습니다.

즉일卽日 편지를 받고, 요사이 정사政事[2]를 보는 영감의 안부가 좋으시다니, 간절히 위안되고 그리운 마음 그지없습니다.

저[記下]에게는 3년이 달리는 말처럼 빠르게 흘러갔지만, 예나 다름없이 벼슬하고 있습니다. 그러나 하늘과 땅에 원통하다 하소연해보지만 돌아갈 곳 없이 궁핍하기만 할 뿐입니다.

보내신 세 가지 물건은 정겨운 염려에서 나온 것임을 알겠습니다. 장차 크게 취하고, 먹고 마시겠습니다. 웃습니다. 총관驄冠[3]은 말씀하신 견양見樣[4]대로 지어서 올렸습니다.

이 해가 얼마 남지 않았는데, 오직 새해를 맞아 복 많이 받으시기를 기원합니다.

이만 남겨두고 답장을 드립니다.

기묘년[1879] 12월 23일.

기하記下 조용훈趙龍鏽[5]

◆ 해제

기묘년[1879] 12월 23일에 발신인 조용훈趙龍鑂이 수신인 충주영장忠州營將 안정구安珽求에게 보낸 편지이다.

자신의 궁핍한 사정을 하소연하며, 상대가 보내준 선물에 감사하다고 하였다. 그리고 관(冠: 갓)은 견본대로 지어서 보냈다고 전했다.

◆ 주석

1 만나지 못해 그리운 마음 : 원문은 '惄如녁여'. 상대를 만나지 못해 허전한 마음을 나타내는 표현이다. 《시경詩經》 〈여분汝墳〉에 "군자를 보지 못한지라, 아침을 굶은 듯 허전하도다.[未見君子 惄如調飢]"라는 구절에서 유래한다.

2 정사政事 : 나라를 다스리는 일, 부정不正을 바로 잡는 일 등, 정치·행정·군사 업무를 통칭統稱하는 말이다. 이하 다른 편지에서도 모두 동일한 뜻이다.

3 총관驄冠 : 사대부士大夫들이 평상시 머리에 쓰는 말꼬리로 만든 관(冠: 갓)을 이른다.

4 견양見樣 : 본보기로 만든 일정한 물건의 치수와 양식을 이르는 말이다.

5 조용훈趙龍鑂 : 검색檢索되지 않는 인물이다.

趙臣熙 조신희

1851~?

조선 후기 대한제국기 문신이다. 본관은 양주揚州, 자는 중린仲隣이다. 참판參判 조병학趙秉學의 둘째 아들로 태어나, 조병석趙秉奭의 양자로 들어갔다. 영의정 김병학金炳學에게는 사위가 된다.

1868년(고종 5) 동몽교관으로 있다가, 1875년(고종 12) 별시병과別試丙科에 14위로 급제하였다. 이후 1876년 홍문관수찬·서학교수, 1877년 동부승지·여주목사를 거쳤다.

1878년(고종 15) 6월 충주목사忠州牧使로 부임赴任하였고, 1880년 7월 우승지右承旨로 전임轉任하였다. 이어 1886년 성균관대사성, 1887년 이조참의·동지춘추관사·한성부우윤과 예조참판·협판내무부사 등 요직을 두루 역임하였다.

1887년 7월 영덕아의법英德俄義法 5국전권대신으로 임명되어 유럽으로 가는 도중, 청나라 총독처럼 행세하던 위안스카이[袁世凱]가 주미공사로 부임하던 박정양朴定陽에게 소위 삼단(三端: 외교적 내정간섭 3단계 조건)을 요구하여 문제가 되자, 홍콩에 자의로 머무르다가 귀국하였다.

결국 중도 귀국이 문제가 되어, 1890년 1월부터 약 8개월간 전라도 함열현咸悅縣에 정배(定配: 귀양살이)를 갔다가 석방되었다.

이후 1890년 사헌부대사헌, 1891년 이조참판, 1895년 중추원의관, 고등재판소 검사·판사로 재직하였다. 판사로 있으면서 1895년 4월 19일, 영선군永宣君 이준용(李埈鎔: 고종의 장조카로 개화파인 법무협판 김학우 암살 사주) 사건을 처리하였다.

1895년(고종 32) 조선 개국 503년, 개국기원절을 경축하는 궁중 연회에 영희전제거永禧殿提擧로 사무위원장을 맡아 범가죽을 하사받았다. 1898년 윤3월에는 흥선대원군과 여흥부대부인 장례에 예장청당상禮葬廳堂上을 맡기도 하였다.

1899년 궁내부특진관과 봉상사제조를 지내고, 1901년 7월 의원면직으로 관직에서 물러났다. 서광범徐光範·임대준任大準·이재정李在正과 함께 근대사법 최초의 판사로 기록되어 있다.

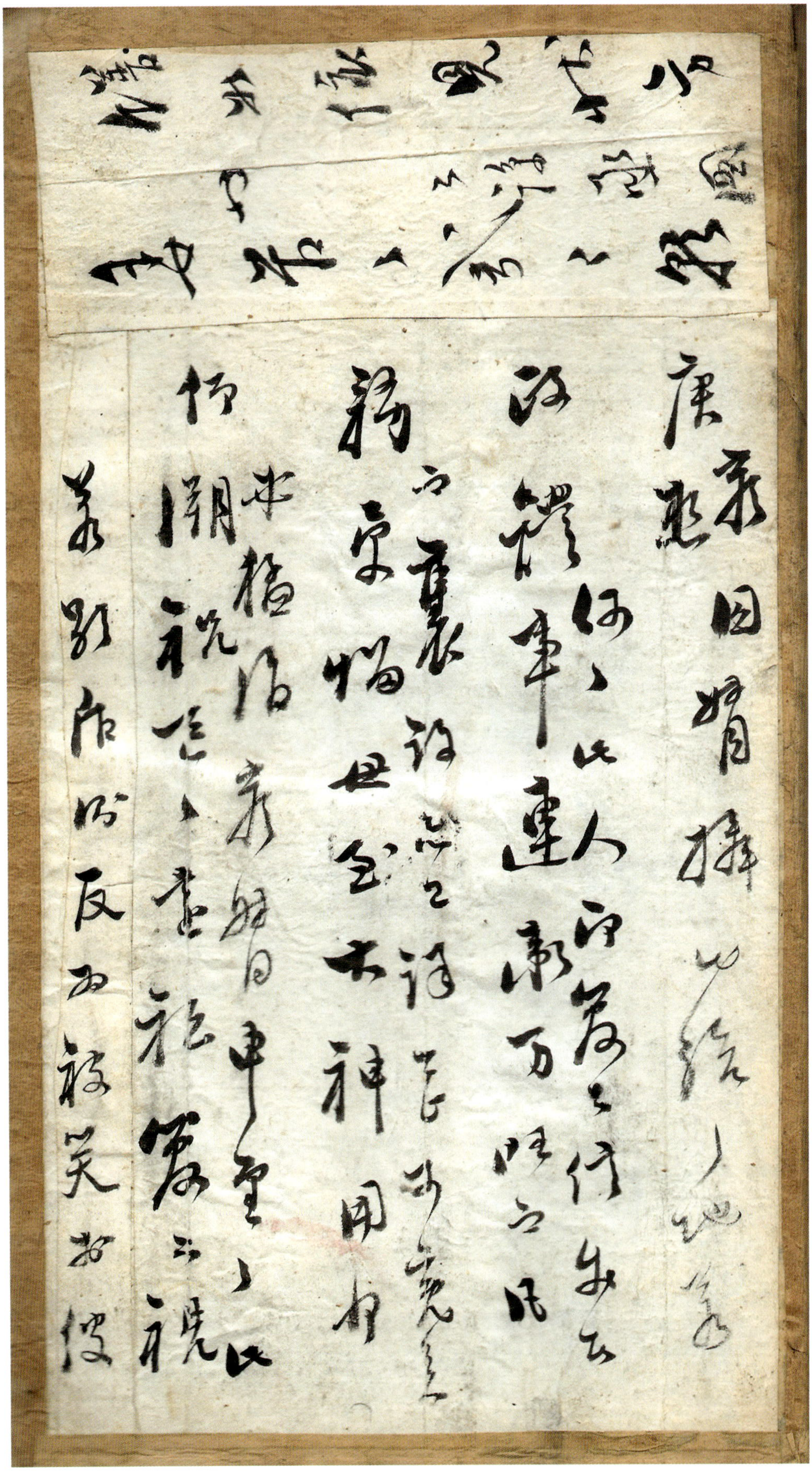

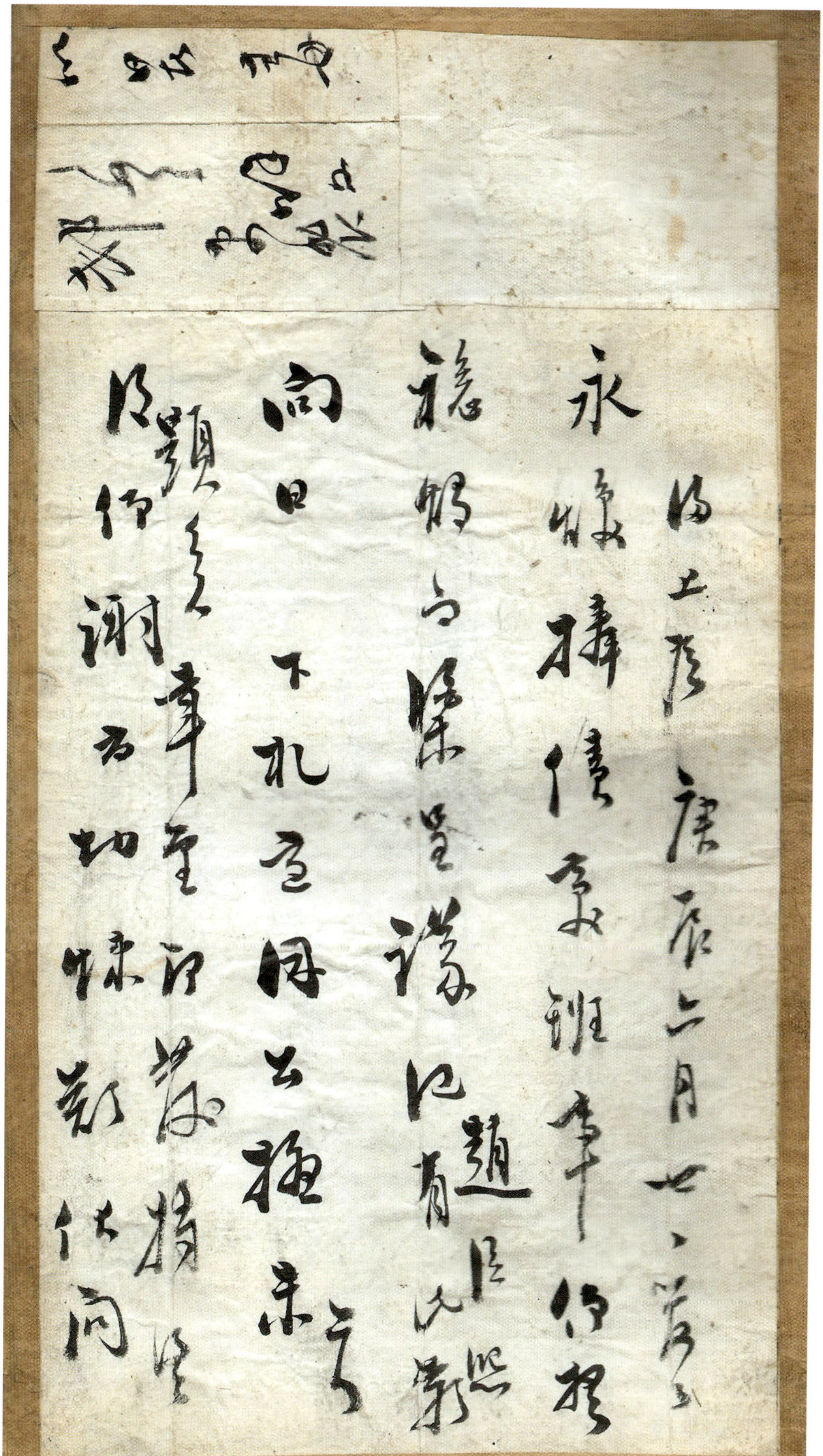

◆ 탈초와 독음

① 永煥 捧債慶班事 仰想	영환 봉채경반사 앙상
② 穩燭 而渠呈議送 有此嚴	온촉 이거정의송 유차엄
③ 向日 下札 適因公擾 未	향일 하찰 적인공요 미
④ 得仰謝 尙切悚歎 伏問	득앙사 상절송탄 복문
⑤ 庚熱	경열
⑥ 政體事 連衛萬旺 而凡	정체사 연위만왕 이범
⑦ 務受惱 毋至大神用耶	무수뇌 무지대신용야
⑧ 仰溯祝 區區遠祝 管下視	앙소축 구구원축 관하시
⑨ 饍 如依見狀 方以暑毒	선 여의견상 방이서독
⑩ 委 苦苦哉哉 就邸吏裵	위 고고재재 취저리배
⑪ 顯矣 幸望 卽發將差	현의 행망 즉발장차
⑫ 嚴囚督捧 出給之地 若	엄수독봉 출급지지 약
⑬ 何若何 此人 卽管下信使者	하약하 차인 즉관하신사자
⑭ 而裏許 亦已詳 甚可寃矣	이리허 역이상 심가원의
⑮ 必猛治嚴督 申望申望 此	필맹치엄독 신망신망 차
⑯ 若歇后 卽反爲被笑於彼	약헐후 즉반위피소어피
⑰ 也 下諒 亟圖之如何 餘不	야 하량 극도지여하 여불
⑱ 備上候 庚辰 六月 七日 管下	비상후 경진 육월 칠일 관하
⑲ 趙臣熙	조신희
⑳ 二拜	이배

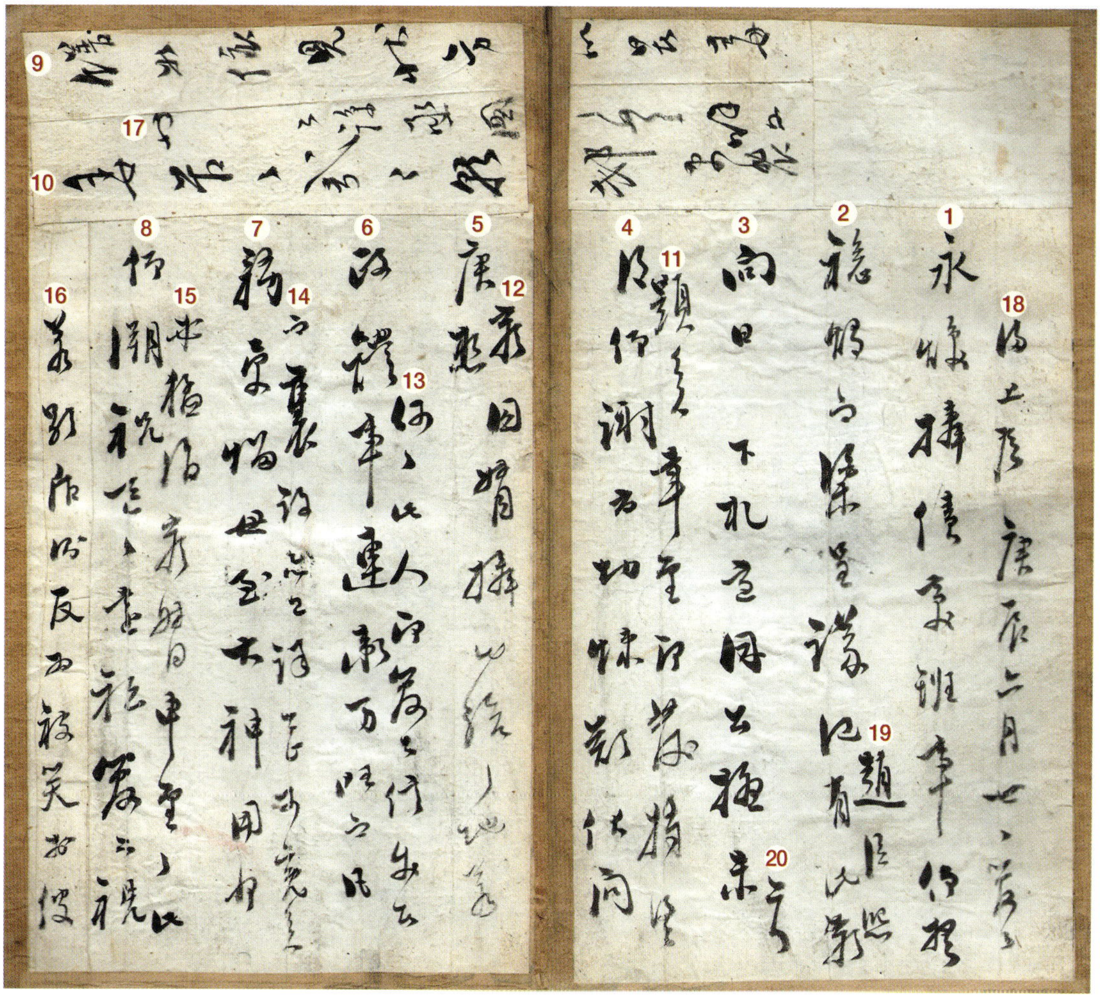

◆ **번역**

영환永煥[1]이 경상도 양반에게 빚을 받아들이는 일에 대해서는 잘 아시겠지만, 그가 의송議送[2]을 보낸 것이 이처럼 삼엄합니다.

지난번 보내신 편지는 마침 공무로 번요煩擾하여 답장을 드리지 못해 아직도 매우 죄송합니다.

한더위에 정사政事를 보는 안부가 연이어 좋으시고, 모든 일이 번민으로 크게 머리가 아픈 지경까지 이르지는 않으셨는지요? 그립고 멀리서 간절히 기원합니다.

관하管下에 있는 저의 시선視饍[3]은 언제나 다름이 없지만, 혹독한 무더위로 자리를 보존하며 고생하고 있습니다.

다름 아니라, 저리邸吏[4] 배현裵顯에게 곧바로 장차將差[5]를 보내서 엄히 가두고 독봉督捧[6]하여 내어주도록 하는 것이 어떻습니까? 이 사람은 영감 관하管下에 있으면서 믿고 부리는 사람이고, 그의 속내 또한 이미 자세히 알고 있을 텐데, 저에게는 매우 원통한 일입니다. 반드시 매섭게 다스리고 엄하게 독촉하시기를 말씀드립니다.

이번에 만약 대수롭지 않게 여기신다면 도리어 그에게 비웃음을 당할 것입니다. 헤아려 빨리 도모하시는 것이 어떻습니까?

나머지는 이만 줄이고 편지를 드립니다.

경진년[1880] 6월 7일.

관하管下 조신희趙臣熙는 두 번 절합니다.

◆ 해제

경진년[1880] 6월 7일 당시 조신희趙臣熙가 충주목사忠州牧使를 지낼 때, 충주영장忠州營將 안정구安珽求에게 보낸 편지이다.

저리邸吏 배현裵顯이라는 사람을 가두고, 독봉督捧할 것을 부탁하였다. 이 일을 대수롭지 않게 여긴다면 도리어 비웃음을 당할 것이라고 하였다.

◆ 주석

1 영환泳煥 : 충정공 민영환閔泳煥으로 추정된다.

2 의송議送 : 개인이 관찰사나 순찰사 등에게 올리는 민원서를 이른다.

3 시선視饍 : 원래는 태자太子가 부왕父王이 먹을 음식을 살피는 일을 이르지만, 여기서는 상대가 부모를 모시는 일을 이른다. 《예기禮記》 〈문왕세자文王世子〉에 "식사를 올릴 때에는 반드시 차고 더운 것을 살폈고, 식사를 물리면 그 드신 것을 물었다.[食上 必在視寒暖之節 食下 問所膳]"라고 하였다.

4 저리邸吏 : 경저리京邸吏, 또는 영저리營邸吏의 약칭이다. 경저리는 서울에 주재하면서, 지방 관청의 서울에 대한 일을 대행하는 향리鄕吏다. 이들은 주로 그 지방의 공물貢物, 입역立役 등의 일을 대행하였다. 영저리는 각 감영監營에 딸려, 각 군아郡衙와 감영 간의 연락을 취하는 이속吏屬이다.

5 장차將差 : 지방관의 명에 의해 죄인 등을 호송하여 가거나, 수취收取 등을 위해 파견된 나장羅將과 차사差使를 아울러 일컫는 말이다.

6 독봉督捧 : 세납稅納이나 요금 또는 빌려준 돈이나 물건 따위를 독촉하여 거두어들이는 것을 이른다.

李泰容
이태용
1843~?

조선 고종 때 문신이다. 자는 치홍致弘이고, 호는 학파鶴坡다.

1871년(고종 8) 가주서(假注書: 승정원의 대리임시관직)를 초직初職으로, 1872년 사헌부감찰·사간원정언, 1873년 문신겸선전관이 되어 평안남도 강동현감江東縣監에 부임하였다. 이어 1877년 지평·부사직·서학교수西學教授를 거쳐, 1879년 홍문관교리, 1880년 장령·응교·병조정랑을 역임하였다.

1893년 동부승지와 예조참의를 지낼 때, 식년감시초시式年監試初試에 이소시관(二所試官: 시험감독관)을 맡았는데, 문제가 생겨 8월부터 12월까지 전라남도 지도智島로 정배(定配: 귀양살이)를 갔다가 풀려났다.

이후 1894년 갑오개혁甲午改革이 일어날 때, 도승지都承旨와 이조참의를 제수받았다. 당시 경기도 남양에서 민란이 일어나자 안핵사按覈使를 맡아 처리한 다음, 의정부도헌議政府都憲·동지중추원사(同知中樞院事: 종2품)에 임명되었다.

1894년 6월 갑오개혁을 추진하였던 의정부 산하 국정최고의결기관인 군국기무처軍國機務處에 총리대신 김홍집金弘集을 도와 어윤중魚允中·권재형權在衡과 함께 회의원會議員으로 들어갔지만, 그해 12월 폐지되어 개혁은 물거품이 되었다.

1895년(고종 32) 4월 19일, 영선군永宣君 이준용(李埈鎔: 홍친왕 이재면의 아들, 고종의 장조카)을 비롯하여 박준양 등 23명의 왕위찬탈모반謀反 사건, 법무협판 김학우 모살謀殺 사건에 연루되어 특별법원에서 교형(絞刑: 사형) 판결을 받았으나, 그해 9월 1일 모두 석방되었다.

그 후 1903년 10월 16일, 평소보다 한참 낮은 관직인 수륜원주사(水輪院主事: 판임관으로 7품~9품)를 임명받고, 이틀 후에 의원면관依願免官으로 벼슬길을 떠났다.

1906년에는 명성왕후 민씨의 신위信位를 모신 혼전魂殿, 경효전제조景孝殿提調를 맡기도 하였다. 1965년 후손들이 출간한 《학파공유고집鶴坡公遺稿集》이 전해지고 있다.

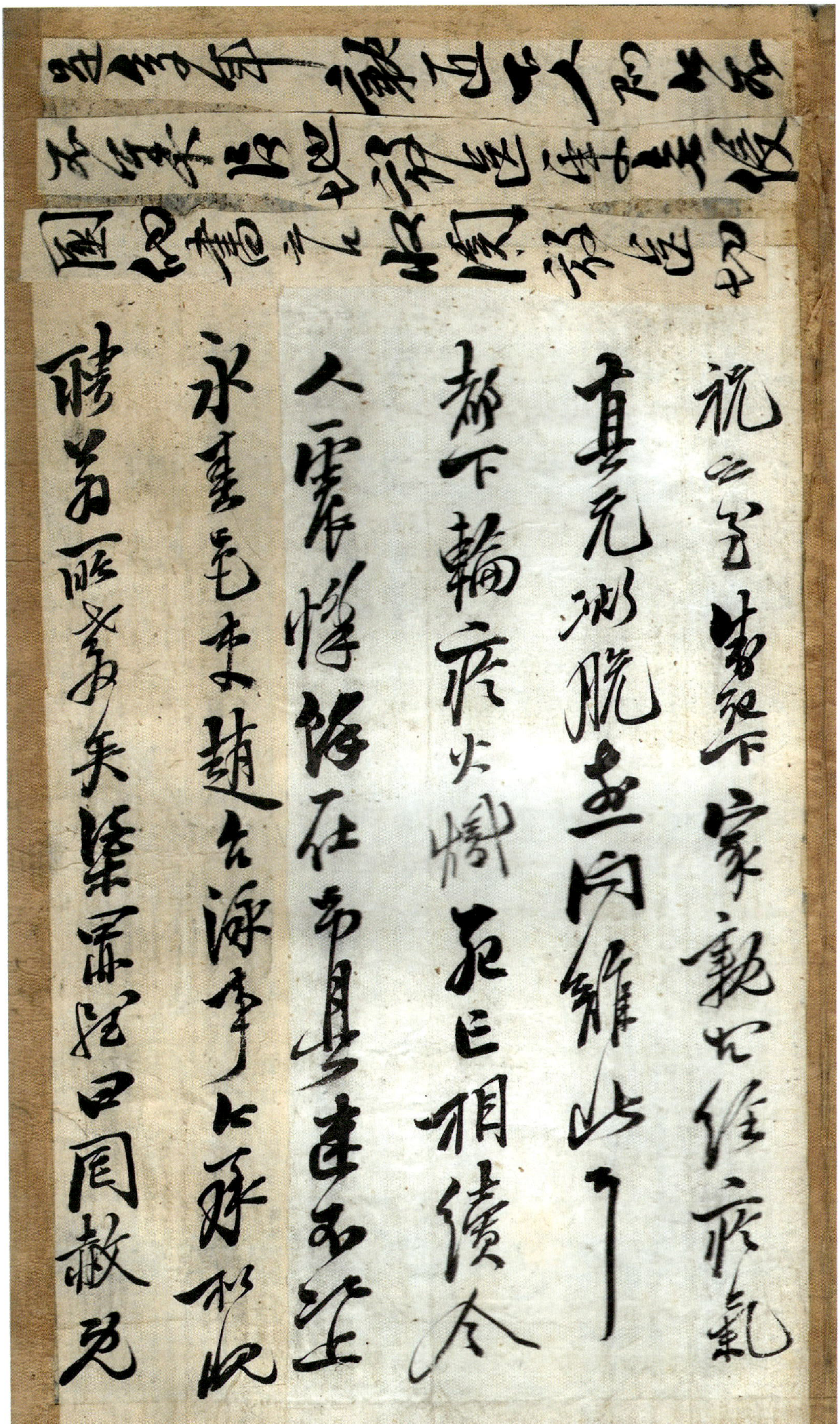

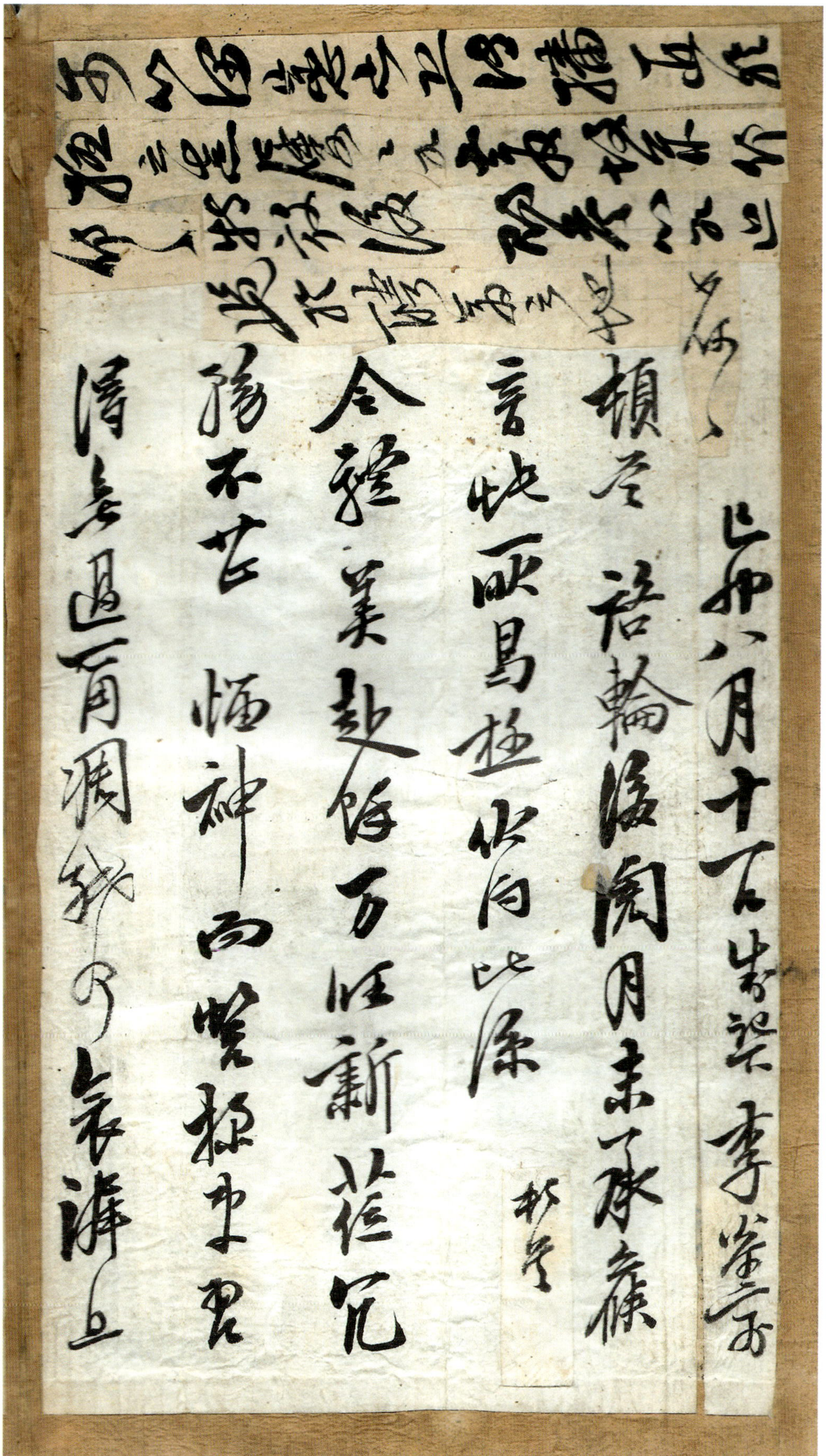

◆ 탈초와 독음

① 頓首 啓輪後 閱月未承候	돈수 계륜후 열월미승후
② 音 悵耿曷極 伏問比涼	음 창경갈극 복문비량
③ 令體美赴餘萬旺 新莅冗	영체미부여만왕 신리용
④ 務 不甚惱神 而營樣吏習	무 불심뇌신 이영양리습
⑤ 得無過爾凋殘耶 哀泝且	득무과이조잔야 애소차
⑥ 祝之至 制記下 家親 間經疹氣	축지지 제기하 가친 간경진기
⑦ 眞元澌脫 煎悶難狀耳	진원시탈 전민난상이
⑧ 都下 輪疹火熾 死亡相續 令	도하 윤진화치 사망상속 령
⑨ 人震懍 餘在另具 迷不次上	인진름 여재령구 미불차상
⑩ 永春邑吏趙台泳事 今承松峴	영춘읍리조태영사 금승송현
⑪ 聘翁所敎矣 渠罪 雖曰 罔赦 旣	빙옹소교의 거죄 수왈 망사 기
⑫ 是多年 親近下人 則今不可以深懲 亦恐傳播近於	시다년 친근하인 즉금불가이심징 역공전파근어
⑬ 不美 卽地放送 更無侵擾之意 屢屢爲敎 故玆仰	불미 즉지방송 갱무침요지의 누누위교 고자앙
⑭ 圂納書 而今收關放送 切仰切仰 特放後 賜答以爲送	환납서 이금수관방송 절앙절앙 특방후 사답이위송
⑮ 覽於聘翁之地	람어빙옹지지
⑯ 如何如何	여하여하
⑰ 己卯 八月 十一日 制記下 李泰容	기묘 팔월 십일일 제기하 이태용
⑱ 頓首	돈수

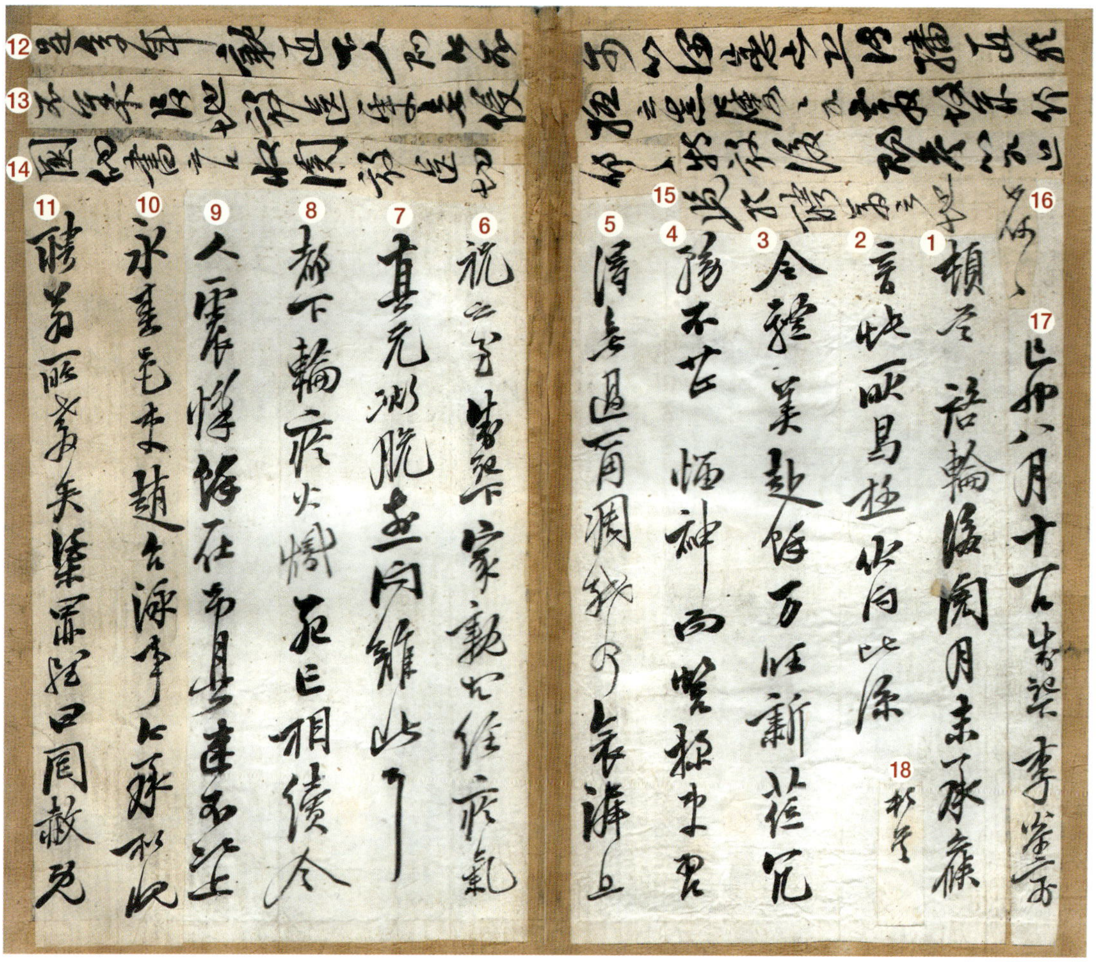

◆ 번역

머리를 조아립니다. 윤선輪船[1]이 출발하고 나서 한 달이 넘도록 안부를 듣지 못해 서운한 마음, 어찌 끝이 있겠습니까?

요사이 서늘한 날씨에 영감께서 잘 도착한 나머지 건강하시고, 새로 부임한 곳에 잡무는 심하게 괴로운 지경은 아닌시요? 병영의 상황과 아전衙前[2]들의 습관은 지나치게 쇠잔하지는 않는지요? 슬프고 그립고 축원하는 마음 지극합니다.

상중喪中인 저는[記下] 아버지께서 그간 병을 겪고 원기가 다해 애태우는 마음을 말로 하기가 어렵습니다. 도하(都下: 서울 지역)에 돌림병이[3] 불처럼 일어나 사망자가 속출하니, 사람들이 두려워하고 있습니다.

나머지는 따로 갖추어 말씀드리기로 하고, 두서없이 편지를 올립니다. 다름 아니라, 영춘읍永春邑[4] 아전 조태영趙台泳의 일에 관해 오늘 송현松峴에 계시는 장인의 말씀을 들었습니다. 그의 죄는 비록 풀어줄 수 없지만 이미 여러 해가 지났고, 가까운 하인이니 지금 심하게 징계할 수도 없습니다. 그리고 또 아름답지 못한 이야기가 근방에 전해질까 걱정입니다.

그러하니 곧바로 풀어주시고, 다시는 소란을 일으키지 말라는 뜻을 누누이 알려주시기를 바라는 마음에서 이렇게 편지를 보냅니다. 지금 관문關文[5]을 거두고 풀어주시기를 간절히 바랍니다. 다만 풀어주신 후, 답장을 써서 보내 장인께서 보시도록 하는 것이 어떻겠습니까?

기묘년[1879] 8월 11일.

상제喪制[6] 기하記下 이태용李泰容은 머리를 조아립니다.

◆ 해제

기묘년[1879] 8월 11일 당시 이태용李泰容이 홍문관교리弘文館校理[7]를 지낼 때, 충주영장忠州營將 안정구安珽求에게 보낸 편지이다.

상대가 윤선輪船을 타고 떠나간 뒤로 소식을 몰라 답답하다는 사연과 함께, 자신의 아버지가 아프다는 안부를 전하였다. 또한 아전 조태영趙台泳을 빨리 풀어주기를 바라는 청탁의 사연이다.

◆ 주석

1 윤선輪船 : 수레바퀴 모양의 추진기를 회전시켜 움직이는 배를 이른다.

2 아전衙前 : 관아의 벼슬아치 밑에서 일을 보는 하급 관리, 즉 구실아치를 이르는 말이다.

3 도하都下에 돌림병이 : 1879년 천연두天然痘가 창궐해 많은 사람들이 죽었다. 천연두는 마마媽媽 혹은 두창痘瘡으로 불리던 무서운 돌림병인데, 죽지 않고 살아나더라도 곰보가 되는 등 부작용이 많았다. 이에 지석영(池錫永, 1855~1935)은 일본 해군이 부산에 세운 제생의원을 찾아가 두 달 동안 종두법을 배웠다. 이곳에서 두묘(痘苗: 소의 몸에서 뽑아낸 고름, 천연두 백신)와 종두침種痘針을 얻어 서울로 오는 길에 처가가 있는 충주에 들렀다. 두 살 된 처남에게 처음으로 종두(種痘: 면역을 위하여 우두牛痘를 접종하는 일)를 실시하여 성공했다. 그 후 마을 사람들 40명에게 접종하여 안정성을 확인하고, 전국적으로 실시했다. 종두법을 처음 소개한 건 정약용이었지만 이를 처음 활용한 건 지석영이었다.

4 영춘읍永春邑 : 오늘날 충청북도 단양군 영춘면의 이름이다.

5 관문關文 : 상급 관청에서 하급 관청으로 보내는 직무상 필요에 의해 작성한 공문서를 말한다.

6 상제喪制 : 부모나 조부모가 세상을 떠나 상중喪中에 있는 사람을 말한다.

7 홍문관교리弘文館校理 : 궁중의 경서經書, 사적史籍 관리, 문한文翰 처리 및 왕의 각종 자문을 관장하는 홍문관의 정5품 벼슬이다.

李泰容
이태용
1843~?

13
B

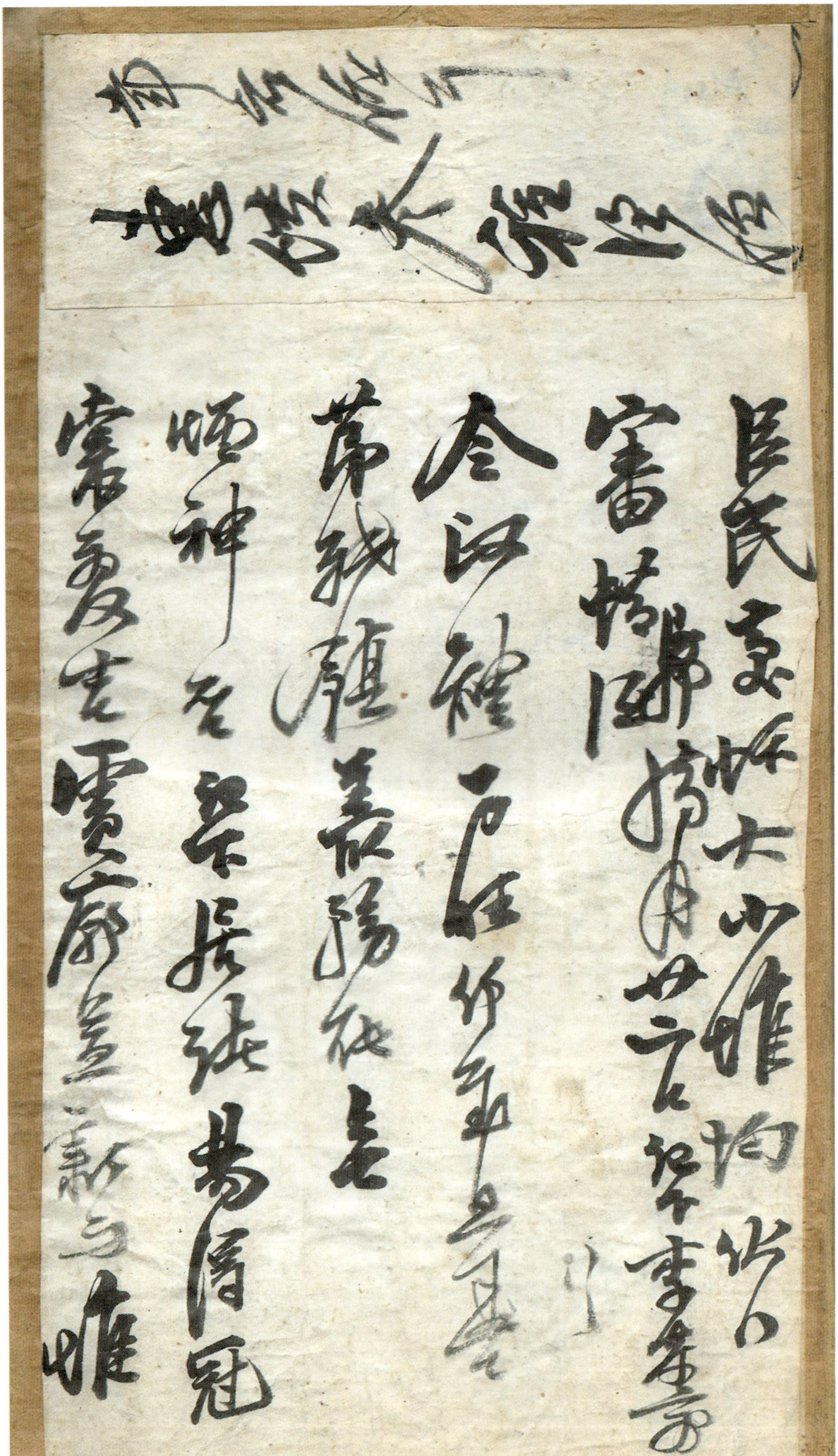

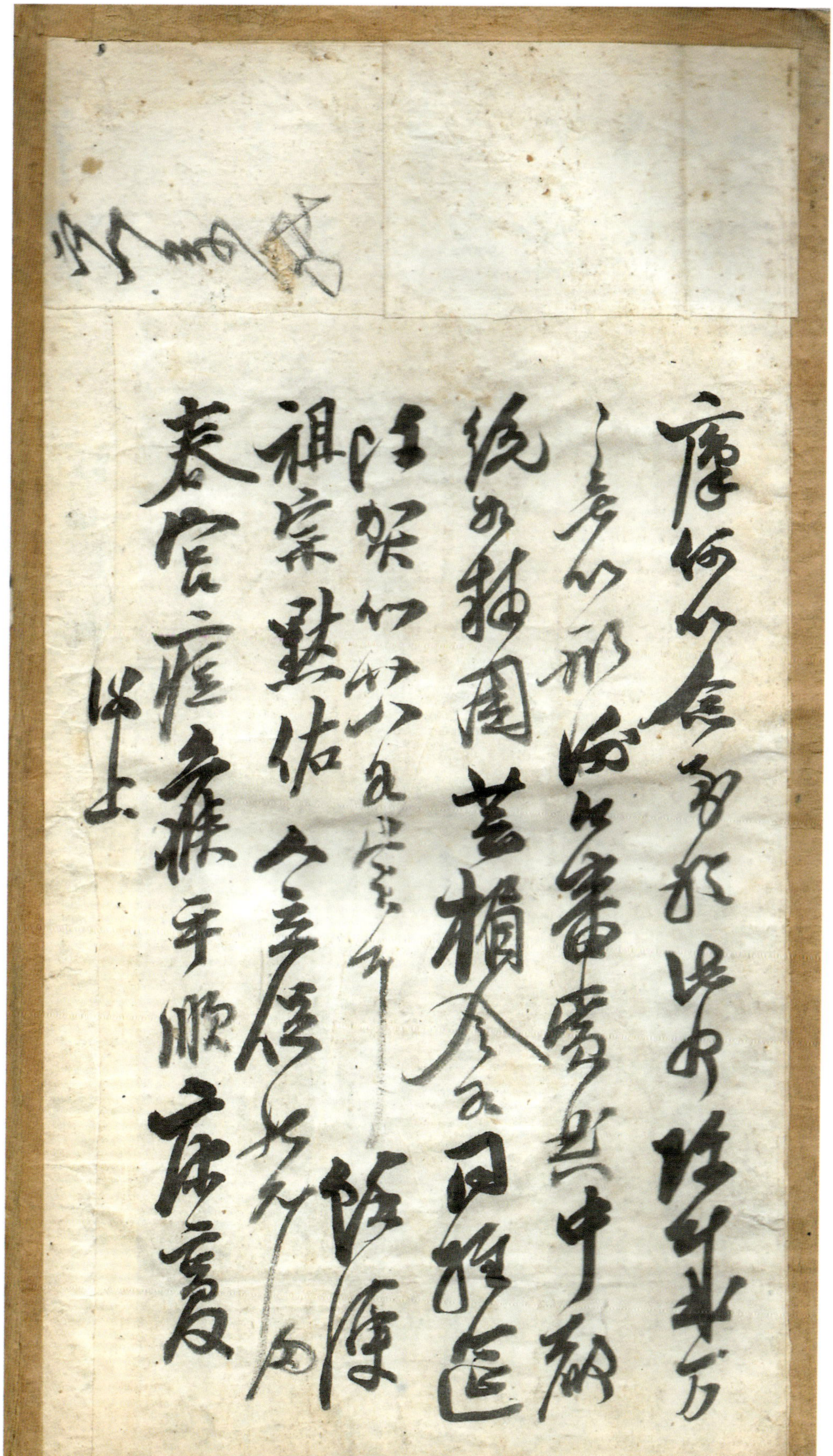

◆ 탈초와 독음

① 春宮痘候 平順康復	춘궁두후 평순강복
② 臣民慶忭 大小惟均 伏拜	신민경변 대소유균 복배
③ 審臘沍	심납호
④ 令政體萬旺 仰慰且喜	영정체만왕 앙위차희
⑤ 第殘鎭叢務 能無	제잔진총무 능무
⑥ 惱神否 記下 居諸易得 冠	뇌신부 기하 거저이득 관
⑦ 裳變吉 賈廓益新 而惟	상변길 운곽익신 이유
⑧ 幸前依耳	행전의이
⑨ 惠饋參種 謹領而以若殘	혜궤삼종 근령이이약잔
⑩ 廩 何以念到於此耶 珍感萬	름 하이념도어차야 진감만
⑪ 萬 無以形謝 今番 賞典中 都	만 무이형사 금번 상전중 도
⑫ 統爲輔國 芸楣令 爲同推筵	통위보국 운미령 위동추연
⑬ 陳賀 以廿八爲定耳 餘便	진하 이입팔위정이 여편
⑭ 祖宗默佑 人立促 姑不備	조종묵우 인입촉 고불비
⑮ 謝上	사상
⑯ 己卯 臘月 廿二日 記下 李泰容	기묘 납월 입이일 기하 이태용

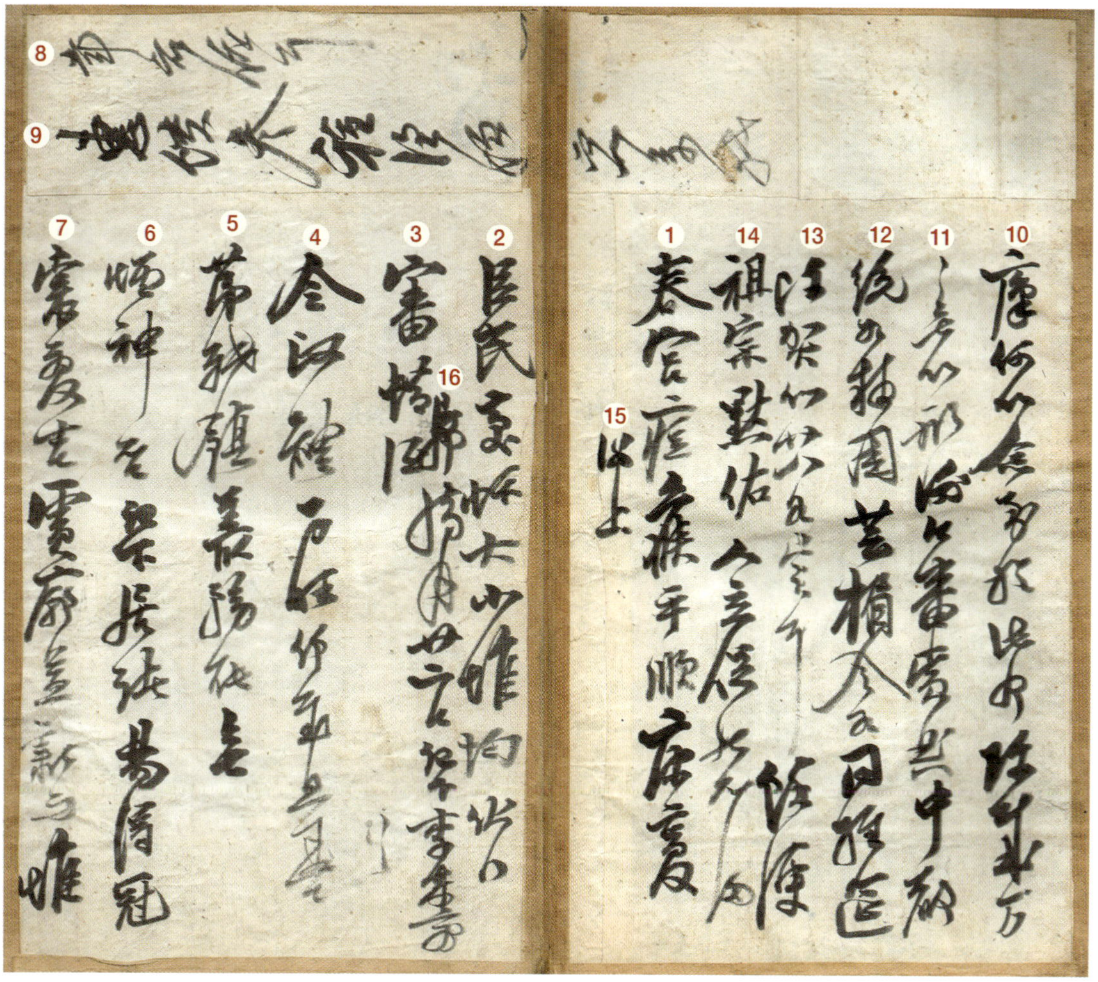

◆ 번역

왕세자[春宮]의 천연두가 회복되었으니, 신하와 백성들의 경사는 대소大小가 없이 모두 마찬가지일 것입니다.

섣달 추위에 영감의 안부는 좋으시다니, 위안되고 기쁩니다. 다만 쇠잔衰殘한 진영鎭營의 바쁜 일들로 번뇌하지는 않으시는지요?

저는 세월이 흘러 상복喪服이 길복吉服[1]으로 바뀌었으나, 의지할 곳 없이 허전한 마음은 더욱 새롭습니다. 하지만 전이나 다름없이 지내는 것이 다행입니다.

보내주신 세 가지 물건은 잘 받았습니다. 가난한 창고에서 어떻게 이렇게까지 염려를 해주셨는지요? 참으로 고마운 마음에 감사를 드릴 방법이 없습니다.

이번 상전賞典[2] 가운데 도통都統[3]을 보국輔國[4]으로 삼으니, 운미령芸楣令[5]께서 다 함께 축하드리기 위해 28일로 날짜를 정하였습니다. 나머지는 조종祖宗[6]께서 묵묵히 도와주실 것입니다.

심부름꾼이 서서 답장을 재촉하여, 이만 줄이고 답장을 드립니다.

기묘년[1879] 12월 22일.

기하記下 이태용李泰容 드립니다.

◆ 해제

기묘년[1879] 12월 22일 당시 이태용李泰容이 홍문관교리弘文館校理를 지낼 때, 충주영장忠州營將 안정구安珽求에게 보낸 편지이다.

당시 왕세자였던 순종純宗이 천연두를 앓다가 회복되었고, 치료에 힘써준 관원들에게 시상하는 상전賞典 가운데 도통都統이 보국輔國으로 승진하여, 이를 함께 축하드리기 위한 모임을 운미령芸楣令께서 28일로 정했다고 하였다.

또한 탈상脫喪하는 자신의 상황과 상대가 보내준 선물에 대해 감사의 뜻을 전하였다.

◆ 주석

1 길복吉服 : 3년상을 마친 뒤에 입는 보통의 옷을 말한다.

2 상전賞典 : 공로의 크고 작은 것에 따라 상을 주는 격식이다. 상격賞格이라고도 한다.

3 도통都統 : 무위도통사武衛都統使의 약칭이다. 1879년 12월 21일, 고종高宗이 주는 왕세자의 천연두 회복기념 상전 가운데, 보국숭록대부를 특별히 초자超資 받은 약방제조藥房提調 민겸호閔謙鎬를 이른다. [《승정원일기》 고종 16년 12월 21일 기사 참조]

4 보국輔國 : 정1품 벼슬인 보국숭록대부輔國崇祿大夫의 약칭이다.

5 운미령芸楣令 : 운미芸楣는 조선 말기 문신이며, 서화가인 민영익閔泳翊의 호다.

6 조종祖宗 : 임금의 조상을 이른다.

閔泳煥
민영환
1861~1905

조선 말기 대한제국기 문신으로, 본관은 여흥驪興이다. 자는 문약文若이고, 호는 계정桂庭이다. 이조판서 민겸호閔謙鎬의 큰아들이다.

1877년(고종 14) 동몽교관으로 있다가, 이듬해 문과에 급제하였다. 1878년 5월 규장각대교奎章閣待教, 1880년 6월 홍문관응교를 거쳐, 1881년 특별히 동부승지를 제수받았다. 1882년 성균관대사성에 발탁되었으나, 임오군란壬午軍亂으로 아버지 민겸호가 살해되자 사직하였다.

그 후 1885년 겸보덕·직제학·이조참판·개성유수·해방총관·기기국총판을 지냈다. 1887년부터 형조판서·병조판서·우빈객·판의금부사·한성부판윤·좌참찬·이조판서 등 요직을 두루 역임하였다.

1895년 8월 주미전권대사에 임명되었으나, 일제가 을미사변乙未事變을 일으켜 명성왕후를 시해弑害하자, 관직을 버리고 고향으로 내려갔다.

1898년부터 육군부장陸軍副將을 겸직하며, 내부대신·헌병대사령관·표훈원총재(表勳院總裁: 정1품)·학부대신 등 중책을 맡았으나, 1904년 시종무관장으로 좌천되었다.

1905년 일제가 을사조약乙巳條約을 강제 체결하여 외교권을 박탈하자, 백관들과 연소聯疏를 올려 조약에 찬동한 5적의 처형과 조약의 파기를 요구하였다. 그러나 일제의 협박에 의한 왕명거역죄로 구속되어 평리원(平理院: 재판소)에 가서 대죄한 뒤 풀려났다. 이후 국운이 이미 기울어졌음을 깨닫고, 본가에서 칼로 자결하였다.

그의 자결 소식이 전해지자, 원임대신 조병세를 비롯하여 전 참판 홍만식洪萬植, 학부주사 이상철李相喆, 평양대平壤隊 일등병 김봉학金奉學 등 많은 인사들이 스스로 목숨을 끊었고, 그의 인력거꾼도 일제 침략에 죽음으로 항거하였다.

대광보국숭록대부(大匡輔國崇祿大夫: 정1품)로 추증追贈되고, 유해는 경기도 용인에 예장禮葬하였다. 1962년 건국훈장 대한민국장이 추서追敍되었고, 시호는 충정忠正이다. 저서로는 《해천추범海天秋帆》, 《사구속초使歐續草》 등이 있다.

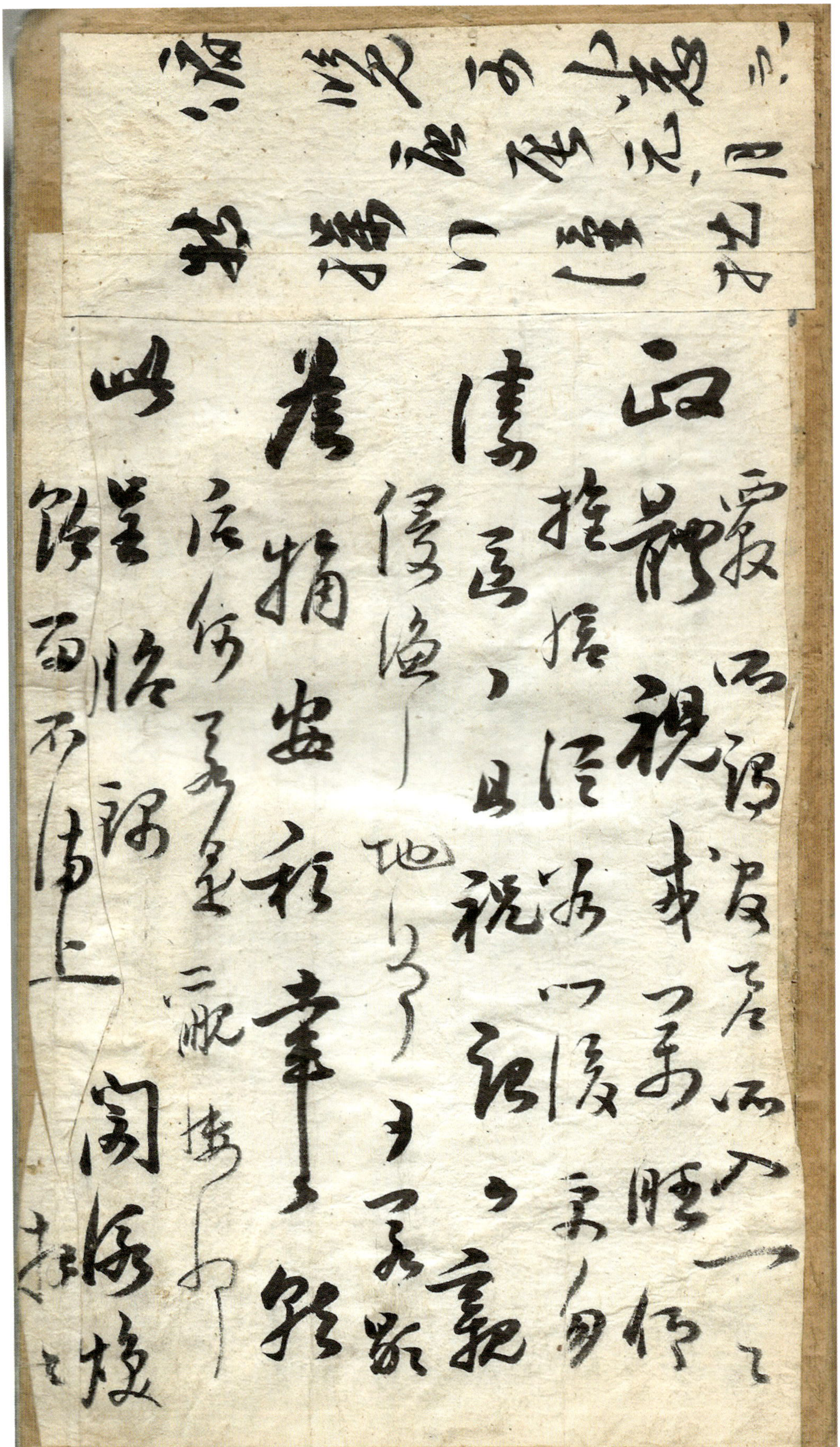

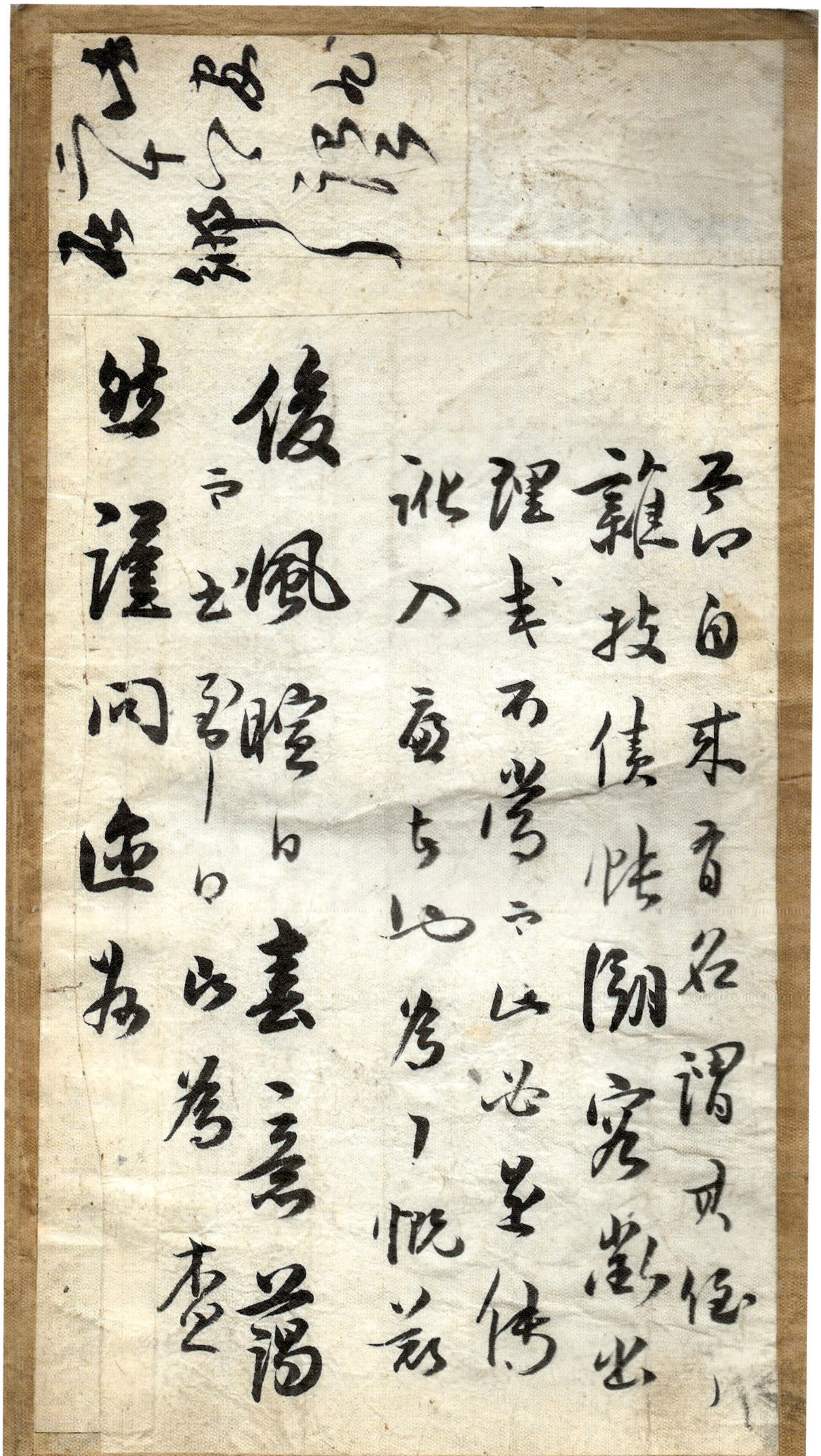

◆탈초와 독음

① 俊風暄日 春意藹	준풍훤일 춘의애
② 然 謹問邇玆	연 근문이자
③ 政體視戎萬旺 仰	정체시융만왕 앙
④ 溸區區且祝 記下 親	소구구차축 기하 친
⑤ 候犓安 私幸私幸 就	후추안 사행사행 취
⑥ 此呈胎錄	차정태록
⑦ 俯覽可悉 而此家書	부람가실 이차가서
⑧ 特操行謹拙 居鄕之	특조행근졸 거향지
⑨ 節 自來有名 謂其侄之	절 자래유명 위기질지
⑩ 雜技債帳 溯容徵出	잡기채장 소용징출
⑪ 理或不當 而此必是傳	리혹부당 이차필시전
⑫ 訛入廉者也 爲之慨歎	와입염자야 위지개탄
⑬ 而書到之日 卽爲查	이서도지일 즉위사
⑭ 覈 所謂官差所入 一一	핵 소위관차소입 일일
⑮ 推給信谷以後 更多	추급신곡이후 갱다
⑯ 侵漁之地 如何 可若歇	침어지지 여하 가약헐
⑰ 后 何若是覼縷耶	후 하약시나루야
⑱ 餘留不備上	여유불비상
⑲ 庚辰 元月 二十八日 記下	경진 원월 이십팔일 기하
⑳ 閔泳煥	민영환
㉑ 拜拜	배배

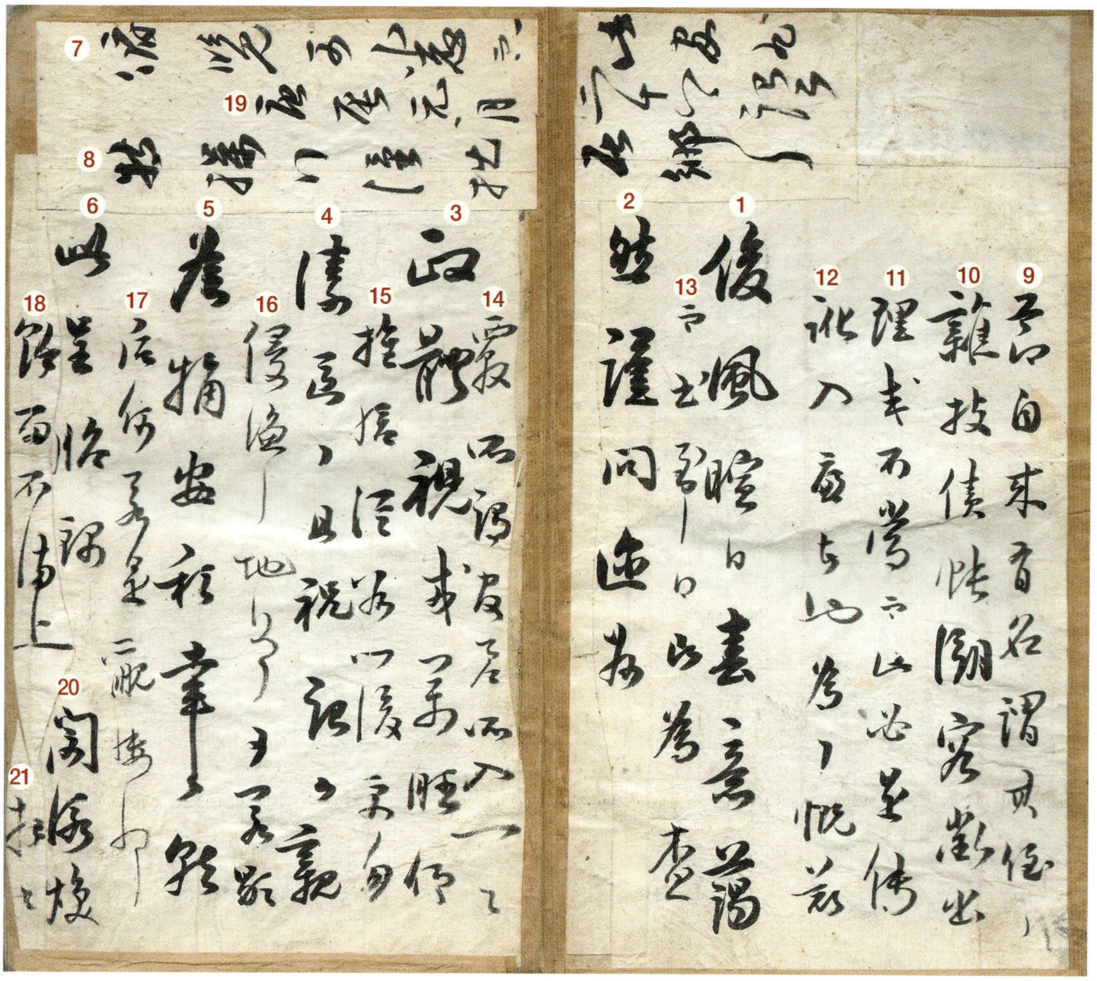

◆ 번역

준풍俊風[1] 따뜻한 날 봄기운이 한창인데, 요사이 정사政事를 보는 안부가 좋으신지요? 그리운 마음 간절하고 또 축원을 드립니다.

저의[記下] 부모님은 그럭저럭 별 탈 없이 지내고 계신 것이 사적으로 다행입니다.

디름 이니리, 이번에 드리는 대록胎錄[2]을 보면 다 아실 것입니다. 이 가시家書[3]에는, 특별히 그는 행실을 삼가고 꾸밈이 없어 고향에서 지내는 예절이 절로 이름이 있었습니다. 그런데 그의 조카의 잡기雜技[4]와 채장債帳[5]을 소급하여 이 사람에게 징출徵出[6]하는 것을 용인하는 건 이치상 마땅치 않습니다. 이는 반드시 죄상이 잘못 전해져 염탐에 걸려든 것으로 개탄慨歎스럽습니다.

그러하니 편지가 도착하는 날, 곧바로 엄하게 실상을 조사하여 주십시오. 이른바 관官에서 잘못 소입所入[7]되는 것을 하나하나 신곡信谷[8]에다 추급推給[9]한 뒤에 다시 침어侵漁[10]하는 상황이 많아진다면 어찌 되겠습니까? 만약 대수롭게 여길 일이 아니라면 어찌 이렇게까지 자세히 말씀드리겠습니까?

나머지는 이만 줄이고 편지를 드립니다.

경진년[1880] 1월[元月][11] 28일.

기하記下 민영환閔泳煥은 두 번 절합니다.

◆ 해제

경진년[1880] 1월 28일 당시 민영환閔泳煥이 규장각대교奎章閣待敎[12]를 지낼 때, 충주영장忠州營將 안정구安珽求에게 보낸 편지이다.

어떠한 사람이 자신의 조카가 내지 못한 빚이나 세금을 떠안게 되자, 이를 부당하게 여긴 민영환이 추신을 통해 이는 잘못된 것임을 피력하면서, 바로잡아 주기를 부탁하였다.

◆ 주석

1 준풍俊風 : 준俊이란 '크다[大]'는 것이며, 큰바람이란 '봄바람'을 이른다.

2 태록胎錄 : 본 편지에 딸려 보내는 첨부된 자료를 태지胎紙라고 하는데, 여기에 기록된 내용을 이른다. 협지夾紙라고도 한다.

3 가서家書 : 자기 집에서 보내온 편지, 가신家信과 같은 뜻이다.

4 잡기雜技 : 투전이나 골패 등의 잡된 여러 가지 노름을 일컫는다.

5 채장債帳 : 빚진 돈의 액수를 적어두는 장부를 이른다.

6 징출徵出 : 세금 따위를 내지 않았을 때, 그 친척이나 관련자에게 대신 물어내게 하던 일이다.

7 소입所入 : 무슨 일에 들어가는 비용으로서 소요되는 돈이나 재물을 말한다.

8 신곡信谷 : 지명으로 어느 곳인지는 자세하지 않다.

9 추급推給 : 빚이나 미납한 세금을 찾아서 내어주는 것으로, 추심推尋과 같은 뜻이다.

10 침어侵漁 : 마치 고기를 잡고 사냥하듯이 백성에게 가렴주구苛斂誅求를 행한다는 뜻으로, 백성들을 괴롭히고 못살게 구는 것을 이른다.

11 1월[元月] : 원문은 '元月원월'. 음력 1월을 달리 이르는 말이다.

12 규장각대교奎章閣待敎 : 역대 임금의 글, 글씨, 보감 등을 보관하고 관리하던 왕실도서관의 정7품 벼슬이다.

閔泳駿

민영준

1852~1935

조선 말기 대한제국기 정치인으로, 본관은 여흥驪興이다. 자는 군팔君八이고, 호는 하정荷汀이다. 명성왕후의 먼 친척으로, 1880년 황해도 황주목사黃州牧使를 지낸 민두호閔斗鎬의 아들이다. 초명初名은 민영준閔泳駿이고, 1901년 4월 민영휘閔泳徽로 개명改名하였다.

1877년(고종 14) 별시병과別試丙科에 1위로 급제하였다. 이어 1878년 사직仕直, 1879년 춘추관기사관·검열·주서·겸보덕을 지냈다.

1883년 성균관대사성, 1885년 이조참의, 1887년 예방승지·직제학·평안도관찰사를 거쳐, 1890년부터 1894년까지 형조판서·예조판서·선혜청제조·한성부판윤·판의금부사·의정부좌참찬·판돈녕부사·이조판서·병조판서 등 요직을 두루 역임하였다.

1894년 갑오개혁甲午改革 당시 탐학죄貪虐罪로 전라도 임자도荏子島에 유배(流配: 귀양살이)되었다. 그는 유배지에서 탈출하여 청나라로 도피했다가, 1895년 7월 사면赦免받았다. 그해 11월 궁내부특진관으로 특별히 임명되었다.

1896년 2월 아관파천俄館播遷 후, 다시 탐학죄로 강화 교동군喬桐郡에 10년 유배형을 받았으나, 그해 5월에 특지特旨로 풀려났다. 같은 해 9월 중추원의장에 임명되고, 1901년 육군부장·헌병대사령관, 1902년 호위대총관을 맡았다.

국권피탈國權被奪 직후인 1910년(순종 3) 10월 7일(음력 9월 5일), 조선귀족령朝鮮貴族令에 의거하여, 일본 정부가 주는 자작子爵 작위爵位와 은사공채恩賜公債 50,000엔을 받았다.

일제강점기인 1912년 한일은행 두취(頭取: 은행장)로 선출되었고, 1918년 휘문학교(徽文學校: 1906년 고종이 하사한 휘문의숙)를 설립하였다.

가평군 남이섬의 최대 주주인 민병도(閔丙燾: 전, 한국은행 총재)가 그의 직계 손자다.

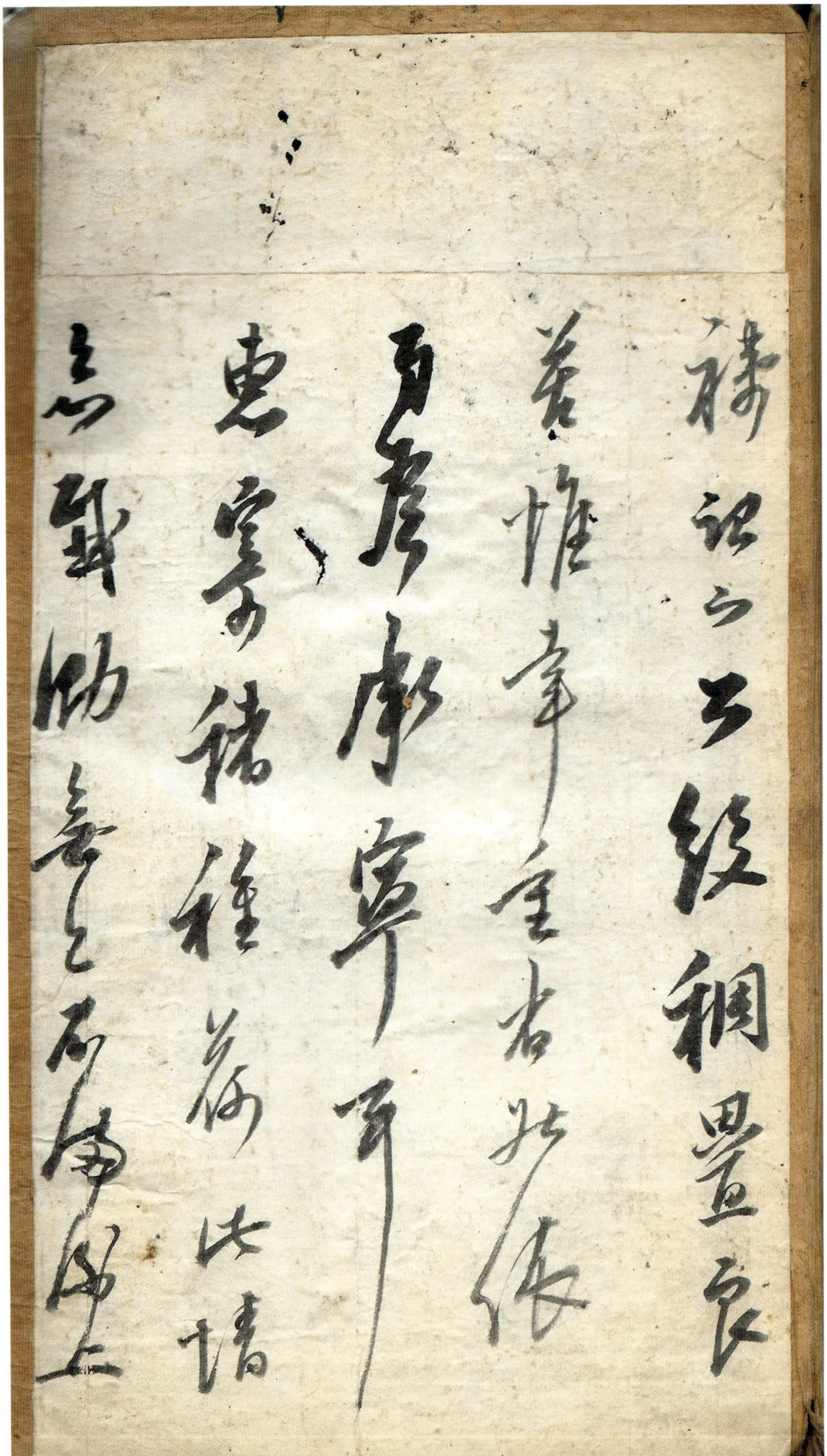

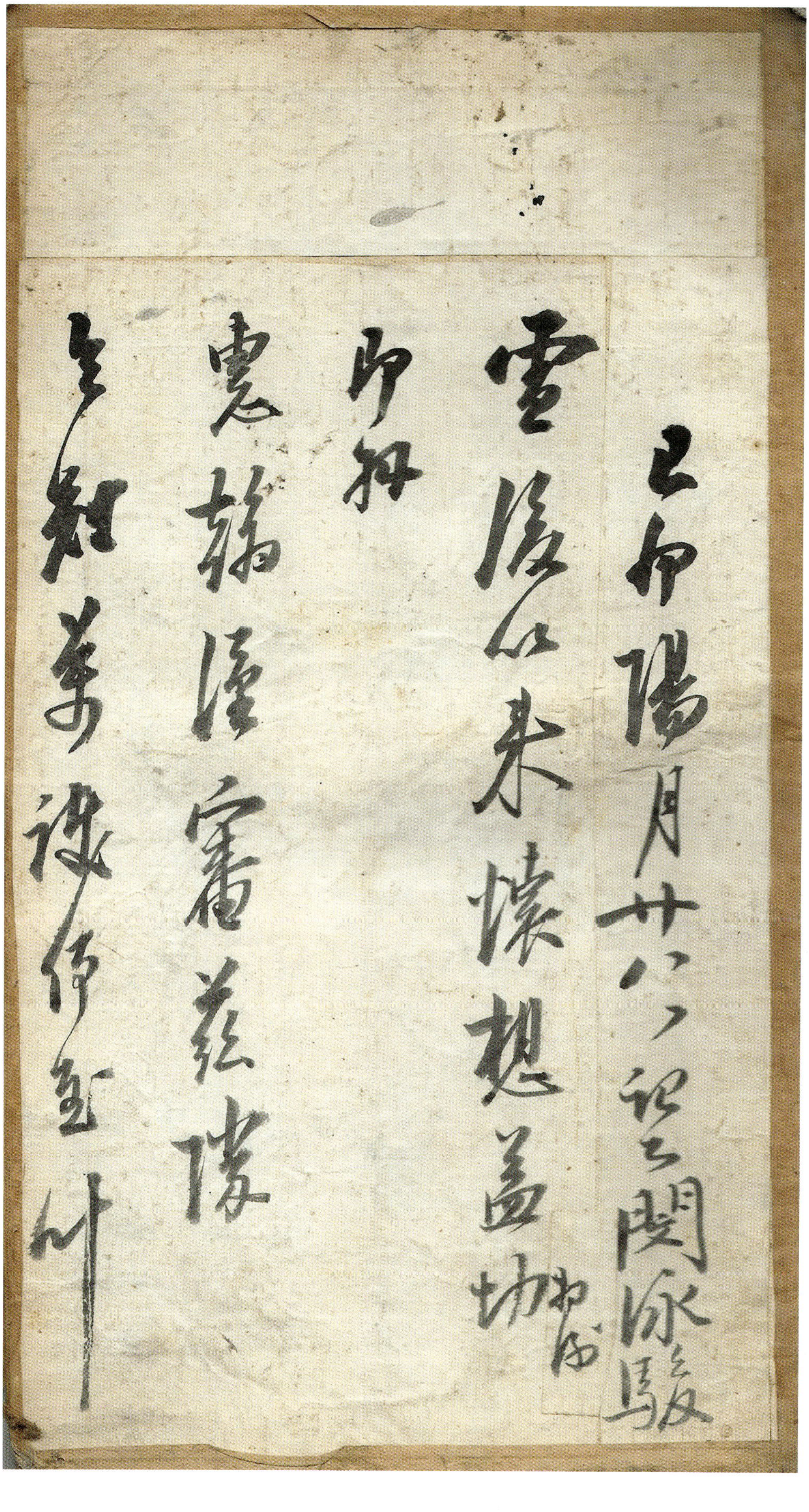

◆ 탈초와 독음

① 雪後以來 懷想益切	설후이래 회상익절
② 卽拜	즉배
③ 惠翰 謹審玆際	혜한 근심자제
④ 令體萬護 仰慰叶	영체만호 앙위협
⑤ 禱 記下 公役稠疊 良	도 기하 공역조첩 양
⑥ 苦 惟幸重省 姑依	고 유행중성 고의
⑦ 身候承寧耳	신후승녕이
⑧ 惠寄諸種 荷此情	혜기제종 하차정
⑨ 念 感泐無已 不備謝上	념 감늑무이 불비사상
⑩ 己卯 陽月 卄八日 記下 閔泳駿	기묘 양월 입팔일 기하 민영준
⑪ 拜謝	배사

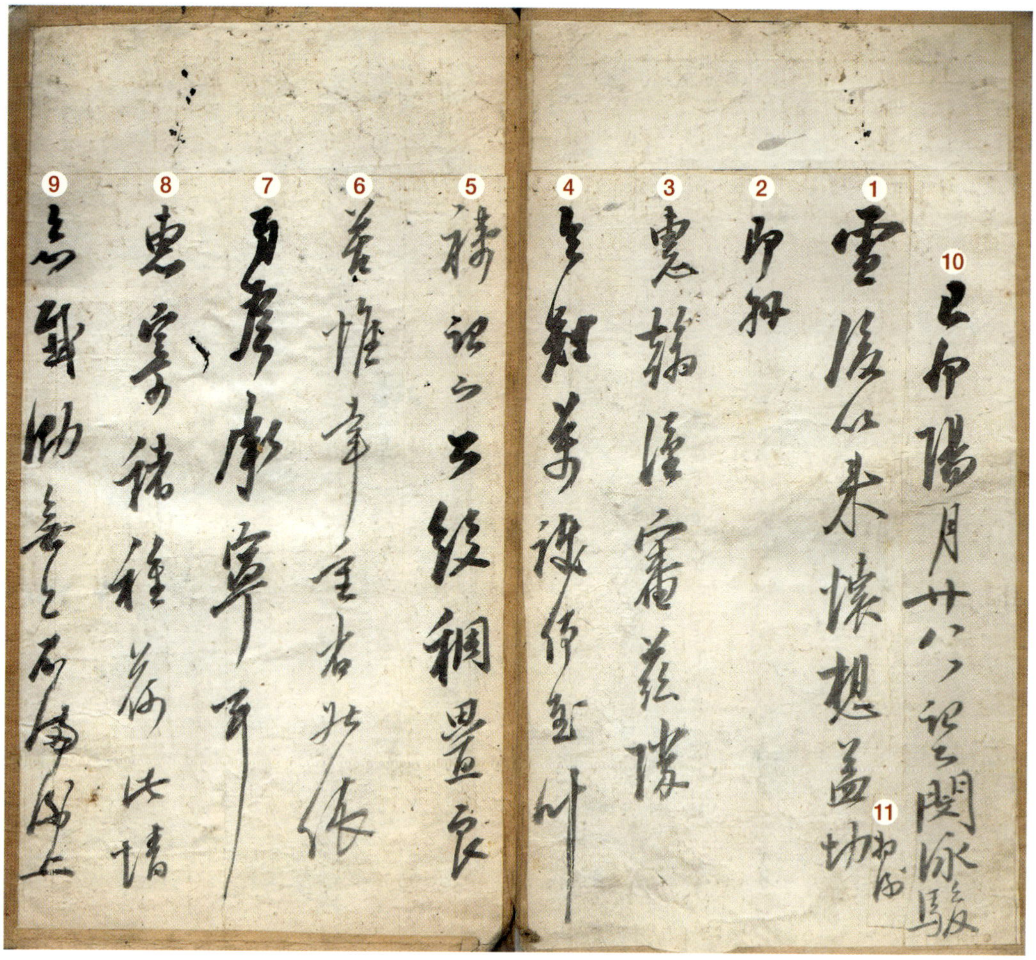

◆ 번역

눈 내린 뒤에 그리움이 더욱 간절합니다. 즉일卽日 보내신 편지를 받고, 요사이 영감의 안부가 좋으시다니, 저의 바람과 같았습니다.

저는[記下] 공무에 바빠 참으로 괴로운데, 그나마 다행인 것은 중성重省[1]께서 별 탈 없이 지내시고, 영감의 안부도 좋다는 소식을 듣는 것뿐입니다.

여러 가지 물건을 보내주시니, 이렇게 염려하심을 입어 감사한 마음 그지없습니다.

이만 줄이고 답장을 드립니다.

기묘년[1879] 10월[陽月][2] 28일.

기하記下 민영준閔泳駿은 절하고 답장을 드립니다.

◆ 해제

기묘년[1879] 10월 28일 당시 민영준閔泳駿이 춘추관기사관春秋館記事官[3]을 지낼 때, 충주영장忠州營將 안정구安珽求에게 보낸 편지이다.

상대가 보내준 선물에 감사를 전하면서, 자신은 조부와 부모를 모시고 잘 지내고 있다고 하였다.

◆ 주석

1 중성重省 : 부모님과 조부모님의 안부를 이른다.

2 10월[陽月] : 원문은 '陽月양월'. 《주역함서별집周易函書別集》 〈관물觀物〉에 "양이 해亥에서 비롯되어 자子에서 생기기 때문에 10월을 양월陽月이라고 한다.[陽始於亥生於子 故十月稱陽月]"라고 하였다. 하력夏曆으로 11월[子月]에 양이 생기지만, 실제는 그 앞 달 10월[亥月]에 이미 양이 비롯되었다는 말이다.

3 춘추관기사관春秋館記事官 : 실록實錄을 편찬할 때, 기초자료로 삼았던 시정기時政記를 기록하는 사관史官으로, 춘추관에 있는 정6품~정9품 관직이다.

李景夏 이경하

16

1811~1891

조선 후기 무신이다. 본관은 전주全州, 자는 여회汝會다. 경력經歷을 지낸 이인달李寅達의 아들이고, 신정왕후(神貞王后: 조선의 마지막 대왕대비) 조씨의 인척이다.

1835년(헌종 1) 증광시增廣試에 무과로 급제하였다. 1863년 고종이 즉위하고 흥선대원군이 집권하자, 총융사摠戎使를 거쳐 병조판서·금위대장·형조판서를 지냈다.

1866년 2월 흥선대원군이 천주교를 탄압할 때, 훈련대장 겸 좌포도대장을 맡아 천주교도들을 낙동(駱洞: 명동2가)의 자기 집에서 엄히 심문하였다. 그런 연유로 사람들이 그를 염라대왕처럼 무서워하여 '낙동염라'라는 별칭을 붙여 주었다.

그해 10월 병인양요丙寅洋擾 때에는, 프랑스군이 천주교 탄압에 대한 보복으로 강화도를 공격하고 한강을 봉쇄하자, 순무사巡撫使로 발탁되어 도성 방비의 책임자로 출진하였다. 그 후 수원유수·지삼군부사·한성부판윤·무위도통사·강화유수 등 요직을 두루 역임하고, 1879년 당시에는 어영대장 겸 판의금부사를 지냈다.

이어 1882년(고종 19) 무위대장武衛大將을 지낼 때, 임오군란壬午軍亂의 책임을 지고 파직되어 전라도 고금도古今島로 유배(流配: 귀양살이)되었다가, 1884년 5월 대원군의 깊은 신임으로 풀려났다. 이 과정에서 자신이 살던 낙동집을 청나라에 빼앗겼는데, 그가 살던 집은 훗날 주한중국대사관이 들어섰다.

1884년 10월 판돈녕부사와 좌포도대장을 다시 맡았다. 그해 12월에 일어난 갑신정변甲申政變 때에는 신정왕후 조대비趙大妃와 명성왕후明成王后 민씨, 왕세자(王世子: 훗날 순종) 등을 큰아들 집에 피난시키기도 하였다.

그의 큰아들 이범진李範晋은 한일합병국치韓日合併國恥를 당하자, 통분을 못 이기고 자결한 순국 지사며, 독립운동가다. 둘째 아들 이범윤李範允은 대한독립군단 총재를 지낸 독립군이다. 큰손자 이위종李瑋鍾은 이상설李相卨, 이준李儁과 함께 헤이그 특사로 파견된 독립운동가다. 이들은 모두 독립운동에 헌신했고, 그 공로로 대한민국 건국훈장이 추서追敍되었다.

시호는 양숙襄肅이다.

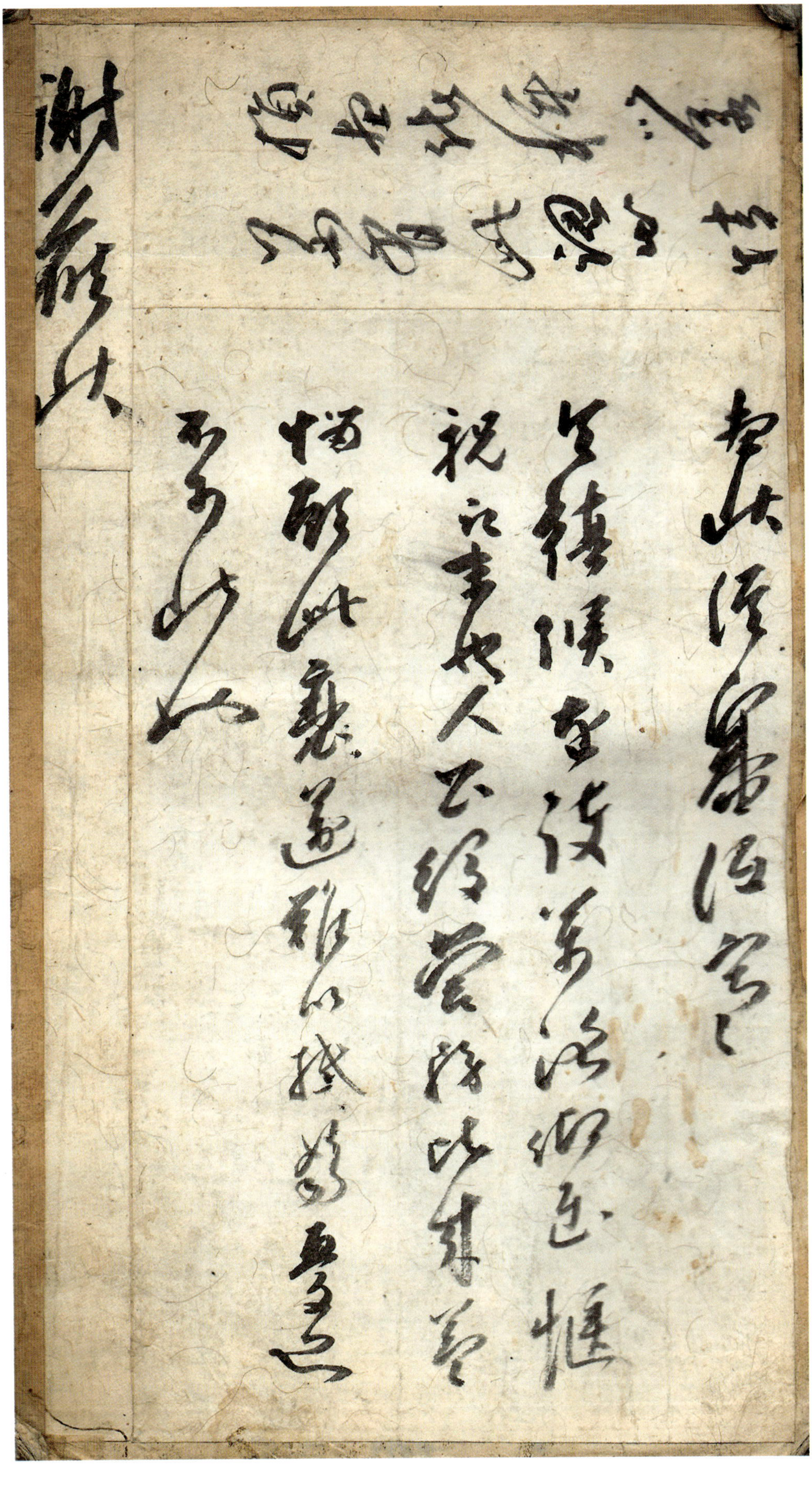

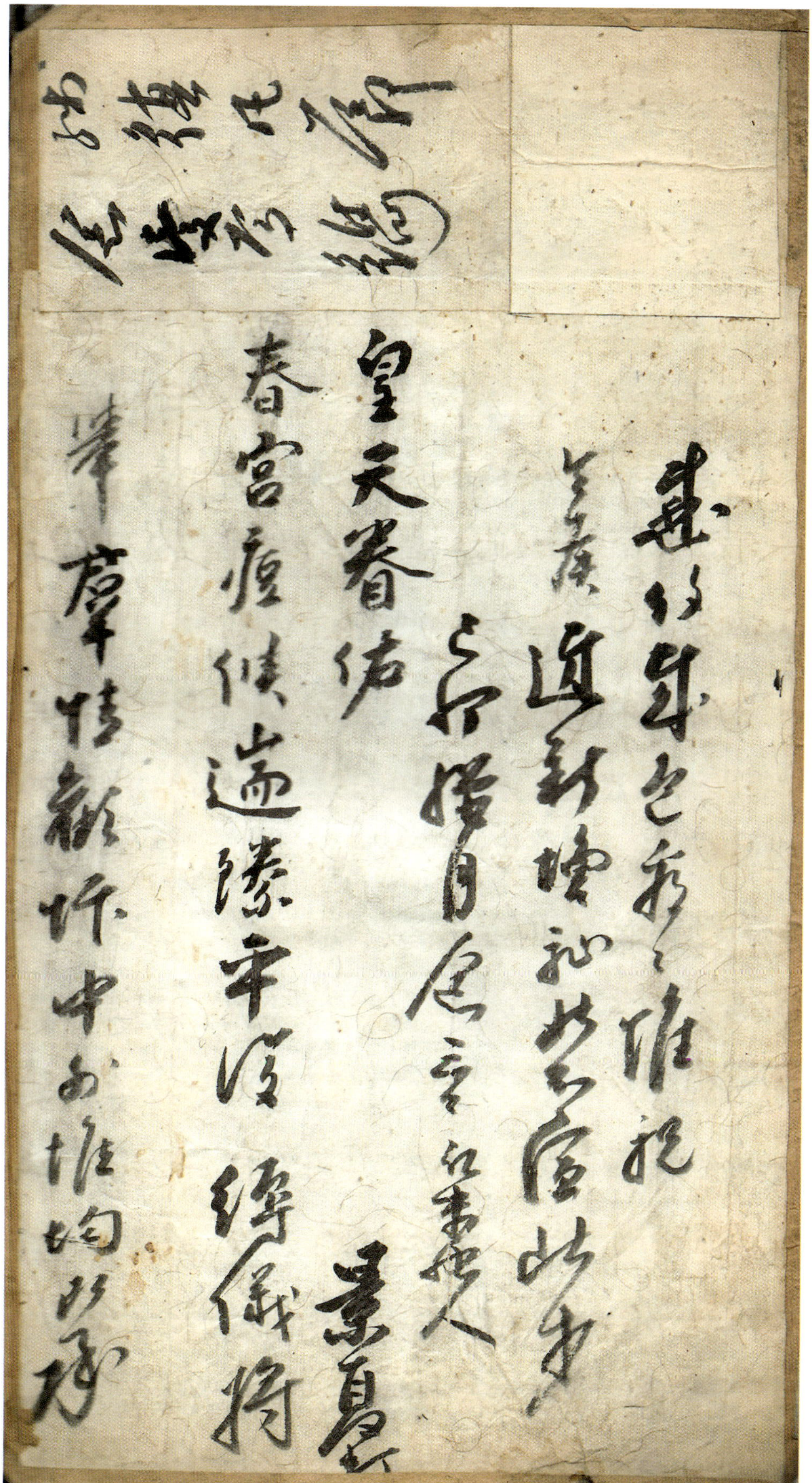

◆ 탈초와 독음

봉투

謝候狀	사후장

본문

① 皇天眷佑	황천권우
② 春宮痘候 遄臻平復 縟儀將	춘궁두후 천진평복 욕의장
③ 擧 群情歡忭 中外惟均 卽承	거 군정환변 중외유균 즉승
④ 惠狀 謹審冱寒	혜장 근심호한
⑤ 令鎭候 連護萬善 仰慰愜	영진후 연호만선 앙위협
⑥ 祝 記末服人 公役營務 比來益	축 기말복인 공역영무 비래익
⑦ 惱 顧此衰邁 難以抵當 憂悶	뇌 고차쇠매 난이저당 우민
⑧ 不可狀也	불가상야
⑨ 損惠諸種 以若殘鎭 凡節	손혜제종 이약잔진 범절
⑩ 何必有此 認出情念處焉 鐫	하필유차 인출정념처언 전
⑪ 感 餘歲色看看 惟祝	감 여세색간간 유축
⑫ 令候 迓新增祉 姑不宣狀式	영후 아신증지 고불선장식
⑬ 己卯 臘月 念三日 記末服人	기묘 납월 념삼일 기말복인
⑭ 景夏 頓	경하 돈

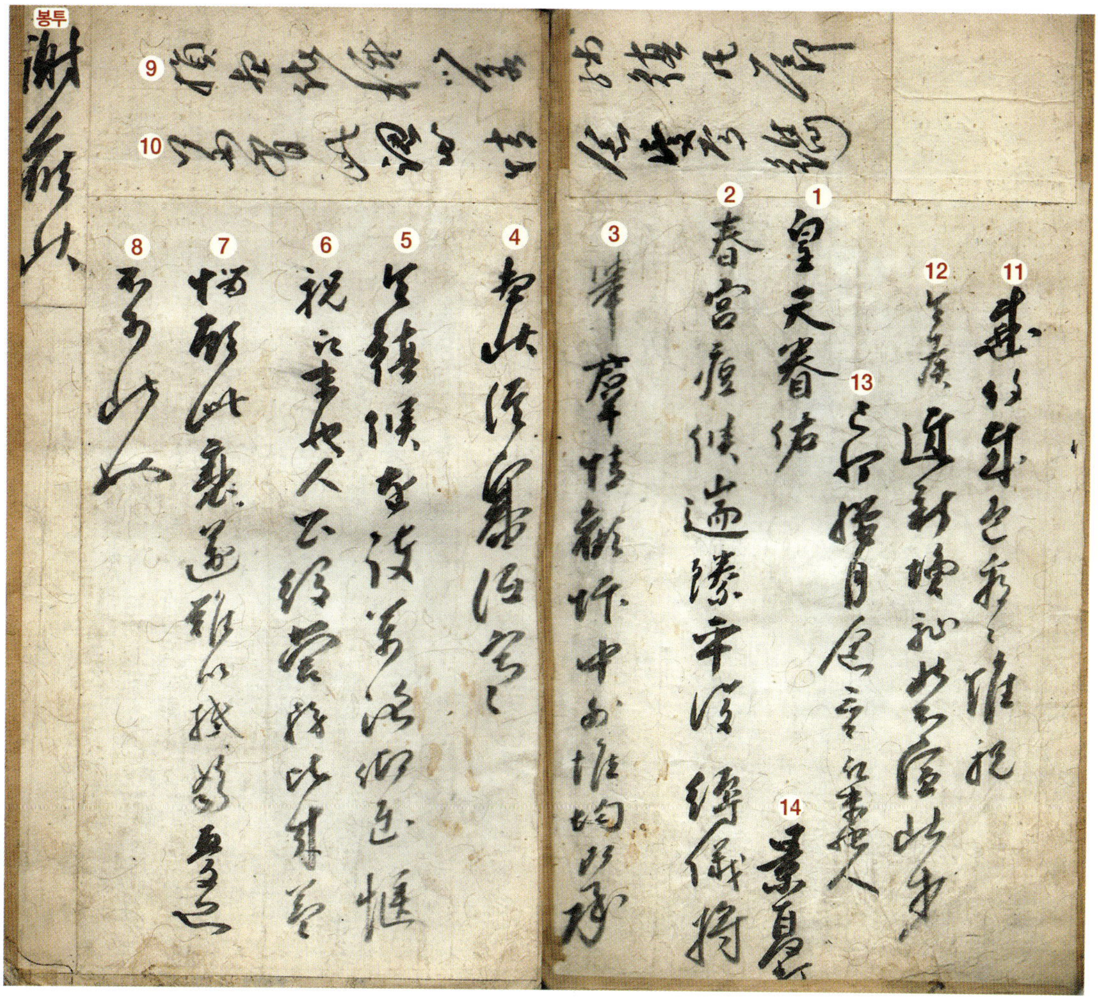

◆ 번역

봉투

답장을 드립니다.

본문

하늘이 도와 왕세자[春宮]의 천연두가 빨리 회복되어 성대한 의식을 장차 거행할 것이니, 뭇 사람들이 기뻐하는 마음은 안팎으로 마찬가지일 것입니다.

즉일卽日 보내신 편지를 받고, 추운 날씨에 영감의 진무鎭撫하는 안부가 좋으시다니, 위안되는 마음이 저의 바람대로였습니다.

저는[記末] 상喪을 당한 사람으로 공무와 병영의 일로 요사이 더욱 괴롭습니다. 쇠약한 제 자신을 돌아보면 감당하기 어려우니, 근심과 걱정을 이루 말할 수 없습니다.

보내신 여러 가지 물건은 가난한 진영鎭營에서 어찌 군이 이렇게까지 법도를 차리셨는지요? 이는 마음에서 우러나온 것임을 알겠습니다. 마음에 새겨 잊지 않겠습니다.

나머지는 한 해가 다해가는데, 영감의 안부가 새해를 맞아 더욱 복 받으시기를 바라며, 이만 줄입니다.

기묘년[1879] 12월 23일[念三日].[1]

기말記末 복인服人 경하景夏[2]는 머리를 조아립니다.

◆ 해제

기묘년[1879] 12월 23일 당시 이경하李景夏가 어영대장御營大將[3] 겸 판의금부사判義禁府事[4]를 지낼 때, 충주영장忠州營將 안정구安珽求에게 보낸 편지이다.

왕세자의 천연두가 빨리 회복되어 기쁘다는 소식과 함께, 상중喪中에 상대가 보내준 선물에 대하여 감사의 뜻을 전하였다.

◆ 주석

1 23일[念三日] : 원문은 '念三日념삼일'. 음력 23일을 달리 이르는 말이다.

2 경하景夏 : 조선 후기 무신이며 관료인 이경하(李景夏, 1811~1891)를 이른다.

3 어영대장御營大將 : 왕을 호위하는 어영청御營廳의 최고 벼슬로 품계는 종2품이다.

4 판의금부사判義禁府事 : 의금부를 총괄하는 관직으로 품계는 종1품이다.

金箕錫
김기석
?~1892

조선 후기 무신이다. 본관은 광산光山이고, 자는 성극聖極이다. 병마절도사兵馬節度使 김상순金相順의 아들이다.

일찍이 충청남도 홍산현감鴻山縣監과 황해도 금천군수金川郡守 등을 거쳐, 1864년(고종 1) 경상좌도수군절도사慶尙左水使, 1870년 함경북도병마수군절도사北兵使를 지냈다.

1876년(고종 13) 어영대장·형조판서, 이어 총융사·무위도통사·강화유수·금위대장을 역임하고, 1878년부터 우포도대장右捕盜大將을 맡았다.

그러나 1878년 10월 3일 잠삼(潛蔘: 허가 없이 몰래 홍삼을 파는 행위) 죄인을 놓친 죄로 전라도 장수현長水縣에 찬배(竄配: 귀양살이)가 되었고, 16일 만에 석방되어 1879년 1월 우포도대장으로 다시 복직하였다.

그 후 조선말 혼란기인 1880년 12월 괘서(掛書: 투서) 사건의 죄인을 잡지 못해 다시 평안도 중화부中和府에 찬배되었다가, 1881년 3월 석방되었다.

임오군란壬午軍亂 직후인 1882년 7월 어영대장·좌포도대장으로 복직하였고, 홍선대원군이 다시 집권하면서 복설復設한 삼군부三軍府의 지삼군부사知三軍府事에 중용되었다.

이어 판의금부사·수원유수水原留守를 거쳐, 1884년(고종 21) 친군영親軍營이 설치되자 우영사右營使를 지내고, 1885년 병조판서에 이르렀다.

이후에도 해방총관이 개칭改稱된 해방사(海防使: 황해·경기·충청 3도의 수군을 통할하는 우두머리 장수)와 춘천유수春川留守를 역임하였다. 시호는 정무貞武다.

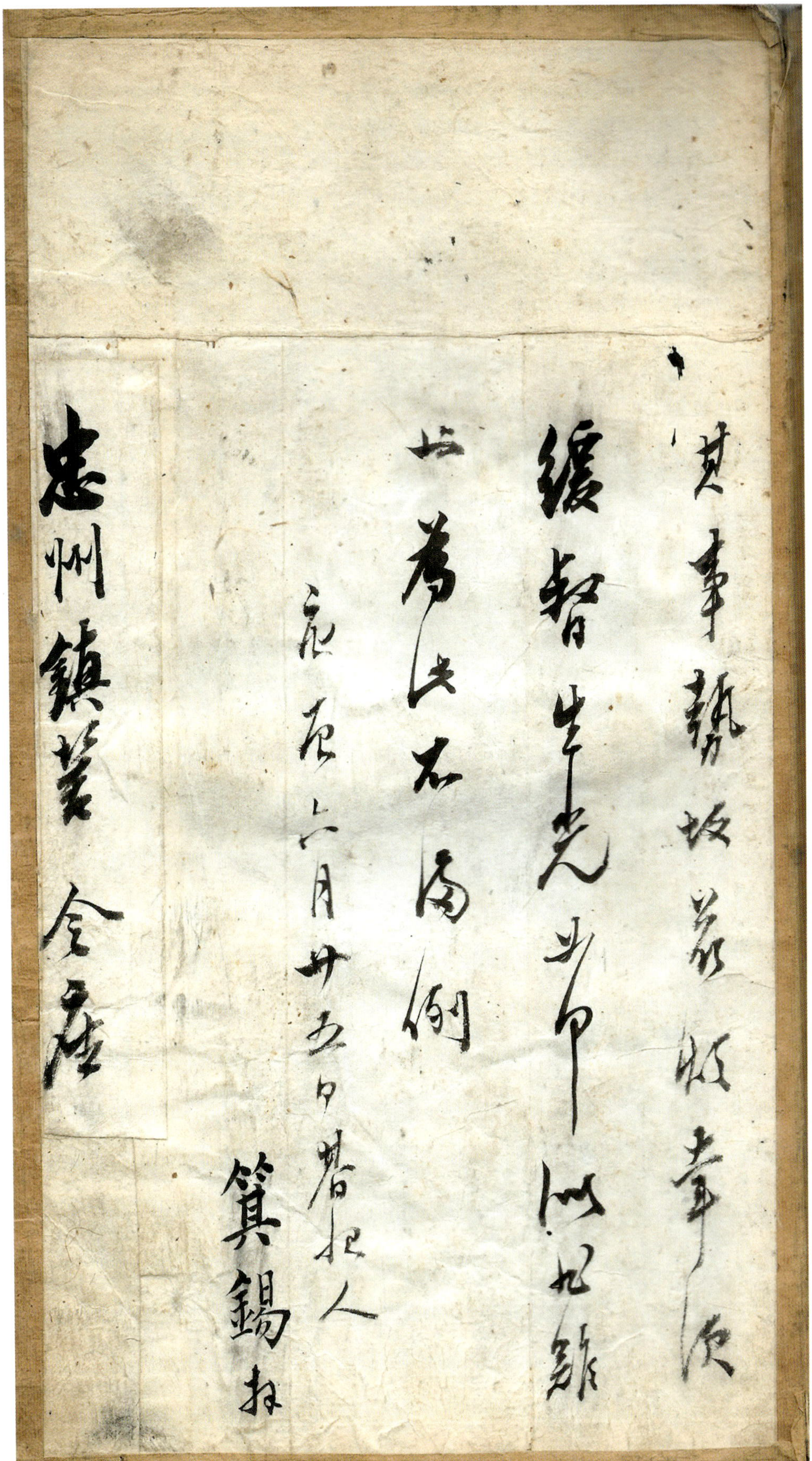

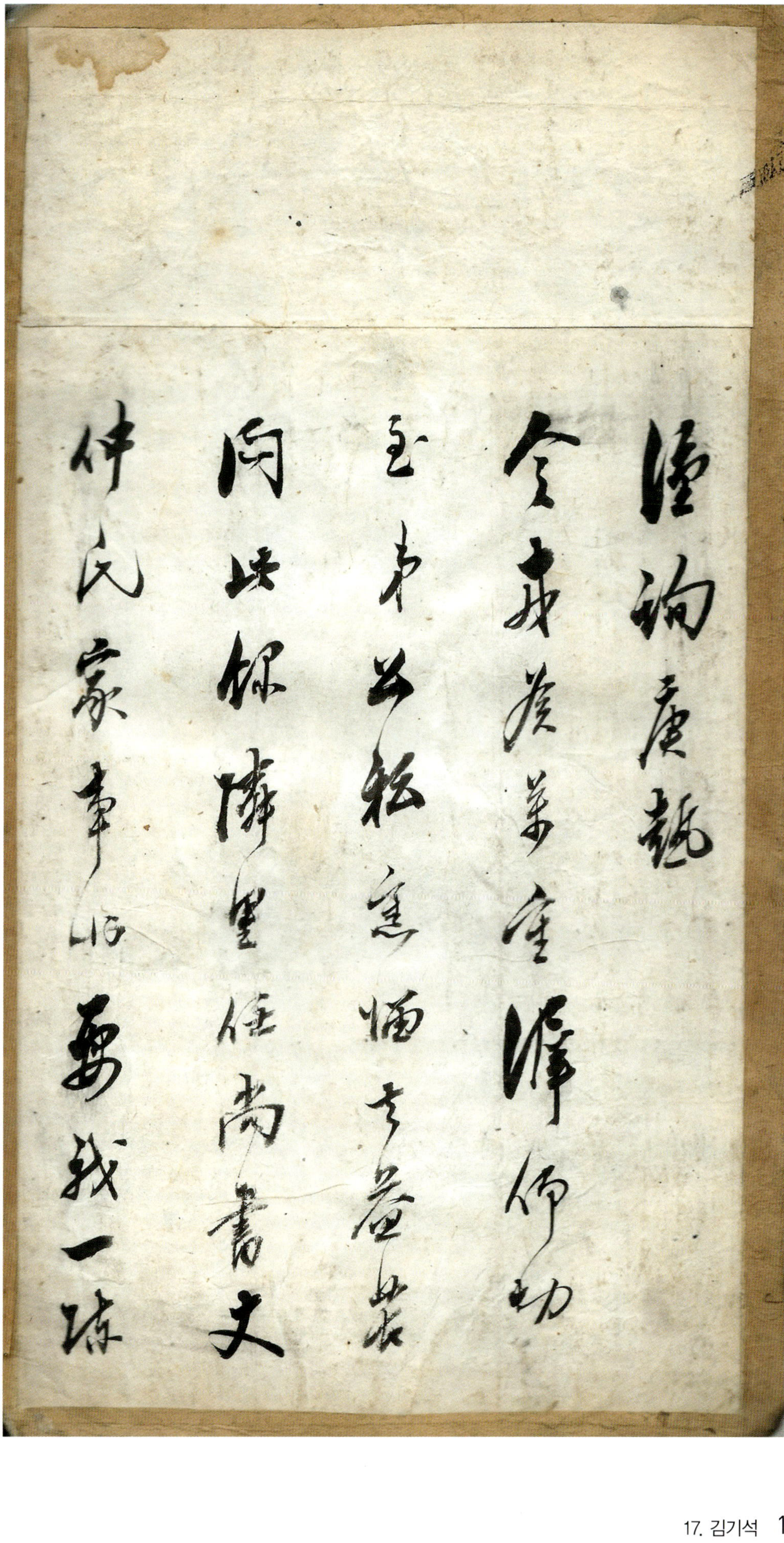

◆탈초와 독음

봉투

忠州鎭營 令座	충주진영 영좌

본문

① 謹詢庚熱	근순경열
② 令戎候萬重 泝仰切	영융후만중 소앙절
③ 至 弟公私熏惱 去益苦	지 제공사훈뇌 거익고
④ 悶 此錄隣里任尙書丈	민 차록인리임상서장
⑤ 仲氏家事也 要我一陳	중씨가사야 요아일진
⑥ 其事勢 故玆煩幸須	기사세 고자번행수
⑦ 緩督 生光如何 似非難	완독 생광여하 사비난
⑧ 也 爲此 不備例	야 위차 불비례
⑨ 庚辰 六月 卄五日 朞服人	경진 유월 입오일 기복인
⑩ 箕錫 拜	기석 배

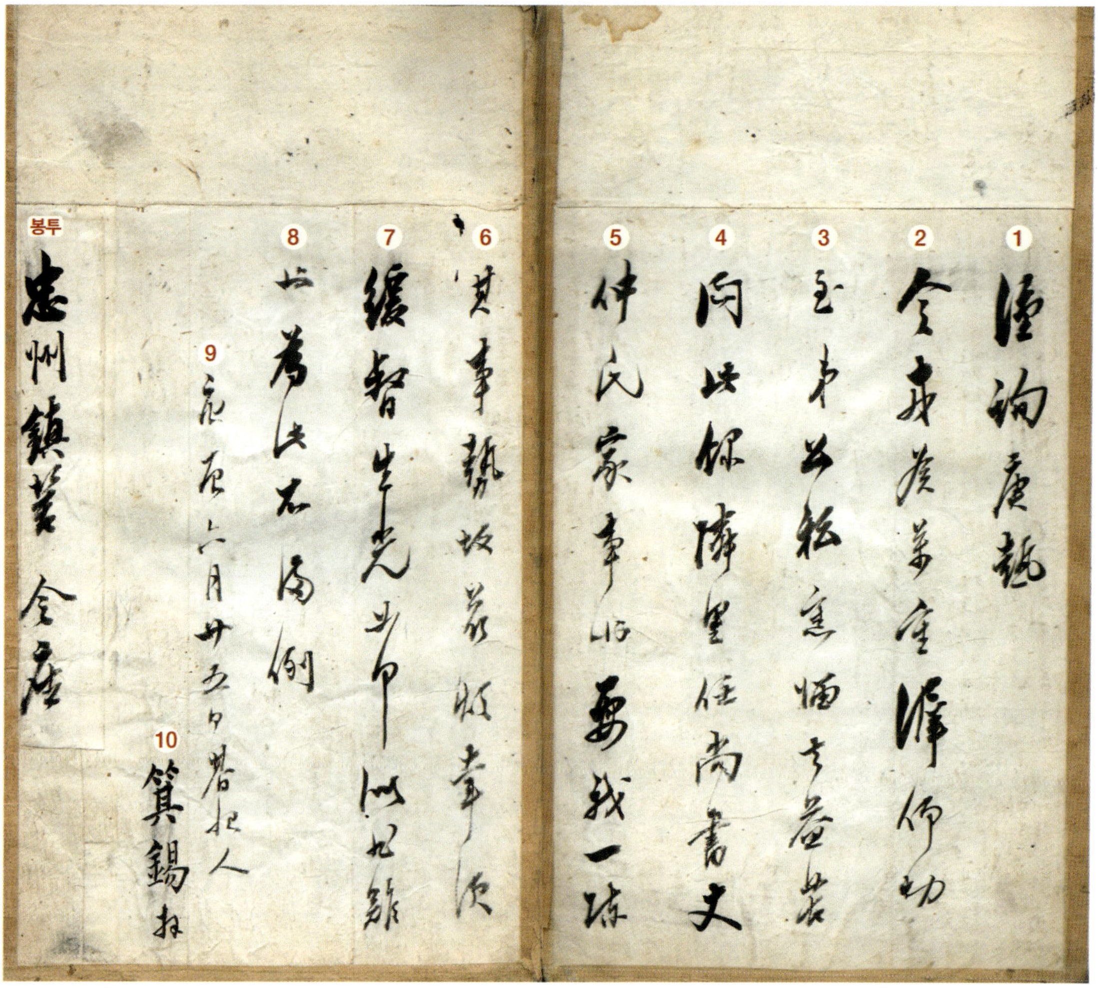

◆ 번역

봉투

충추진영忠州鎭營 영좌令座.

본문

더운 여름에 영감의 무융撫戎하는 안부가 좋으신지, 매우 그립습니다. 저는 공적인 일과 사적인 일들로 갈수록 더욱 고민스럽습니다.

이 편지는 이웃 마을 임상서任尙書 어른의 둘째 형 집안의 일입니다. 그 사람의 사정을 저에게 한번 진술하도록 하였기에 이렇듯 번거롭게 말씀을 드립니다. 모쪼록 독촉을 늦추어 저의 체면을 세워주시는 것이 어떻습니까? 아마도 어렵지는 않은 일일 듯하여 이렇게 말씀을 드립니다.

이만 줄입니다.

경진년[1880] 6월 25일.

기복인 기석箕錫[1]은 절합니다.

◆ 해제

경진년[1880] 6월 25일 당시 김기석金箕錫이 우포도대장右捕盜大將[2]을 지낼 때, 충주영장忠州營將 안정구安珽求에게 보낸 편지이다.

자신의 이웃 마을 임상서任尙書의 둘째 형에 관한 일로, 세금 독촉을 늦추어 주기를 바란다고 부탁하였다.

◆ 주석

1 기석箕錫 : 조선 후기 병조판서를 지낸 김기석(金箕錫, ?~1892)을 이른다.

2 우포도대장右捕盜大將 : 우포도청右捕盜廳의 으뜸 벼슬인 종2품 무관직이다.

18

許熠
허습
1824~?

조선 후기 무신이다. 본관은 양천陽川이고, 자는 광서光瑞다. 허계許棨의 아들이다.

1844년(헌종 10) 남선전관南宣傳官을 하다가, 1845년 정시무과庭試武科에 급제하였다. 이후 부사과副司果, 훈련첨정訓鍊僉正을 거쳐, 1847년 황해도 수안군수遂安郡守, 1849년 함경북도 성진첨사城津僉使, 1856년(철종 7) 김해부사金海府使, 1857년 파주목사坡州牧使를 지냈다.

이어 1858년 경상좌도수군절도사慶尙左水使, 1859년 전라도병마절도사全羅兵使, 1860년 황해도병마절도사黃海兵使, 1863년 함경남도병마절도사南兵使를 제수받아 외방을 돌다가, 1868년(고종 5) 좌포도대장·병조참판에 이르는 등 승승장구하였다.

1877년에는 동지중추부사, 1878년 금군별장·부총관, 1881년 어영중군 등 요직을 두루 역임하였다.

1890년(고종 27) 조선의 마지막 대행대왕대비大行大王大妃 조대비趙大妃 발인發靷 때에는 신석희申奭熙·임홍준任興準과 함께 배왕대상陪往大將을 맡기도 하였다.

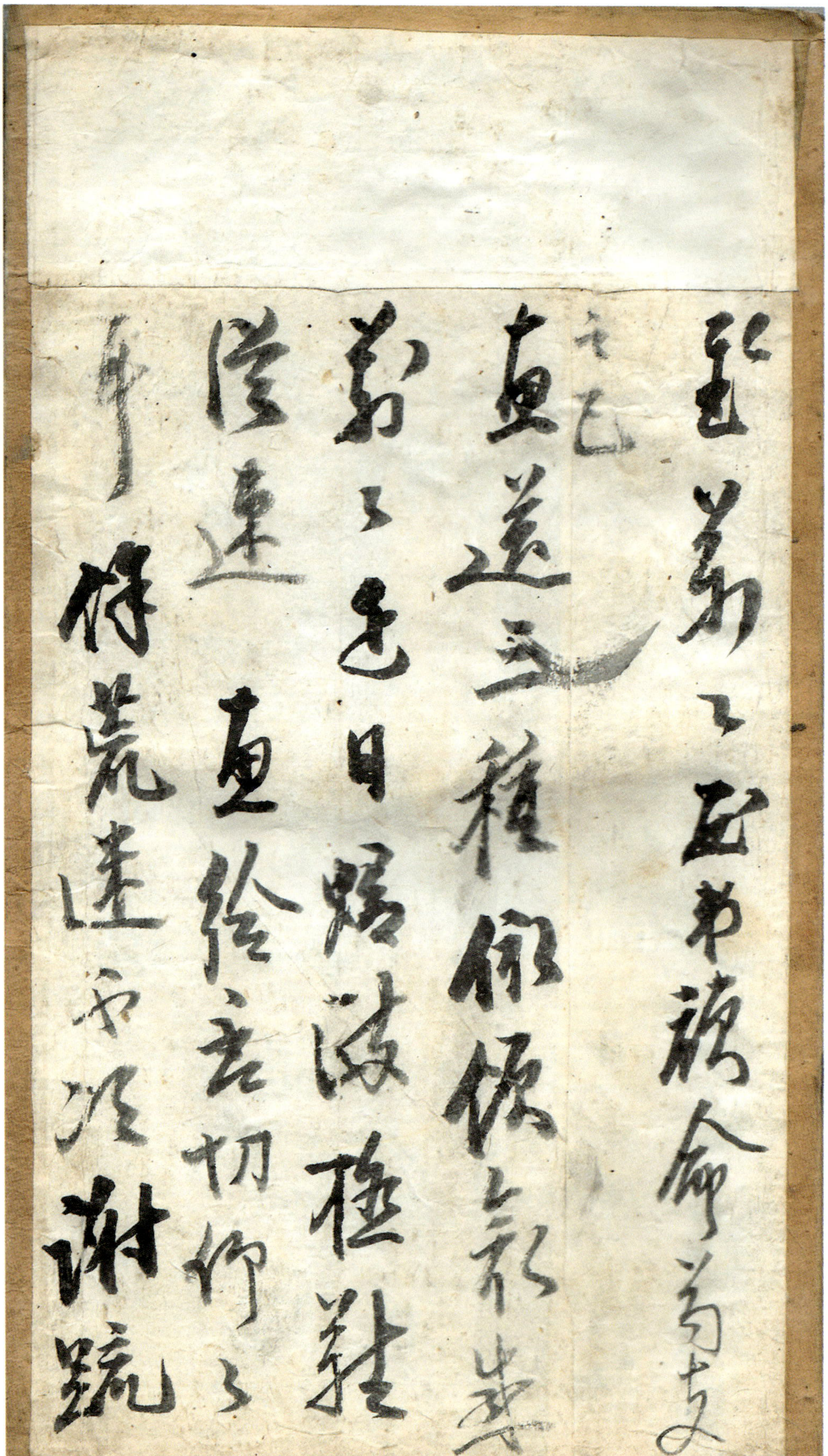

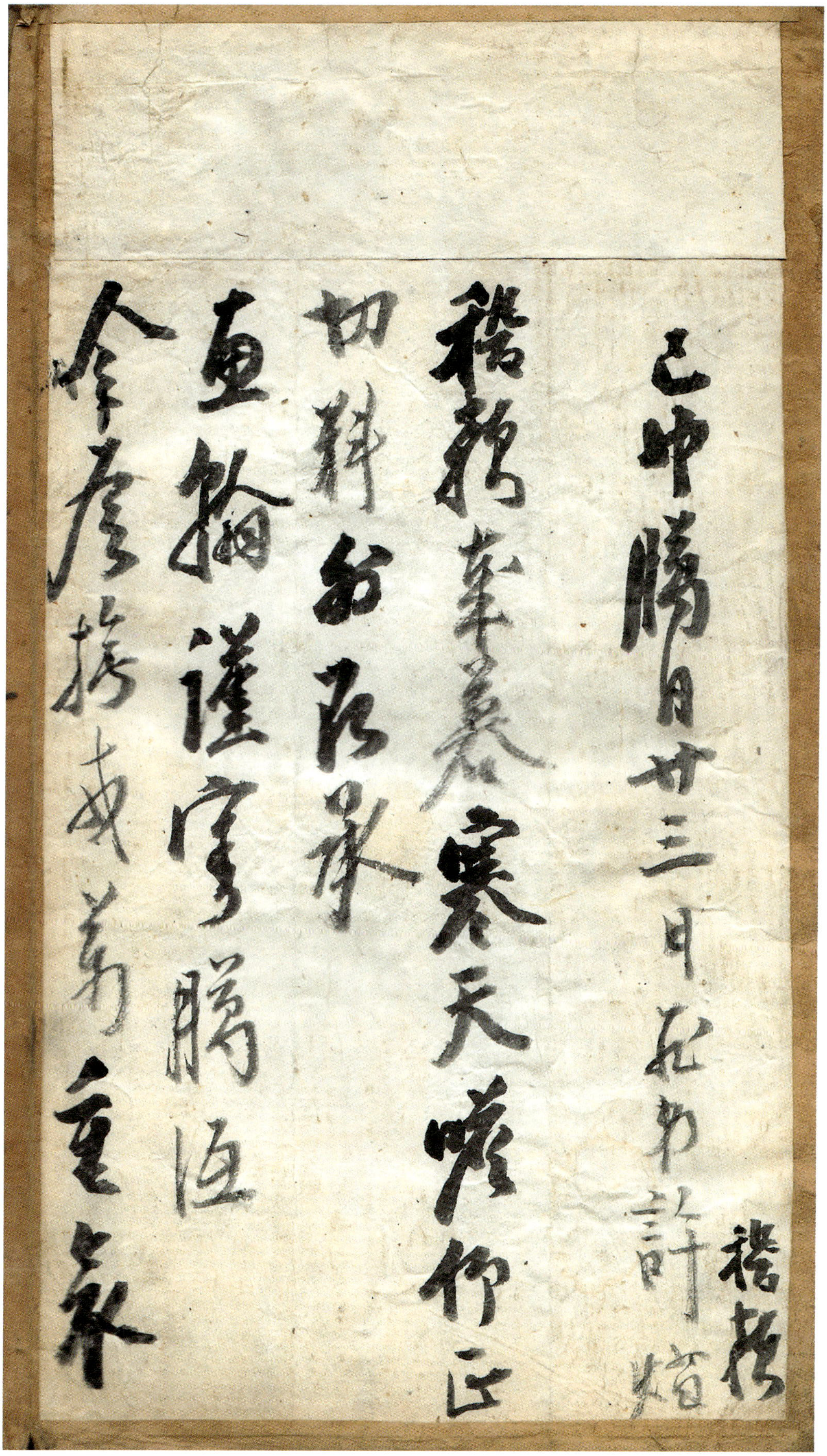

◆ 탈초와 독음

① 稽顙 歲暮寒天 瞻仰正	계상 세모한천 첨앙정
② 切 料外 卽承	절 요외 즉승
③ 惠翰 謹審臘沍	혜한 근심납호
④ 令候撫戎萬重 哀	영후무융만중 애
⑤ 慰萬萬 罪弟 頑命苟支	위만만 죄제 완명구지
⑥ 而已	이이
⑦ 惠送三種 依領 哀感	혜송삼종 의령 애감
⑧ 萬萬 近日 燭政極難	만만 근일 촉정극난
⑨ 從速惠給否 切仰之	종속혜급부 절앙지
⑩ 耳 餘荒迷 不次謝疏	이 여황미 불차사소
⑪ 己卯 臘月 廿三日 罪弟 許熠	기묘 납월 입삼일 죄제 허습
⑫ 稽顙	계상

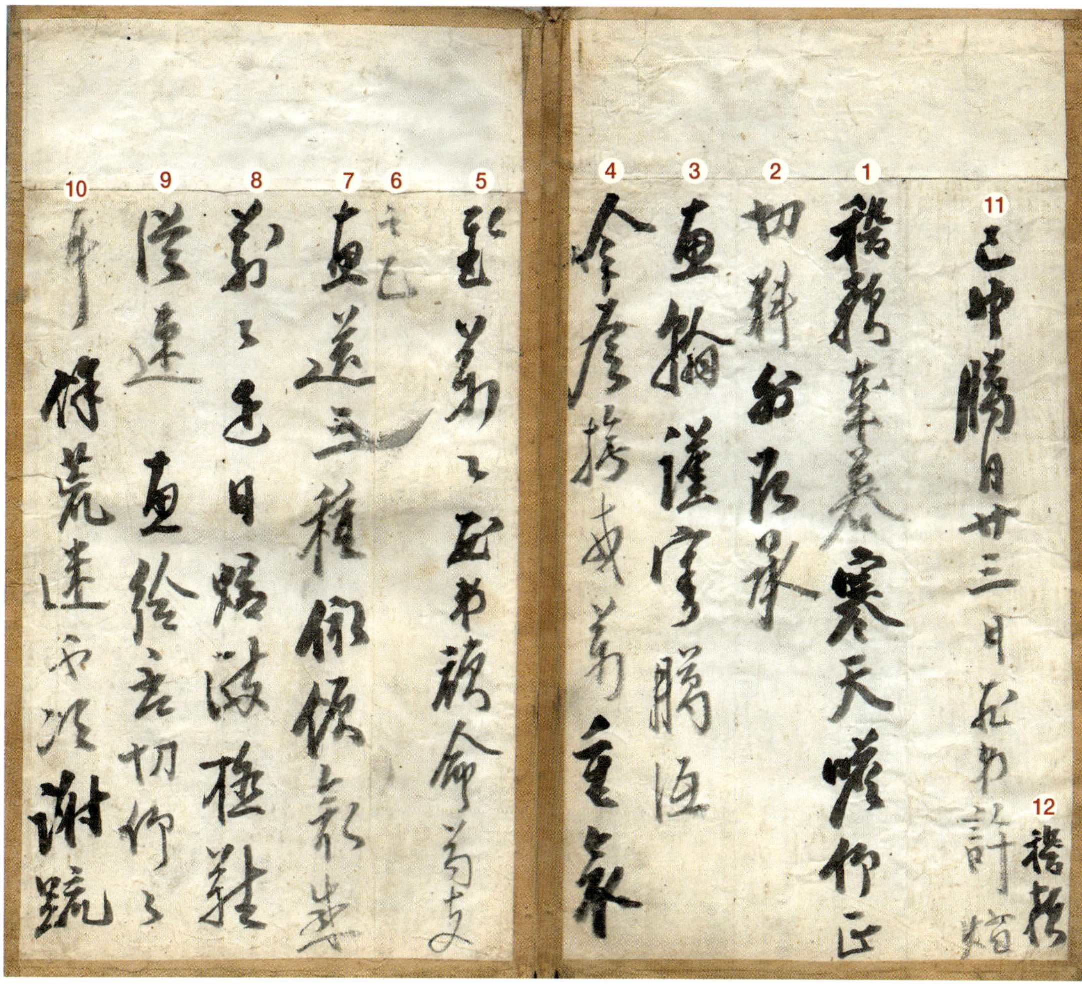

◆ 번역

머리를 조아립니다. 세모에 날씨는 차가운데, 그리움이 간절합니다. 뜻밖에 편지를 받고, 섣달 추위에 영감의 무융撫戎하는 안부가 좋으시다니, 상주喪主인 저의 마음에 매우 위안이 되었습니다.

죄제罪弟[1]는 완악頑惡한 목숨을 구차하게 보존하고 지낼 뿐입니다. 보내신 세 가지 물건은 보내신 대로 받았으니, 슬프고 감사한 마음 간절하였습니다.

요사이 초[燭][2]를 구하기가 매우 어려우니, 급히 은혜를 베풀어 주실 수 있는지요? 간절히 바랄 뿐입니다.

나머지는 정신이 어지러워 두서없이 답장을 드립니다.

기묘년[1879] 12월 23일.

죄제罪弟 허습許熠은 머리를 조아립니다.

◆ 해제

기묘년[1879] 12월 23일 당시 허습許熠이 금군별장禁軍別將[3] 겸 부총관副摠管[4]을 지낼 때, 충주영장忠州營將 안정구安珽求에게 보낸 편지이다.

부모님께서 돌아가신 자신의 사연을 전하면서, 초를 급히 구해달라고 부탁하는 내용이다. 그리고 상중喪中에 상대가 보내준 선물에 감사의 뜻을 전하였다.

◆주석

1 죄제罪弟 : 편지를 받는 상대에게 부모의 상을 당한 자신을 이르는 말이다.

2 초[燭] : 원문은 '燭촉'. 불을 켜거나 장식하는 데 사용하는 물건이다.

3 금군별장禁軍別將 : 금군청禁軍廳 소속이다. 왕의 친병親兵을 실제로 통할統轄하는 막중한 직위로 종2품 벼슬이다.

4 부총관副摠管 : 중추적 군령기관인 오위도총부五衛都摠府의 종2품 관직이다.

李鳳儀

이봉의

1839~1919

조선 말기 대한제국기 무신 관료다. 본관은 전주全州, 자는 선익善翼이고, 호는 송부松阜다. 생부生父는 이조판서에 추증된 이태순李泰淳이다.

그는 친군별영사親軍別營使를 지낸 이경우李景宇에게 입양入養되면서, 왕족의 후손이 되어 완성군完城君으로 불렸다. 초명初名은 지겸志謙인데, 뒤에 양자養子로 들어가 봉의鳳儀로 개명改名하였다.

1854년(철종 5) 특별 천거로 선전관宣傳官에 임명된 뒤, 지방관으로 옮겨 나니다가 무과武科에 급제하였다.

1868년(고종 5) 흥선대원군이 그를 효령대군孝寧大君 후손이라며, 오위도총부 부총관(副摠管: 종2품)으로 특별히 승진시켰다.

이후 1869년 양주목사를 거쳐, 금위중군·우부승지·금군별장·경기수군절도사京畿水使를 지냈다.

1879년 12월 충청도병마절도사忠淸兵使, 1880년 12월 춘천부사, 1883년 좌포도대장, 1885년 한성부판윤, 1892년 우포도대장, 1894년 형조판서, 1896년 강원도관찰사 등 요직을 두루 역임하였나.

대한제국기인 1897년 중추원의관, 1902년부터 궁내부특진관·육군참장·헌병사령관·군부대신, 1906년 판돈녕사사判敦寧司事에 부임하였다. 1907년 군대 해산으로 육군부장陸軍副將에서 해임되었다.

1901년 대한제국 정부로부터 훈4등 팔괘장을 받았고, 1910~1919년까지 9년간 병을 앓다가 작고하였다.

1910년(순종 3) 10월 7일(음력 9월 5일), 병이 깊어 혼수상태인 와중渦中에 아들 이기원李起元이 그를 대신하여 조선귀족령朝鮮貴族令에 의거, 일본 정부가 주는 남작男爵 작위爵位와 은사공채恩賜公債 25,000엔을 받은 것이 아직도 풀지 못한 문제로 남아 있다.

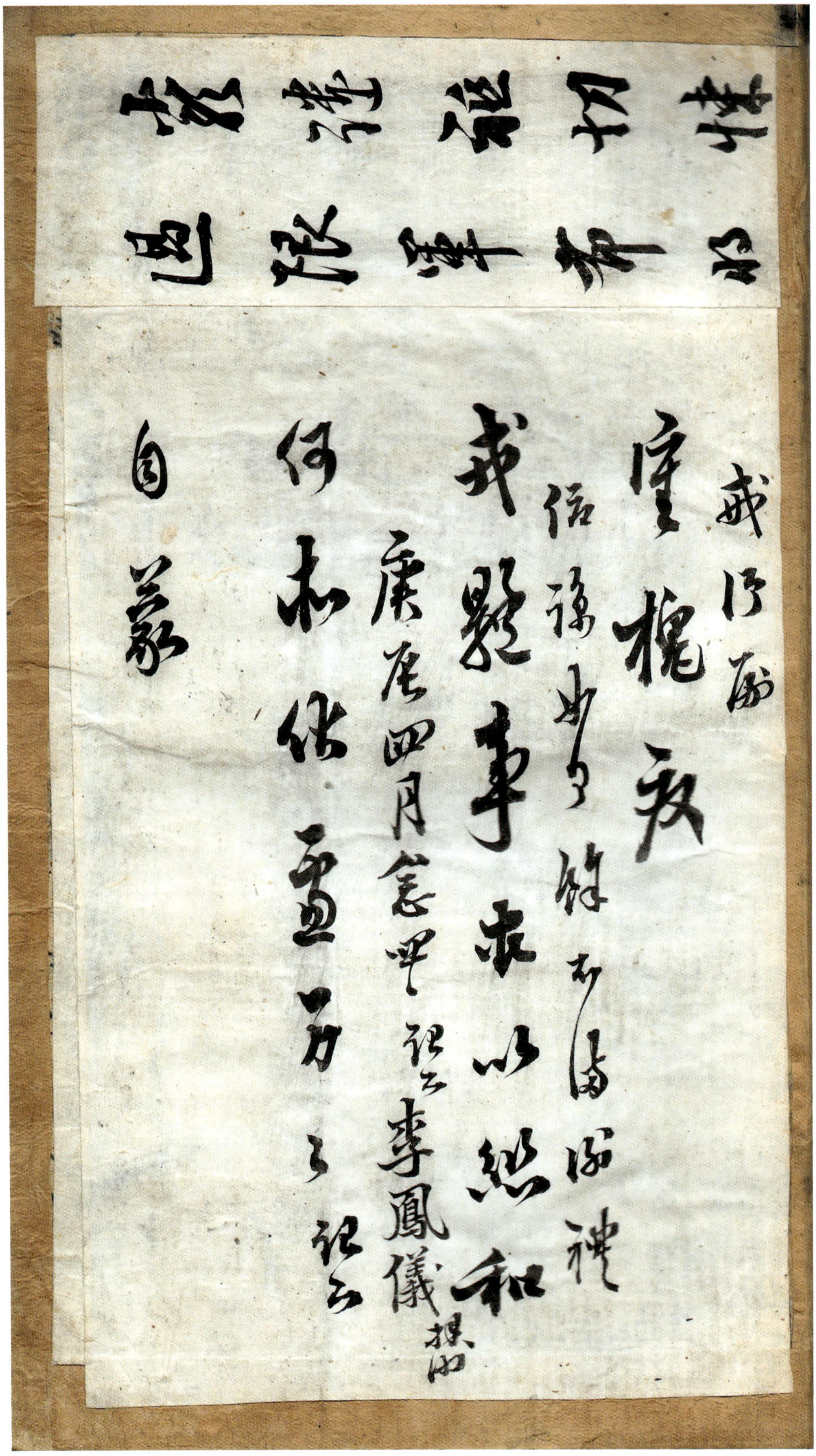

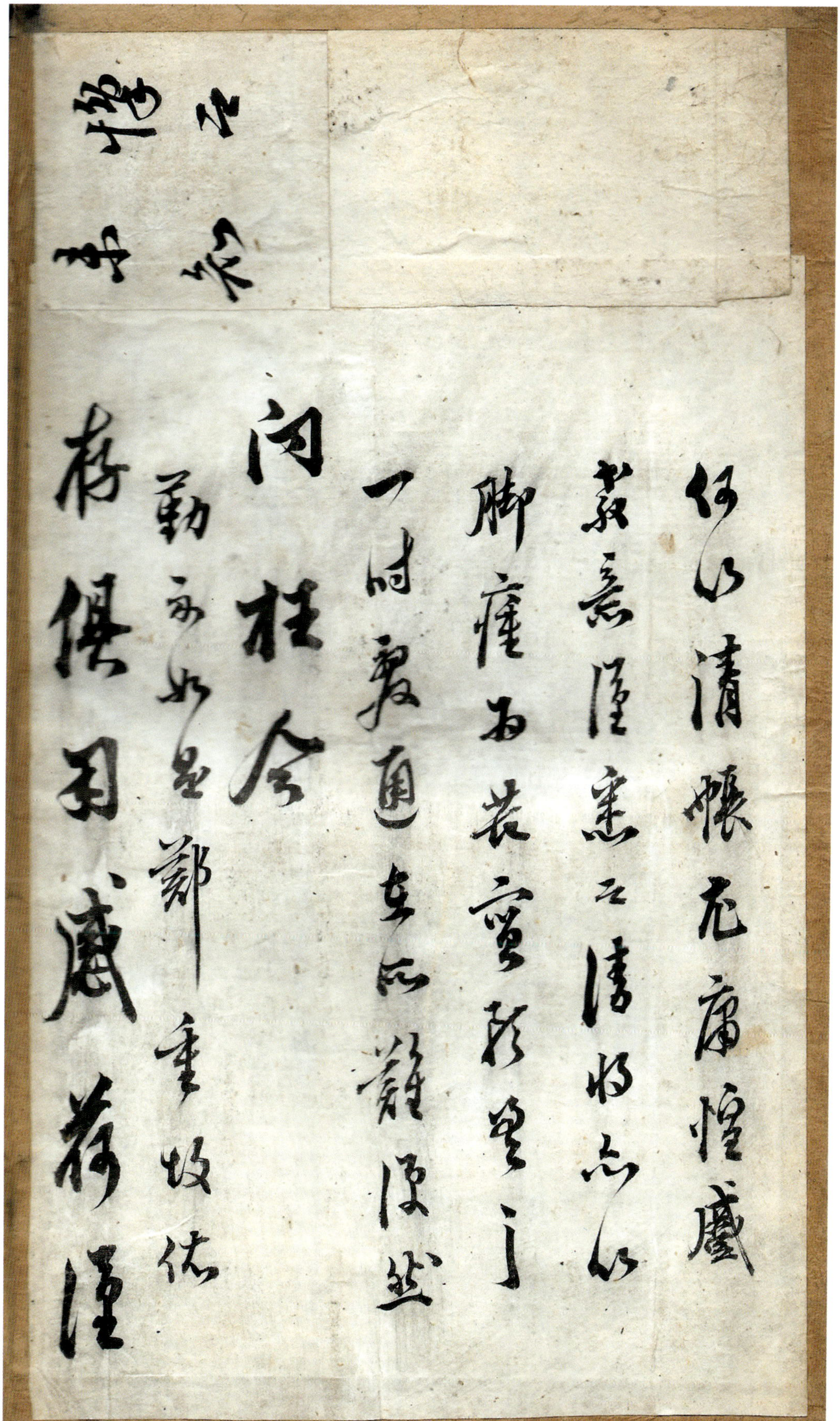

◆ 탈초와 독음

① 向枉今	향왕금
② 存 俱用感荷 謹	존 구용감하 근
③ 審 槐夏	심 괴하
④ 戎體事 間以愆和	융체사 간이건화
⑤ 何等 伏慮萬萬 記下	하등 복려만만 기하
⑥ 自蒙	자몽
⑦ 嚴譴 祇切悚懍 而	엄견 지절송름 이
⑧ 過限軍布 將未知	과한군포 장미지
⑨ 何以淸帳 尤庸惶蹙	하이청장 우용황축
⑩ 敎意謹悉 而淸將 亦以	교의근실 이청장 역이
⑪ 脚瘇爲苦 實難差之	각종위고 실수차지
⑫ 一時變通 在所難便 然	일시변통 재소난변 연
⑬ 勤示如是鄭重 故依	근시여시정중 고의
⑭ 戒須副	계수부
⑮ 俯諒如何 餘不備謝禮	부량여하 여불비사례
⑯ 庚辰 四月 念四日 記下 李鳳儀 拜謝	경진 사월 념사일 기하 이봉의 배사

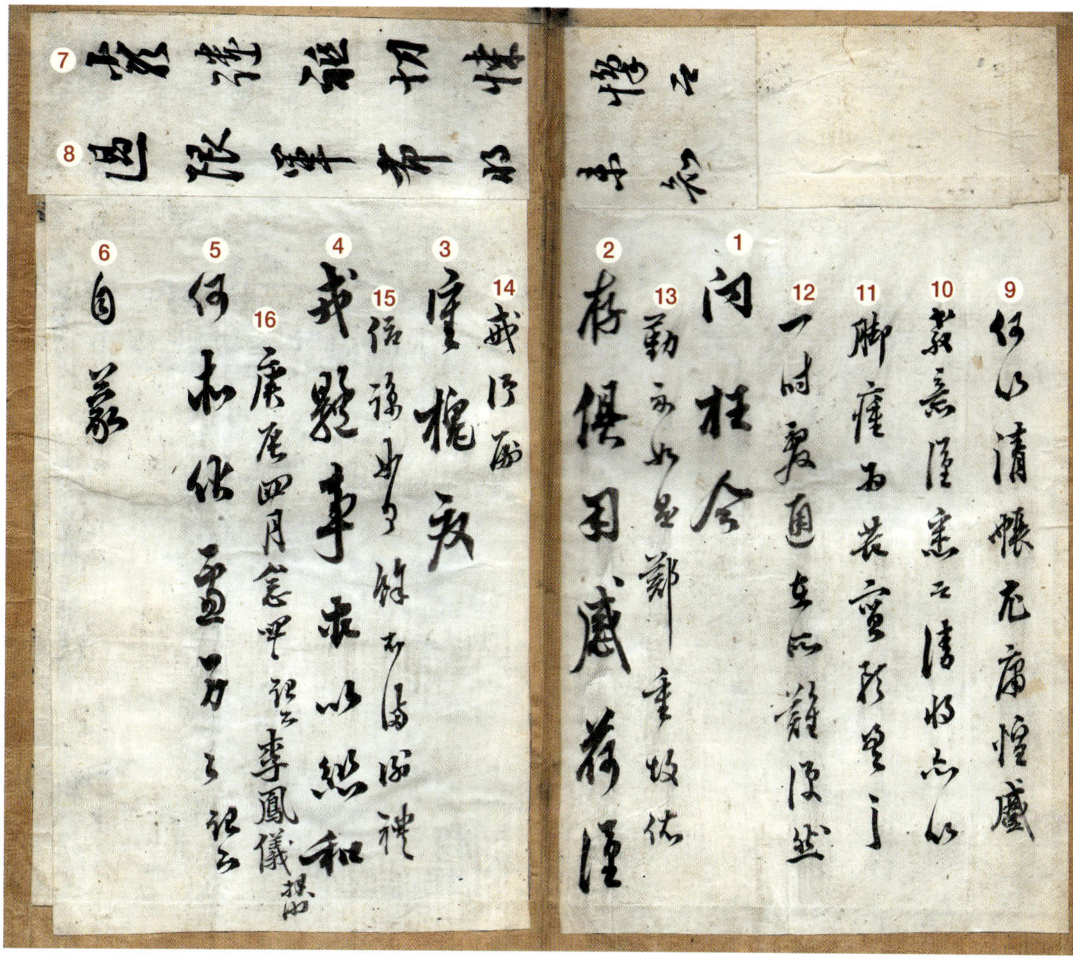

◆ 번역

지난번 왕림枉臨하시고, 지금 다시 편지로 안부를 물어주시니, 모두 감사합니다. 괴하槐夏[1]에 무융撫戎하는 안부가 그간 좋으시다니, 얼마나 위안이 되는지요.

저는[記下] 엄한 견책을 당하고 나서 매우 두렵습니다. 기한을 넘긴 군포軍布[2]에 관하여 장차 어떻게 빚을 다 갚을지 모르겠습니다. 더욱 두렵지만 말씀하신 뜻은 다 알았습니다.

청나라 장수도 다리에 종기가 나서 고통스러워합니다. 실제로 비록 조금 낫기는 했지만, 일시적인 변통일 뿐 불편한 점이 많습니다. 그러나 간절히 말씀해주는 것이 이렇게 정중하니, 말씀하신 대로 모쪼록 부응하겠습니다. 이를 헤아려주시는 것이 어떻습니까?

나머지는 이만 줄이고 답장을 드립니다.

경진년[1880] 4월 24일.

기하記下 이봉의李鳳儀는 절하고 답장을 드립니다.

◆ 해제

경진년[1880] 4월 24일 당시 이봉의李鳳儀가 충청도병마절도사忠清道兵馬節度使[3]를 지낼 때, 충주영장忠州營將 안정구安珽求에게 보낸 편지이다.

자신은 기한을 넘기도록 군포軍布를 다 갚지 못해 걱정이라는 사연과 함께, 청나라 장수가 다리에 종기가 나서 고생하고 있다면서 말씀대로 부응하겠다고 전하였다.

◆ 주석

1 괴하槐夏 : 음력 4월을 달리 이르는 말로, 홰나무꽃이 피기 시작하는 여름이라는 뜻이다.

2 군포軍布 : 조세제도인 군보포軍保布의 준말이다. 군적軍籍에 든 사람이 군에 복무할 수 없는 처지일 때, 그 대신 바치던 삼베나 무명(무명실로 짠 피륙, 옷감)을 이른다.

3 충청도병마절도사忠淸道兵馬節度使 : 약칭은 충청병사忠淸兵使로, 충청지방의 병마를 지휘하던 종2품 무관이다.

朴長夏
박장하
1813~1887

조선 후기 무신으로, 본관은 밀양密陽, 자는 군선君善이다. 서산군수瑞山郡守 박래영朴來永의 아들이다.

1835년(헌종 1) 증광무과增廣武科에 급제하였다. 1844년 선전관宣傳官을 초직初職으로, 1846년 도사都事, 1850년(철종 1) 수문장守門將, 1855년 평안도 순천군수順川郡守에 부임하였다.

이어 1857년 도총경력都摠經歷·어영파총御營把摠, 1860년 황해도 수안군수遂安郡守, 1863년 창검파총槍劍把摠을 지냈다.

1868년(고종 5) 사복장司僕將, 1870년 평안도 만포첨사滿浦僉使, 1872년 부호군副護軍, 1874년 평안도 창성부사昌城府使, 1876년 내금위장內禁衛將을 역임하였다.

그 후 1878년 충청도수군절도사忠淸水使, 1879년 본국별장本局別將, 1881년 전라도병마절도사全羅兵使·어영중군御營中軍·부총관副摠管, 1885년 한성좌윤漢城左尹을 거쳐, 1886년에는 벼슬이 지의금부사(知義禁府事: 의금부의 정2품)에 이르렀다.

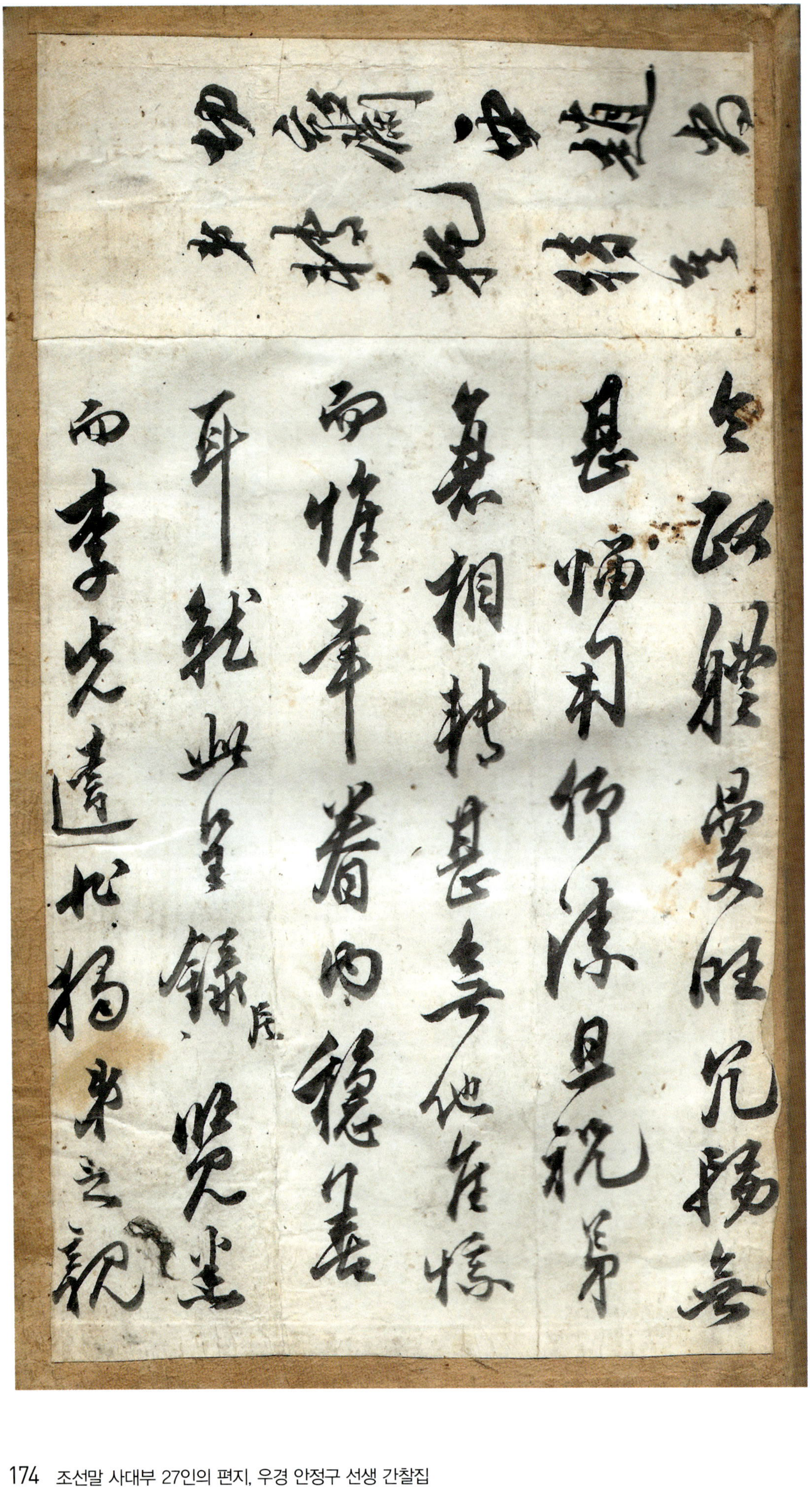

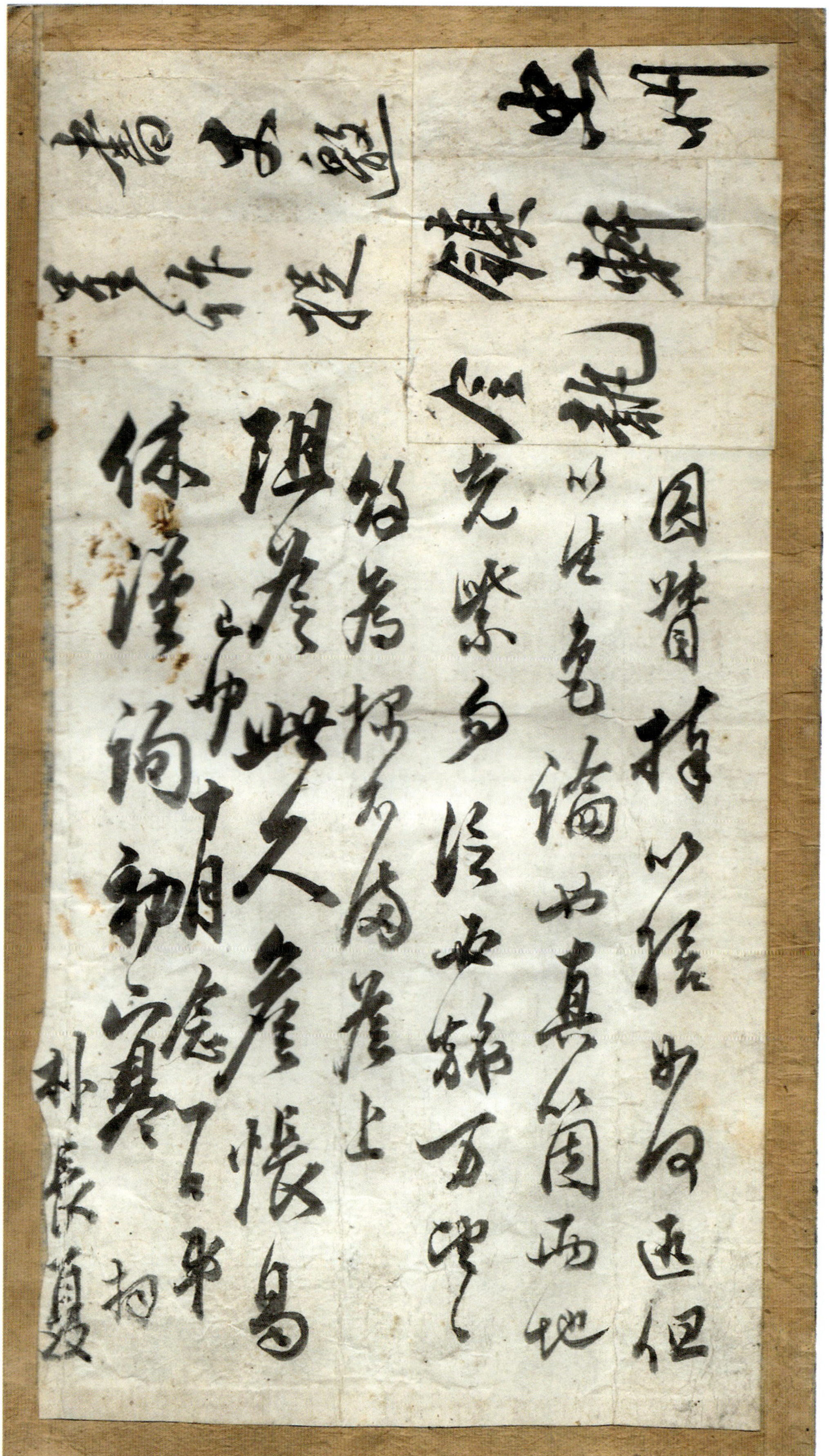

◆ 탈초와 독음

봉투

忠州鎭軒 令執	충주진헌 영집

본문

① 阻候此久 詹悵曷	조후차구 첨창갈
② 休 謹詢初寒	휴 근순초한
③ 令政體曼旺 冗務無	영정체만왕 용무무
④ 甚惱用 仰溸且祝 弟	심뇌용 앙소차축 제
⑤ 衰相轉甚 無他佳悰	쇠상전심 무타가종
⑥ 而惟幸眷內穩善	이유행권내온선
⑦ 耳 就此呈錄片 覽悉	이 취차정록편 람실
⑧ 而李先達 非獨弟之親	이이선달 비독제지친
⑨ 切 齋西趙尚書丈 邀	절 재서조상서장 요
⑩ 弟轉托 待其呈訴 促	제전탁 대기정소 촉
⑪ 囚督捧以給 如何 匪但	수독봉이급 여하 비단
⑫ 以生色論也 眞箇兩地	이생색논야 진개양지
⑬ 光紫 勿泛必施 萬望萬望	광자 물범필시 만망만망
⑭ 餘爲探不備候上	여위탐불비후상
⑮ 己卯 十月 念一日 弟	기묘 십월 념일일 제
⑯ 朴長夏	박장하
⑰ 拜	배

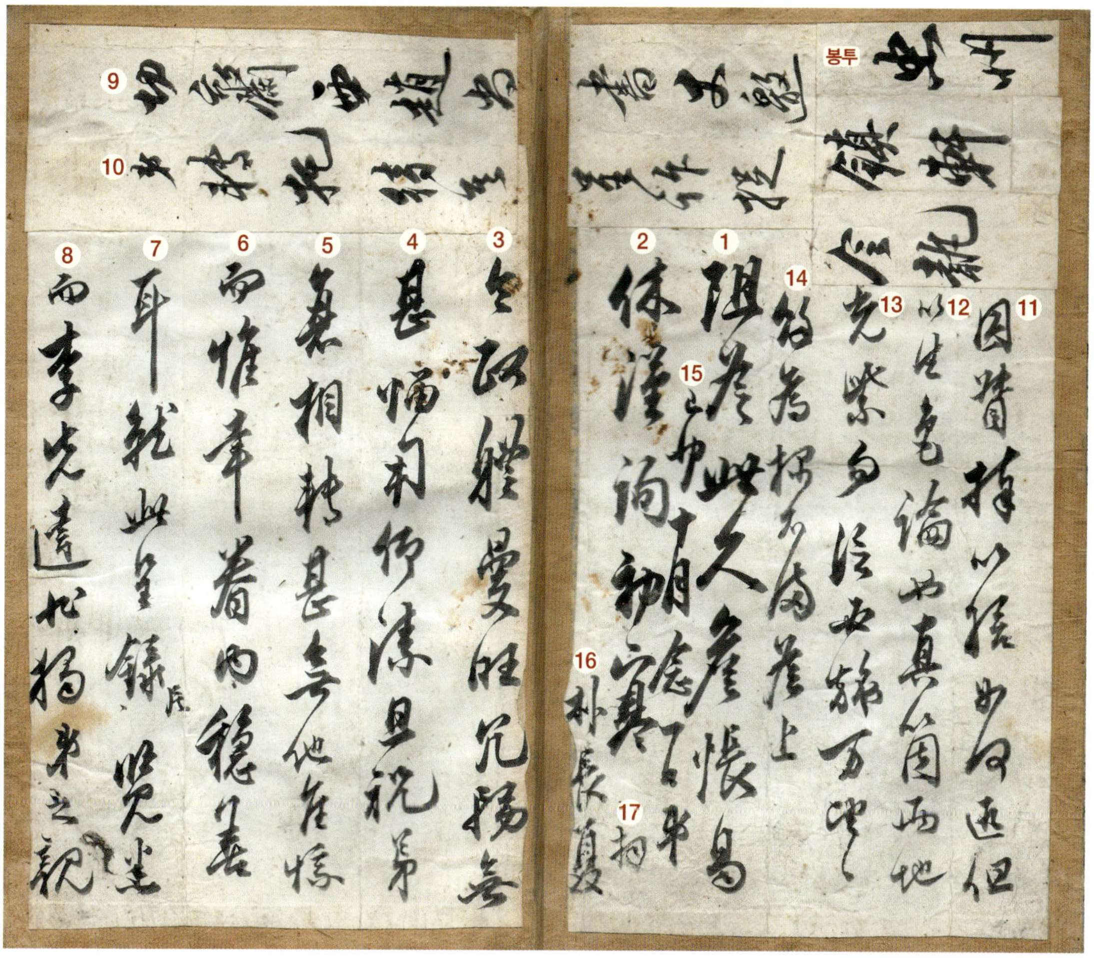

◆ 번역

봉투

충주진헌忠州鎭軒 영집令執[1]

본문

한참 동안 소식이 막혔으니, 그리움을 어찌 그치겠습니까? 초겨울 추위에 영감의 정사政事를 보는 안부가 좋으시다는 것을 알았는데, 자잘한 일들로 괴롭지는 않으시는지요? 그립고 축원을 드립니다.

저는 쇠약한 모습이 더욱 심하여, 달리 좋은 일이라고는 없습니다. 그러나 오직 식구들이 잘 지내는 것을 다행으로 여길 뿐입니다.

다름 아니라, 보내드린 쪽지를 보면 아시겠지요. 이선달李先達은 저와 친한 사람일 뿐만 아니라, 재서齋西 조상서趙尙書[2] 어른께서 저를 불러 부탁을 하시기도 합니다. 정소呈訴[3]제출하기를 기다렸다가 잡아 가두고, 독봉督捧하여 주는 것이 어떻습니까? 이렇게 한다면 저의 체면이 선다고 말씀드릴 수 있고, 참으로 양쪽 모두에게 생색이 날 것입니다. 대수롭게 여기지

마시고, 반드시 베풀어 주기를 천만 바랍니다.

나머지는 탐문하기로 하고, 이만 답장을 드립니다.

기묘년[1879] 10월 21일.

박장하朴長夏는 절하고 올립니다.

◆ 해제

기묘년[1879] 10월 21일 당시 박장하朴長夏가 본국별장本局別將[4]을 지낼 때, 충주영장忠州營將 안정구安珽求에게 보낸 편지이다.

이선달李先達과 재서齋西 조상서趙尙書의 부탁을 받고, 정소呈訴를 기다렸다가 잡아 가두어 세금 독촉하기를 바란다는 쪽지를 전하였다.

◆ 주석

1 영집令執 : 令이나 執, 모두 상대방을 높여 이르는 말이다.

2 재서齋西 조상서趙尙書 : 누구인지 분명하지 않다.

3 정소呈訴 : 소장訴狀·고장告狀·소지所志 따위를 관청에 제출하는 것으로, 정장呈狀과 같은 뜻이다.

4 본국별장本局別將 : 각 영營이나 청廳에 소속되어 있던 정3품 및 종2품 벼슬의 당상군관堂上軍官이다.

沈相耆
심상기

조선 고종 때 충청도 유생儒生으로, 1884년(고종 21) 8월 21일 우리나라 최초의 우편 행정 관서인 우정총국郵征總局에 본국사사本局司事로 임명되었다.

1884년 4월 22일 고종의 칙명勅命에 의해 설치된 우정총국의 우정총판郵征總辦에는 홍영식洪英植을 책임자로 제수하였다. 그 후 창립 요원으로는 사과司果 이상만李象萬, 사맹司猛 김낙집金樂集, 진사進士 안종수安宗洙, 유학幼學 박영호朴泳好·심상기沈相耆·서재창徐載昌·홍병후洪昺厚·서광숙徐光肅·조한상趙漢尙·이상재李商在·신락균申洛均·남궁억南宮檍·조창교趙昌教·안욱상安昱相 등 신진 개화파가 대거 포함된 14명을 사사司事로 임명하고, 개국開局을 준비하였다.

그러나 1884년 12월 4일 우정총국 개국축하연을 이용하여, 김옥균·홍영식·박영효·서광범·서재필 등 개화파가 갑신정변甲申政變을 일으켰다. 결국 3일천하로 실패하자, 그해 12월 8일 고종의 명命으로 폐쇄되고 말았다. 현재 우정총국 청사는 조계사 옆에 남아 있다.

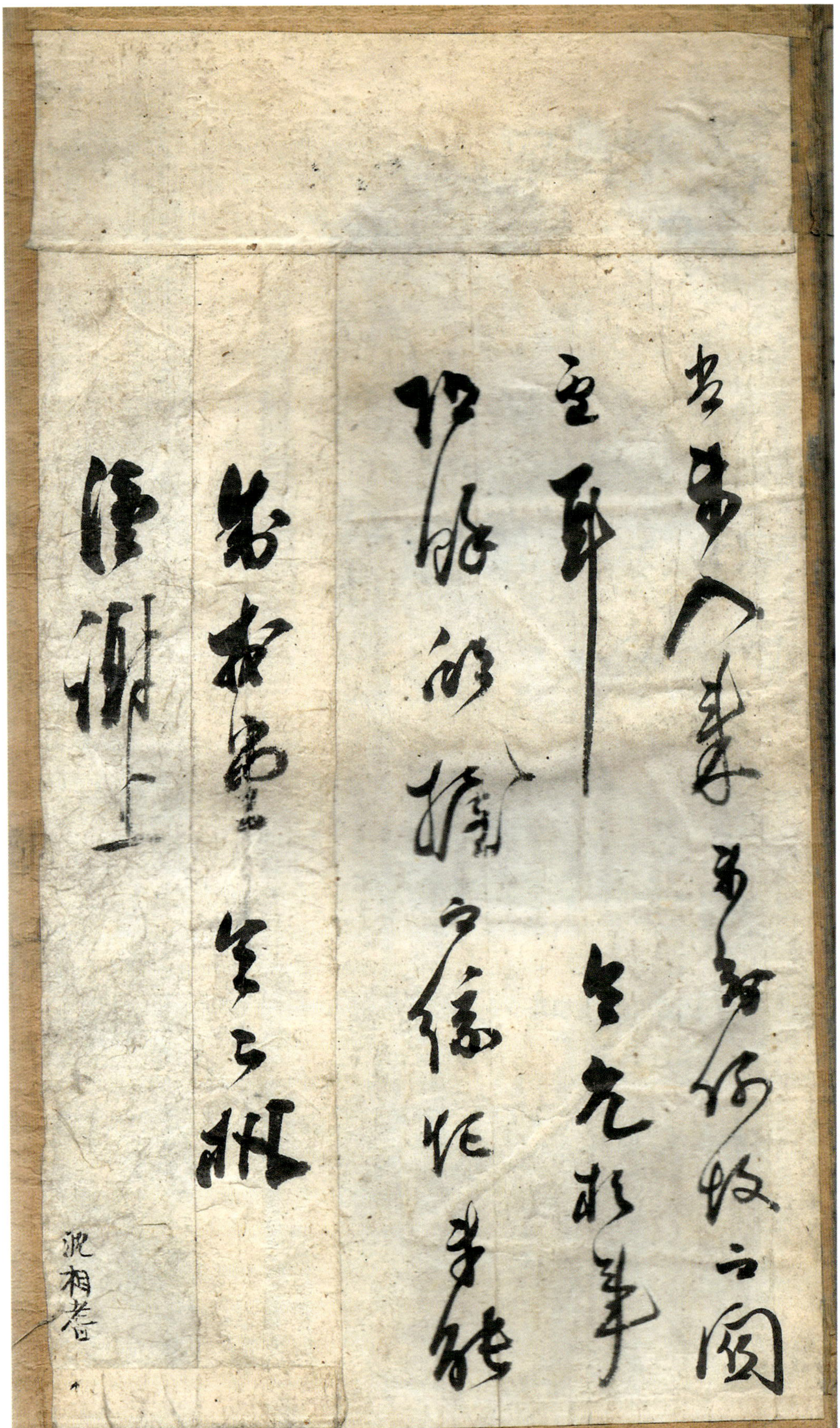
沈相耆

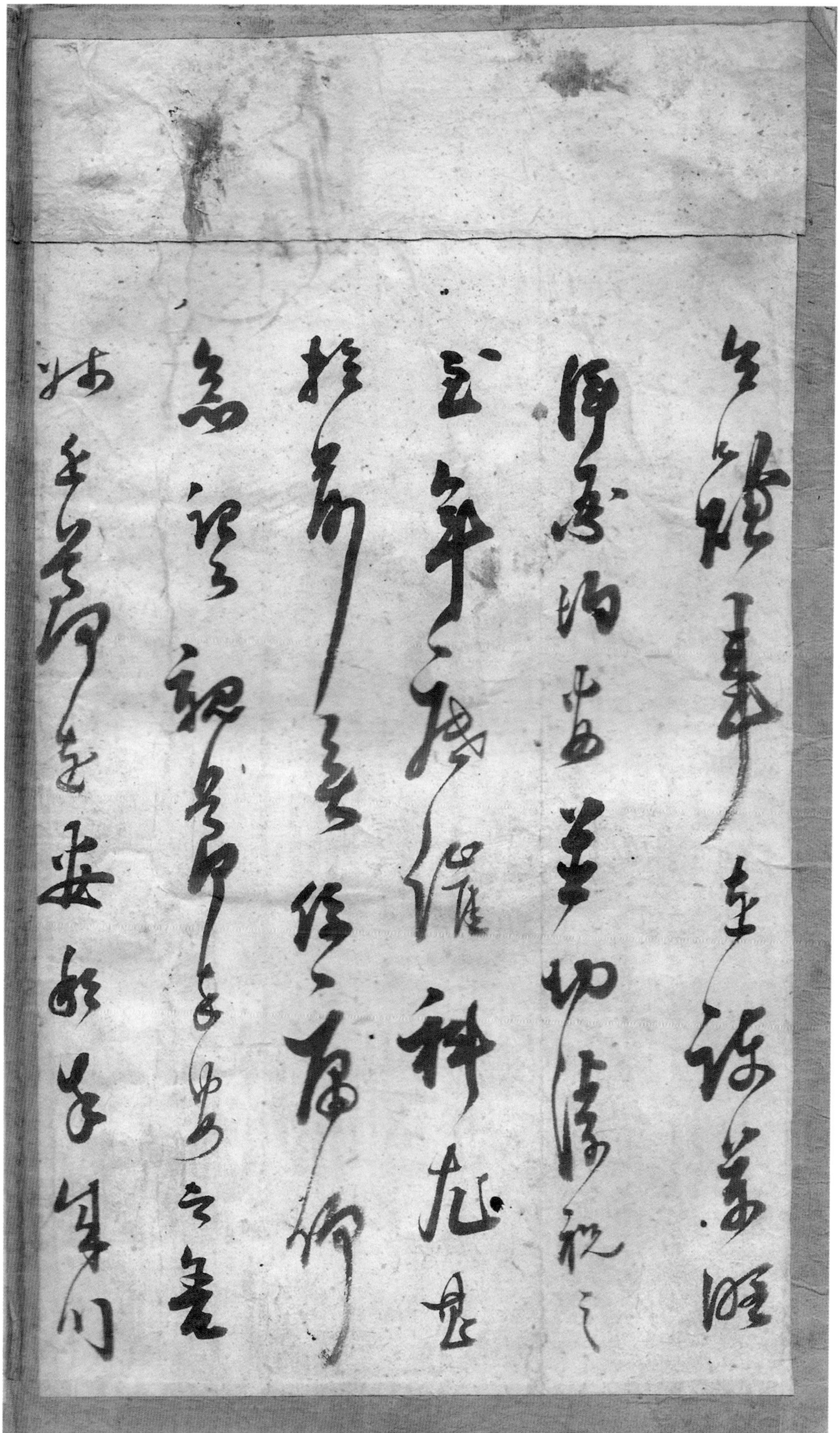

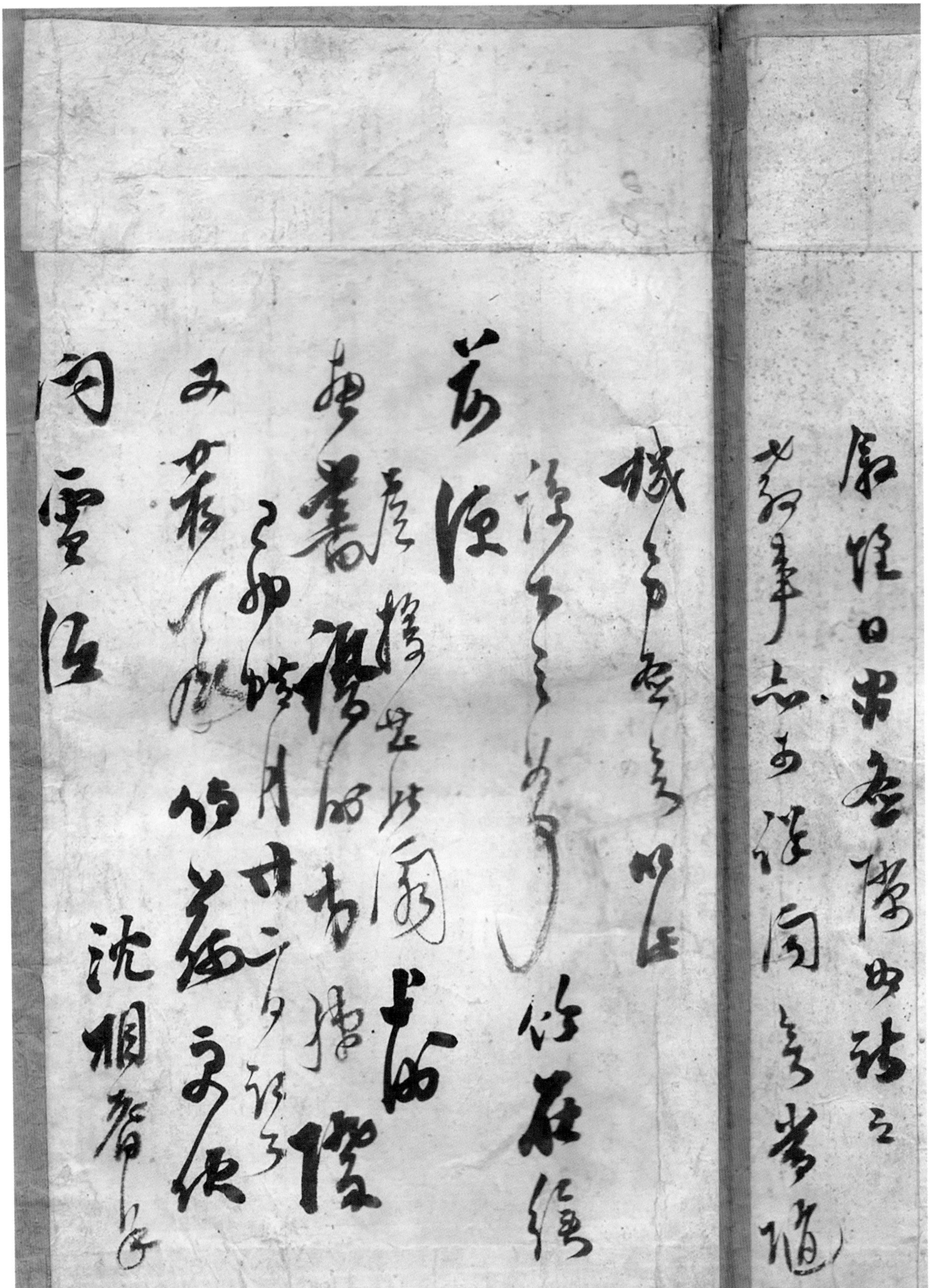

◆ 탈초와 독음

봉투

制戎堂 令下執	제융당 영하집
謹謝上	근사상

본문

① 前便	전편
② 惠書 稽謝方悚際	혜서 계사방송제
③ 又荐承仰荷 更伏	우천승앙하 갱복
④ 問雪冱	문설호
⑤ 令體事 連護萬旺	영체사 연호만왕
⑥ 渾衙均安 竝切溸祝之	혼아균안 병절소축지
⑦ 至 年底催科 尤甚	지 년저최과 우심
⑧ 於前矣 深庸仰	어전의 심용앙
⑨ 念 記下 親節幸安 而舍	념 기하 친절행안 이사
⑩ 叔近節 連安私幸 成川	숙근절 연안사행 성천
⑪ 尙未入來 未知何故 而關	상미입래 미지하고 이관
⑫ 慮耳 令允於事	려이 영윤어사
⑬ 阻餘欣握 而紛忙未能	조여흔악 이분망미능
⑭ 敍懷 日間圖隙爲討 而	서회 일간도극위토 이
⑮ 教事 亦可詳聞矣 當隨	교사 역가상문의 당수
⑯ 機另圖矣 以此	기령도의 이차
⑰ 諒下之如何 餘在續	량하지여하 여재속
⑱ 候 擾甚 姑閣上謝	후 요심 고각상사
⑲ 己卯 臘月 卄二日 記下	기묘 납월 입이일 기하
⑳ 沈相耆 拜手	심상기 배수

沈相耆
심상기

21
B

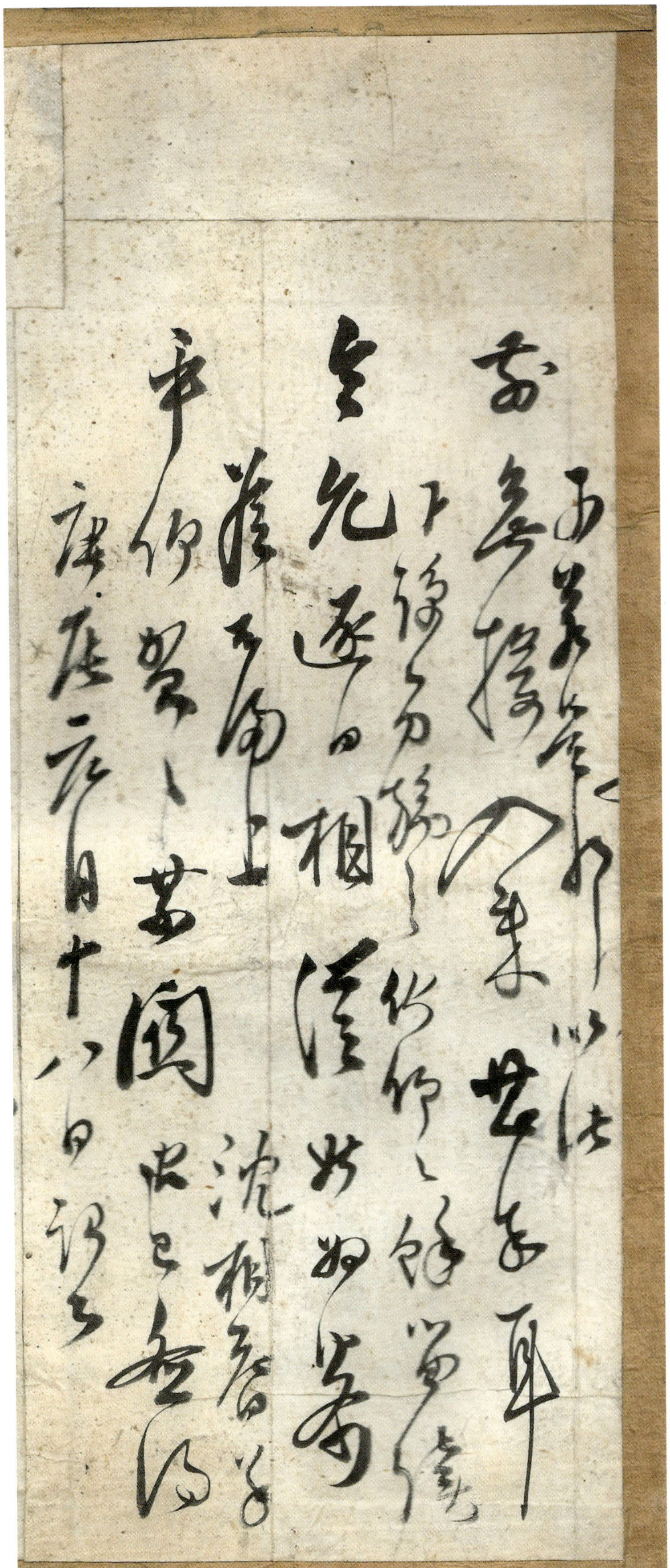

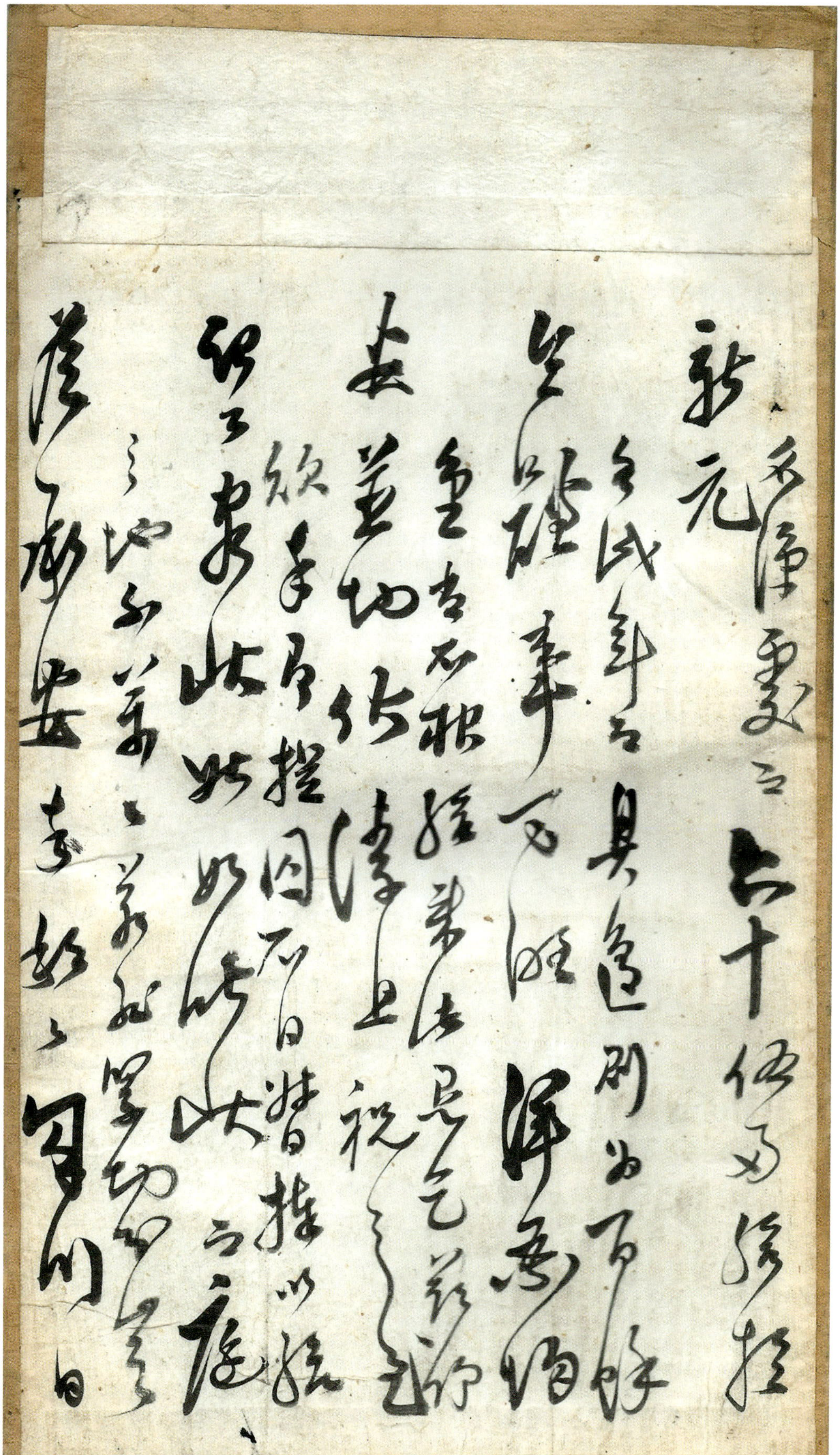

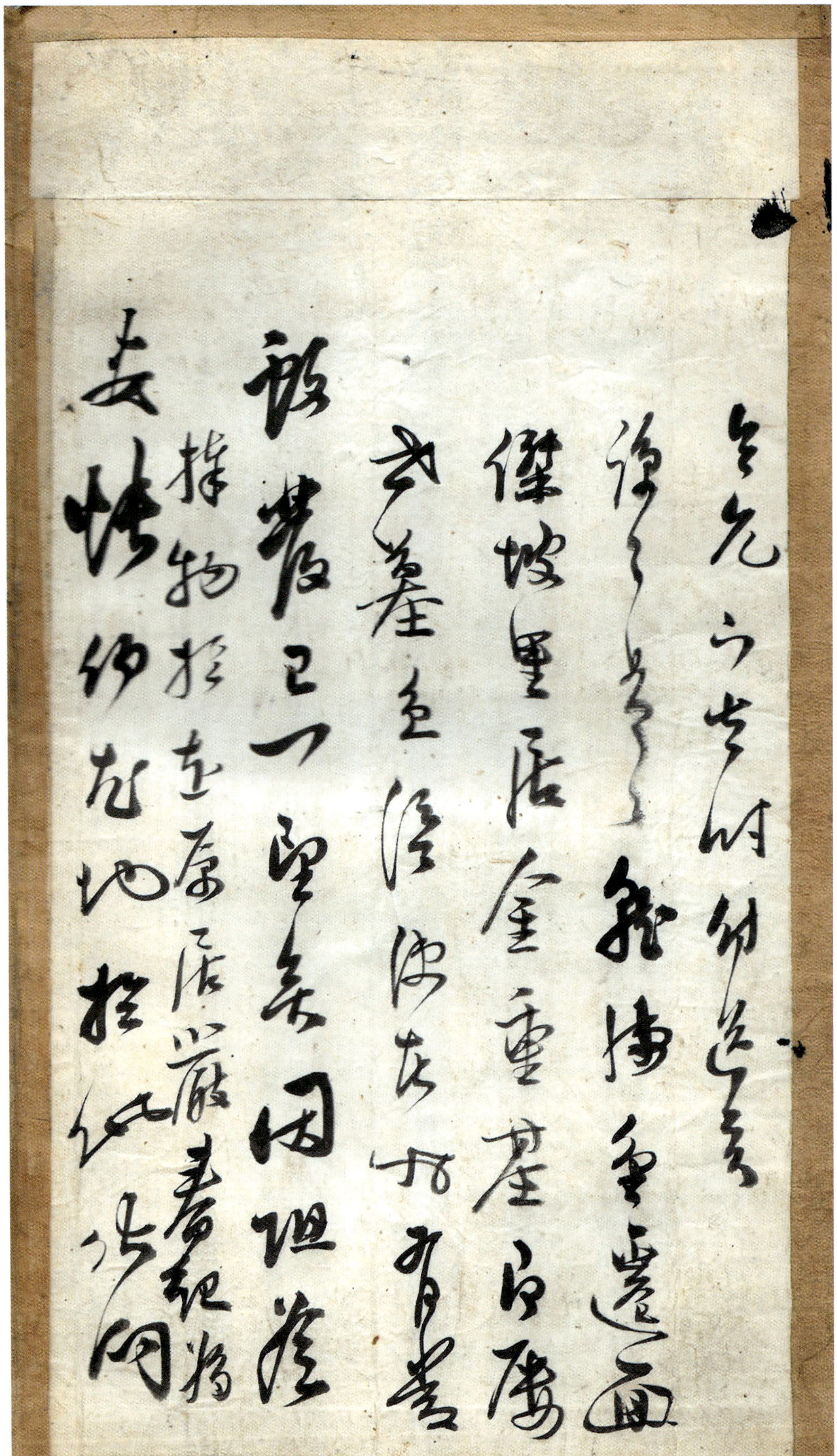

◆ 탈초와 독음

① 獻發 已一望矣 因阻候	헌발 이일망의 인조후
② 安悵仰 尤切於他 伏問	안창앙 우절어타 복문
③ 新元	신원
④ 令體事萬旺 渾衙均	영체사만왕 혼아균
⑤ 安 竝切伏溸且祝之至	안 병절복소차축지지
⑥ 記下 客狀 姑如昨狀 而庭	기하 객상 고여작상 이정
⑦ 候承安 幸私幸私 成川日	후승안 행사행사 성천일
⑧ 前 無擾入來 甚幸耳	전 무요입래 심행이
⑨ 令允 逐日相從 姑爲泰	영윤 축일상종 고위태
⑩ 平 仰賀仰賀 某關 間已圖得	평 앙하앙하 모관 간이도득
⑪ 令允下去時 付送矣	영윤하거시 부송의
⑫ 諒之如何 就悚金遷面	량지여하 취송금천면
⑬ 傑坡里居 金重基 卽屢	걸파리거 김중기 즉루
⑭ 世墓直 信使者也 有當	세묘직 신사자야 유당
⑮ 捧物於連原居 嚴春紀 將	봉물어연원거 엄춘기 장
⑯ 不謹處 而六十伍兩 給於	불근처 이육십오량 급어
⑰ 壬戌年 而具邊 則爲百餘	임술년 이구변 즉위백여
⑱ 金 尙不報給 來此懇乞 玆仰	금 상불보급 래차간걸 자앙
⑲ 煩幸 卽促囚不日 督捧以給	번행 즉촉수불일 독봉이급
⑳ 之地 千萬千萬 若非緊切 則豈	지지 천만천만 약비긴절 즉기
㉑ 可若是耶 以此	가약시야 이차
㉒ 下諒另施之 伏仰伏仰 餘留續	하량령시지 복앙복앙 여류속
㉓ 候 不備上	후 불비상
㉔ 庚辰 元月 十八日 記下	경진 원월 십팔일 기하
㉕ 沈相者 拜手	심상기 배수

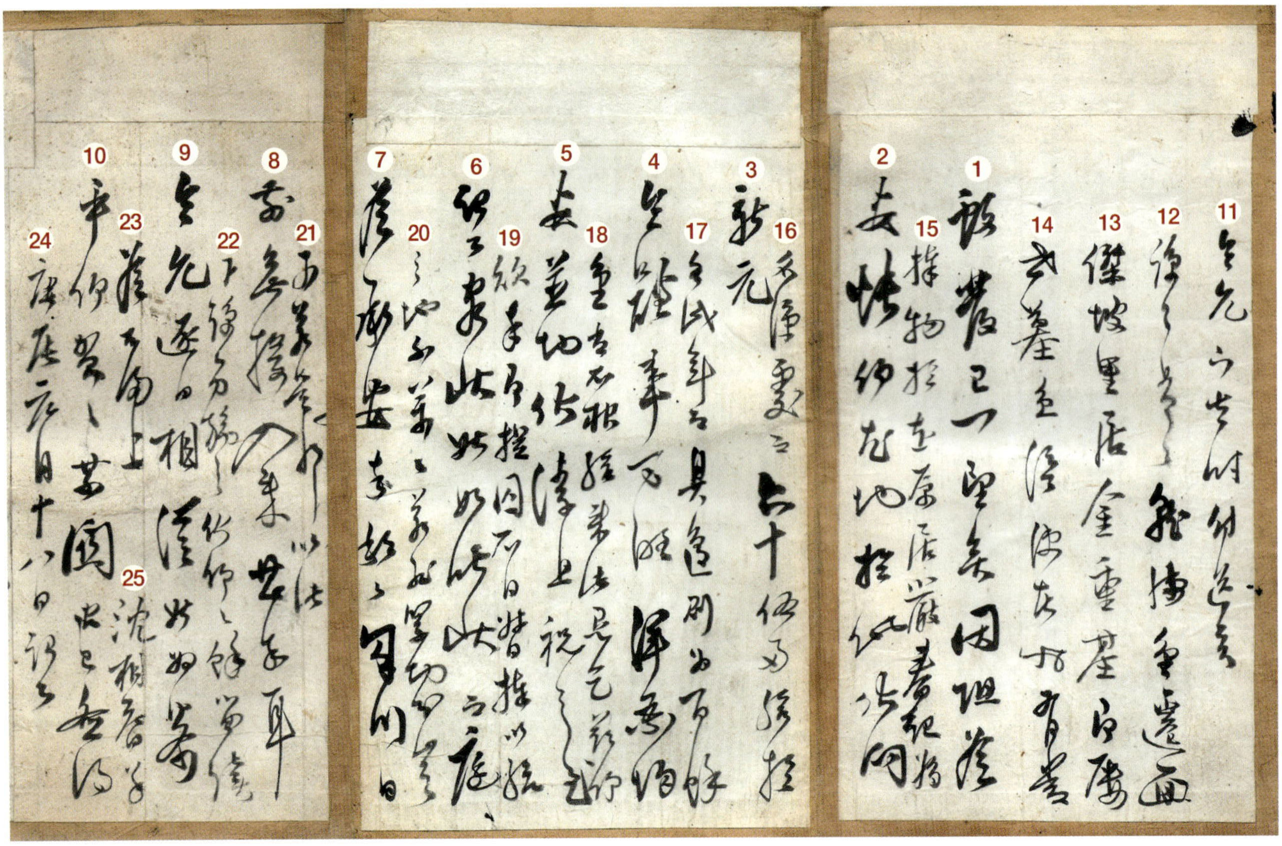

◆번역

해가 바뀐 지 벌써 보름이 되었는데, 소식이 막혀 서운한 마음은 다른 때보다 더욱 절실합니다. 새해 영감의 안부가 좋으시고, 모든 관청[衙門]은 다 편안하신지, 아울러 그립고 간절히 축원합니다.

저는[記下] 객지의 근황이 어제나 다름없고, 집안의 안부도 편안하다는 소식을 듣고 있으니, 사적으로 다행입니다.

성천成川으로는 일전에 별 탈 없이 잘 들어가셨다니 매우 다행입니다. 영감의 아드님[令允]과 날마다 만나는데, 우선 태평하게 지내니 축하드립니다. 모某 관문關文[1]은 그사이에 이미 계획대로 얻으셨는지요? 영감의 아드님이 내려갈 때 부쳐 보내겠습니다. 헤아려 주시는 것이 어떻습니까?

다름 아니라, 금천면金遷面[2] 걸파리傑坡里에 사는 김중기金重基는 여러 대代의 묘지기로 믿고 부릴 만한 사람입니다. 마땅히 연원連原[3]에 사는 엄춘기嚴春紀에게 봉물捧物을 해야 하는데, 장차 일처리에 근신하지 못하여 65냥을 임술년[1862]에 지급하였고, 구변具邊[4] 100여 금을 아직도 갚지 않아 저에게 와서 간청하기에 이렇게 말씀을 드립니다.

번거롭겠지만 곧바로 잡아 가두고, 며칠 내로 독촉하여 거두어들인 후 지급할 수 있도록 하시기를 천만 바랍니다. 만약 간절한 일이 아니라면 어찌 이렇게까지 하겠습니까? 이를 헤아려 특별히 베풀어 주시기를 바랍니다.

나머지는 남겨두고, 다음 편지에 전하기로 하고 이만 줄입니다.

경진년[1880] 1월 18일.

기하記下 심상기沈相耆는 두 손 모아 절합니다.

◆ 해제

경진년[1880] 1월 18일 당시 충청도 유생儒生 심상기沈相耆가 충주영장忠州營將 안정구安珽求에게 보낸 편지이다.

엄춘기嚴春紀에게 봉물捧物을 해야 하는데 그러지 못한 상황임을 알리고, 갚지 못한 사람을 잡아 가두어 독촉해 달라고 부탁하였다.

◆ 주석

1 관문關文 : 동등한 관서 상호 간이나, 상급 관서에서 하급 관서로 보내는 공문이다. 관關 또는 관자關子라고도 한다.

2 금천면金遷面 : 충청도 충주군忠州郡에 있던 옛 지명地名이다.

3 연원連原 : 역驛으로 지금의 충청북도 충주시忠州市 연수동連守洞 지역에 있었다. 연원도連原道의 중심이 되는 역이었다.

4 구변具邊 : 구본변具本邊의 준말이다. 본전과 이자를 합한 것으로, 구리具利 또는 병본리並本利라고도 한다.

金濟鳳
김제봉

조선 고종 때 관료로, 본관은 김해金海, 거주지는 충주忠州다.
1868년(고종 5) 원리문학관院吏文學官·부사맹副司猛, 1876년 울산감목관蔚山監牧官을 거쳐, 1877년 충청도 전의현감全義縣監 겸 청주진관병마절제도위淸州鎭管兵馬節制都尉를 지냈다.
그의 아들인 김장식(金章植, 1874~?)은 1888년(고종 25) 식년시式年試에 15세의 나이로 진사進士에 합격하였다.

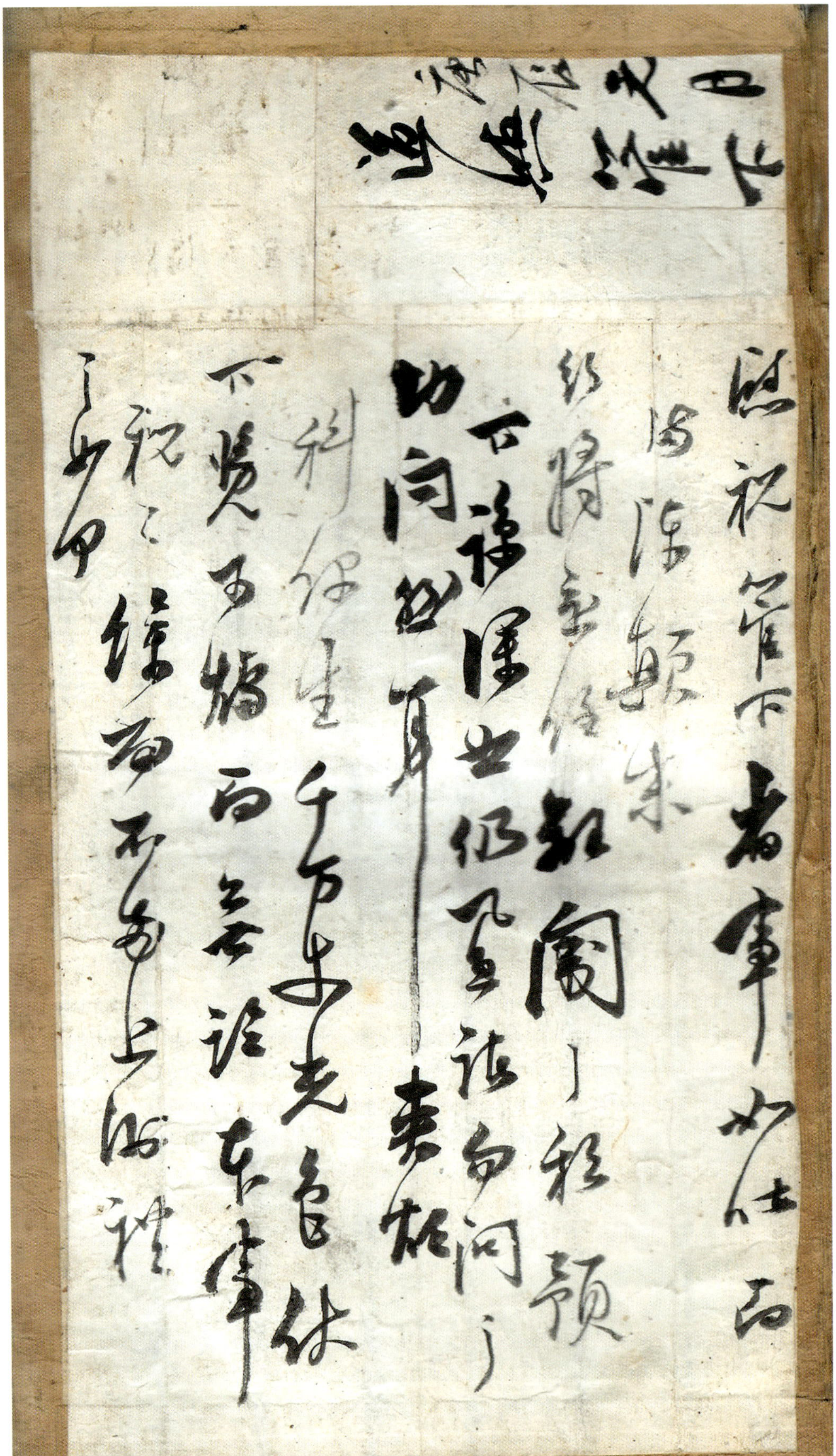

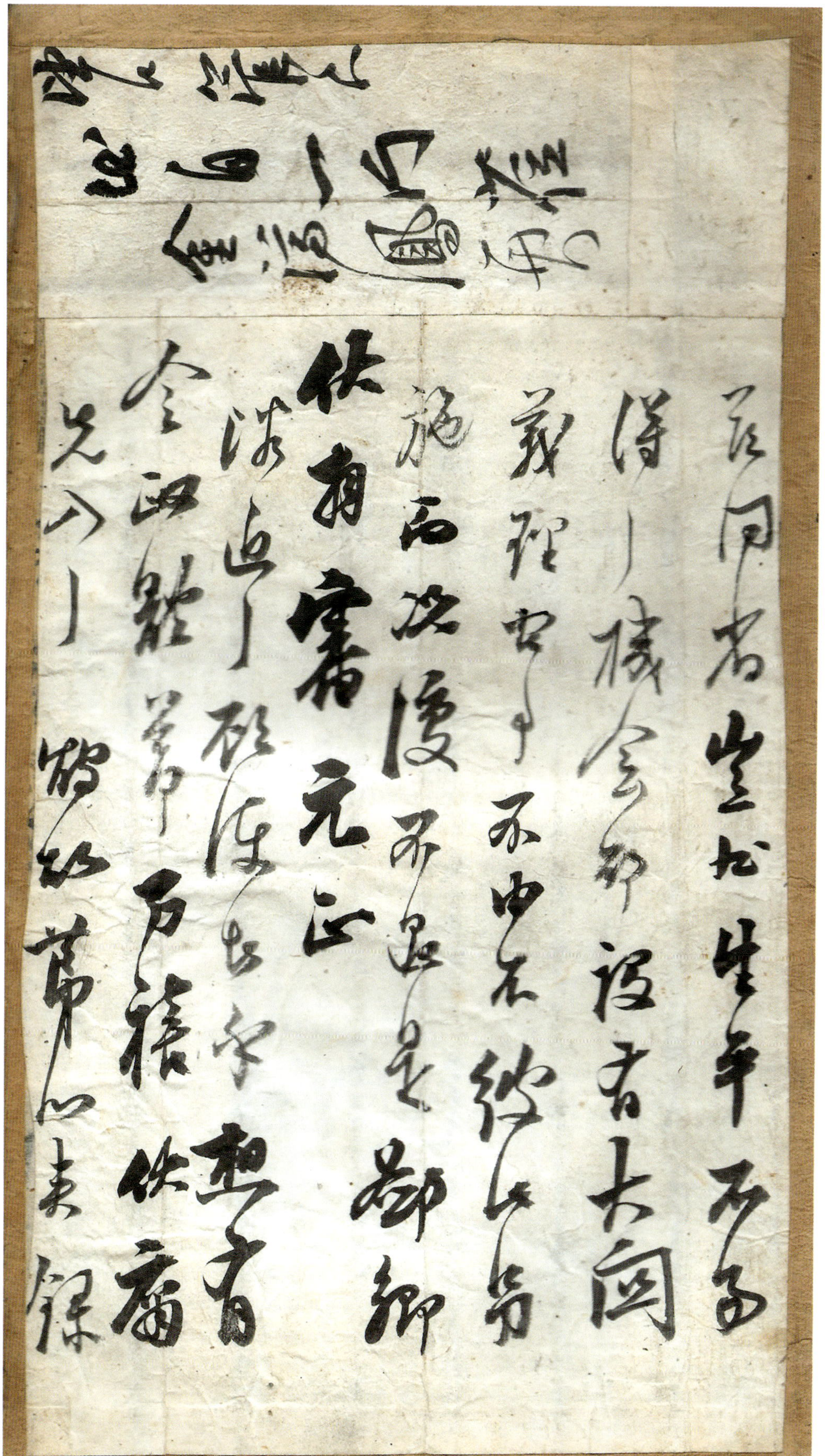

◆ 탈초와 독음

① 伏拜審元正	복배심원정
② 令政體節萬禧 伏庸	영정체절만희 복용
③ 慰祝 管下 省事如昨 而	위축 관하 성사여작 이
④ 行將還任 離闈之私 預	행장환임 리위지사 예
⑤ 切悶然耳 夾煩	절민연이 협번
⑥ 下覽可燭 而無論本事	하람가촉 이무론본사
⑦ 之如何	지여하
⑧ 道與管下 出自一門 莅	도여관하 출자일문 리
⑨ 玆同省 豈非生平不易	자동성 기비생평불이
⑩ 得之機會耶 設有大關	득지기회야 설유대관
⑪ 義理間事 不由不彼此另	의리간사 불유불피차령
⑫ 施 而況復不過是鄙鄕	시 이황복불과시비향
⑬ 隣近之顧護者乎 想有	인근지고호자호 상유
⑭ 先入之燭 故第以夾錄	선입지촉 고제이협록
⑮ 備陳顚末	비진전말
⑯ 下諒深曲 仍置諸勿問之	하량심곡 잉치제물문지
⑰ 科 俾生千萬丈光色 伏	과 비생천만장광색 복
⑱ 祝伏祝 餘留不備上謝禮	축복축 여유불비상사례
⑲ 庚辰 元月 望日 管下	경진 원월 망일 관하
⑳ 金濟鳳 再拜	김제봉 재배

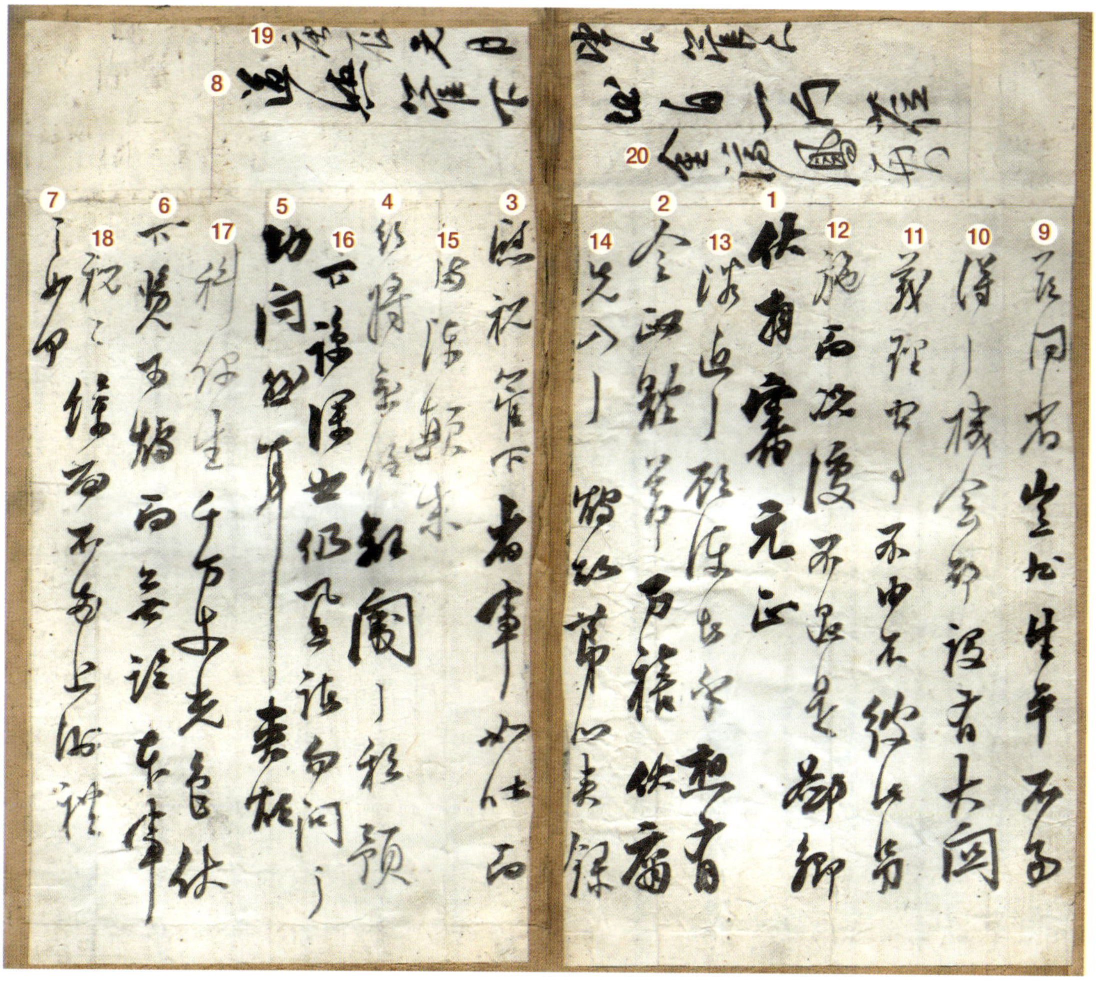

◆ **번역**

1월에 영감의 정사政事를 보는 안부가 좋으시다니, 위안이 되고 축원을 드립니다.

관할 구역[管下]에 있는 저는 부모님을 모시는 일이 어제와 같고, 행차가 장차 부임지로 돌아오니, 부모님을 떠나는 사사로운 마음은 미리부터 간절히 걱정됩니다.

협지夾紙[1]에 보내드린 것은 보아서 잘 아시겠지만, 본래의 일이 어떠한지는 따질 것도 없습니다. 도道의 관하管下에 있는 저는[2] 같은 문門에서 나와 같은 도[省]에 부임하였으니, 어찌 평소에 쉽게 얻지 못하는 기회가 아니겠습니까? 가령 크게 의리에 관계된 일이라면, 피차가 특별히 시행하지 않을 수 없을 것입니다. 더군다나 저의 고을과 인근 사람들을 보살피고 보호하는 데 불과한 일이라면 어떠하겠습니까?

이전에 받아보고 잘 아시겠지만, 협지에 처음부터 끝까지의 경위를 모두 갖추어 말씀을 드립니다. 헤아려 깊이 자세히 살펴보시고, 따지지 말아야 할 일로 치부하여 저로 하여금 천만 체면이 서게 하시기를 바랍니다.

나머지는 이만 줄이고, 답장의 예를 갖추지 않습니다.

경진년[1880] 1월 15일[望日].[3]

관하管下 김제봉金濟鳳은 두 번 절합니다.

◆ 해제

경진년[1880] 1월 15일 김제봉金濟鳳이 전의현감全義縣監[4] 겸 청주진관병마절제도위清州鎭管兵馬節制都尉[5]를 지낼 때, 충주영장忠州營將 안정구安珽求에게 보낸 편지이다.
의리에 관계된 일일 뿐 아니라, 자신의 고을과 인근 사람들을 보살피는 일에 관계된 것인 만큼 협지夾紙에 그 전말顚末[6]을 자세히 적었으니, 잘 처리하여 달라고 부탁하는 내용이다.

◆ 주석

1 협지夾紙 : 편지 속에 따로 끼워 넣어 전하는 쪽지, 또는 태지胎紙라고도 한다.

2 도道의 관하管下에 있는 저는 : 당시 발신자 김제봉은 전의현감이었고, 수신자 안정구는 충주영장이었다.

3 15일[望日] : 원문은 '望日망일'. 음력 보름날이나, 15일을 달리 이르는 말이다.

4 전의현감全義縣監 : 충청도 연기군 전의현全義縣의 수령으로 종6품 관직이다.

5 청주진관병마절제도위清州鎭管兵馬節制都尉 : 외관직으로 종6품 무관이다.

6 전말顚末 : 어떤 일이나 사건이 진행되어 온 처음부터 끝까지 경위를 이른다.

金濟鳳
김제봉

22
B

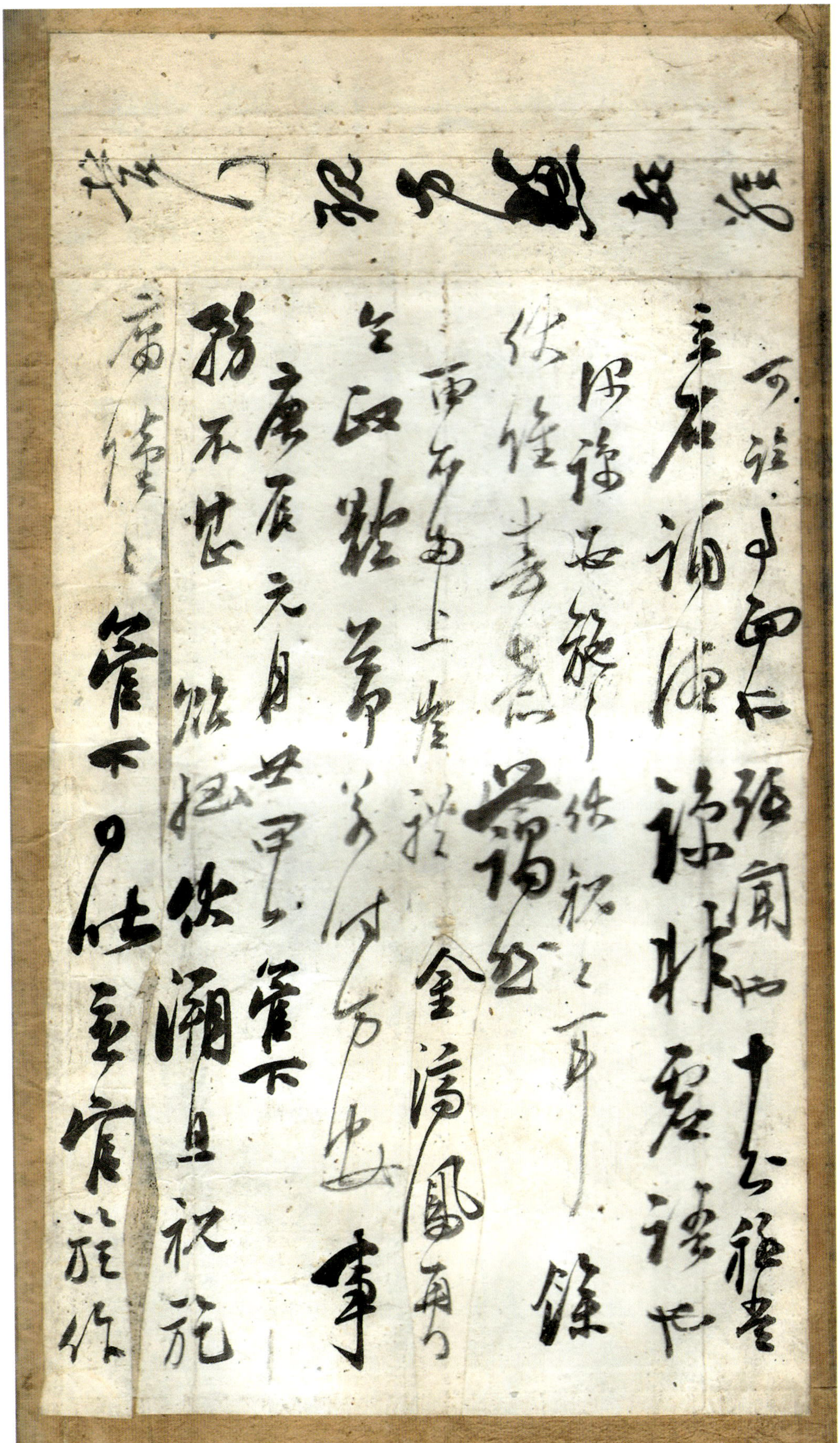

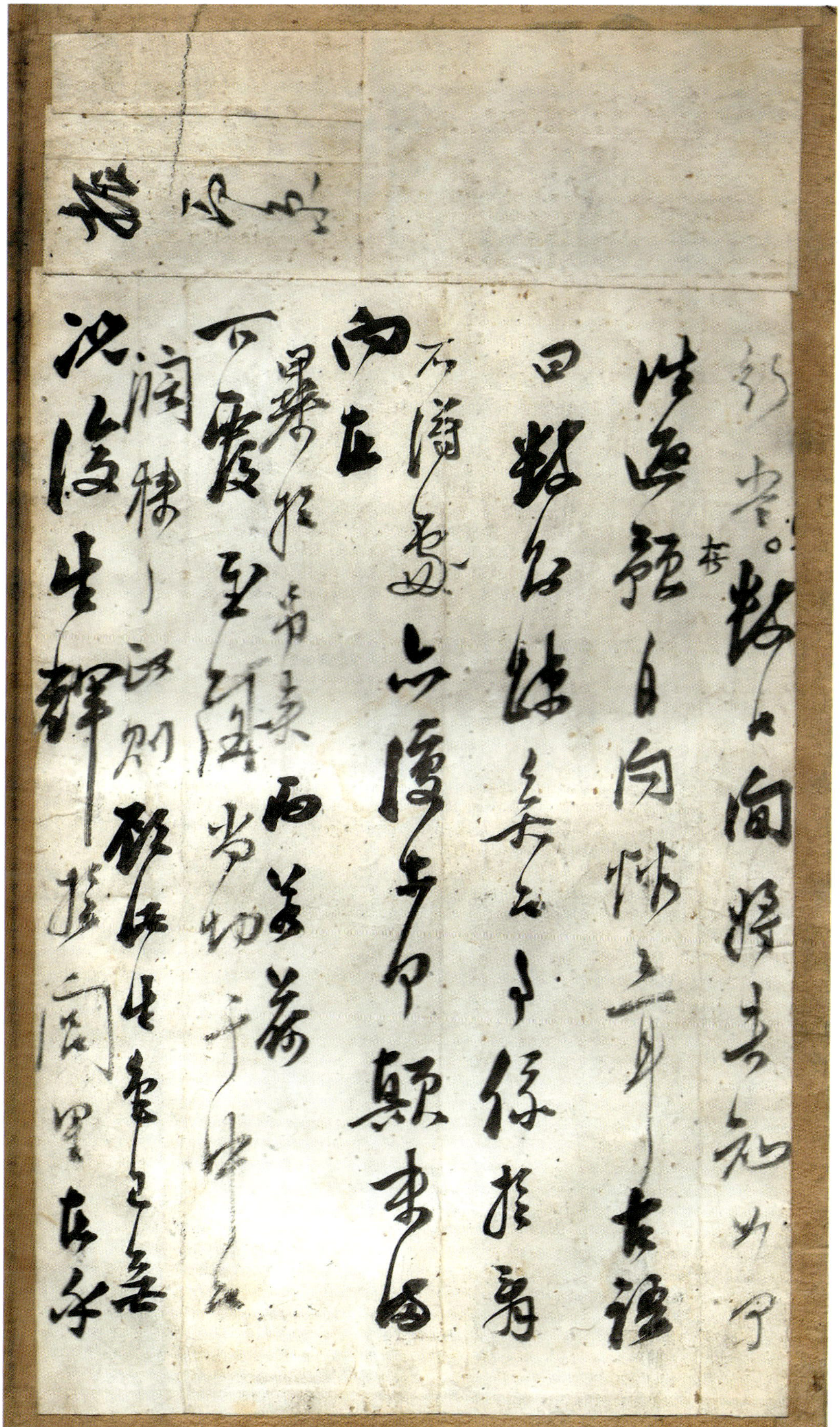

◆ 탈초와 독음

① 向者	향자
② 下覆慰問 尙切于中 而	하복위문 상절우중 이
③ 況復生輝於閭里者乎	황복생휘어여리자호
④ 立石誦德 諒非虛語也	입석송덕 량비허어야
⑤ 伏惟春意藹然	복유춘의애연
⑥ 令政體節 若是萬安 事	영정체절 약시만안 사
⑦ 務不甚貽惱 伏遡且祝 旋	무불심이뇌 복소차축 선
⑧ 庸憧憧 管下 日昨還官 旋作	용동동 관하 일작환관 선작
⑨ 營行 現方憊頓難振 而京	영행 현방비돈난진 이경
⑩ 行 當在數日間 將未知如何	행 당재수일간 장미지여하
⑪ 往返 預自悶憐悶憐耳 古語	왕반 예자민련민련이 고어
⑫ 曰 數則疎矣 而事係於辭	왈 삭즉소의 이사계어사
⑬ 不得處 亦復奈何 顚末 備	부득처 역부내하 전말 비
⑭ 暴於另夾 而若荷	폭어령협 이약하
⑮ 濶狹之政 則顧此生色 已無	활협지정 즉고차생색 이무
⑯ 可論 事面也 聽聞也 十分穩當	가론 사면야 청문야 십분온당
⑰ 深諒 必施之 伏祝伏祝耳 餘	심량 필시지 복축복축이 여
⑱ 留不備上候禮	유불비상후례
⑲ 庚辰 元月 卄四日 管下	경진 원월 입사일 관하
⑳ 金濟鳳 再拜	김제봉 재배

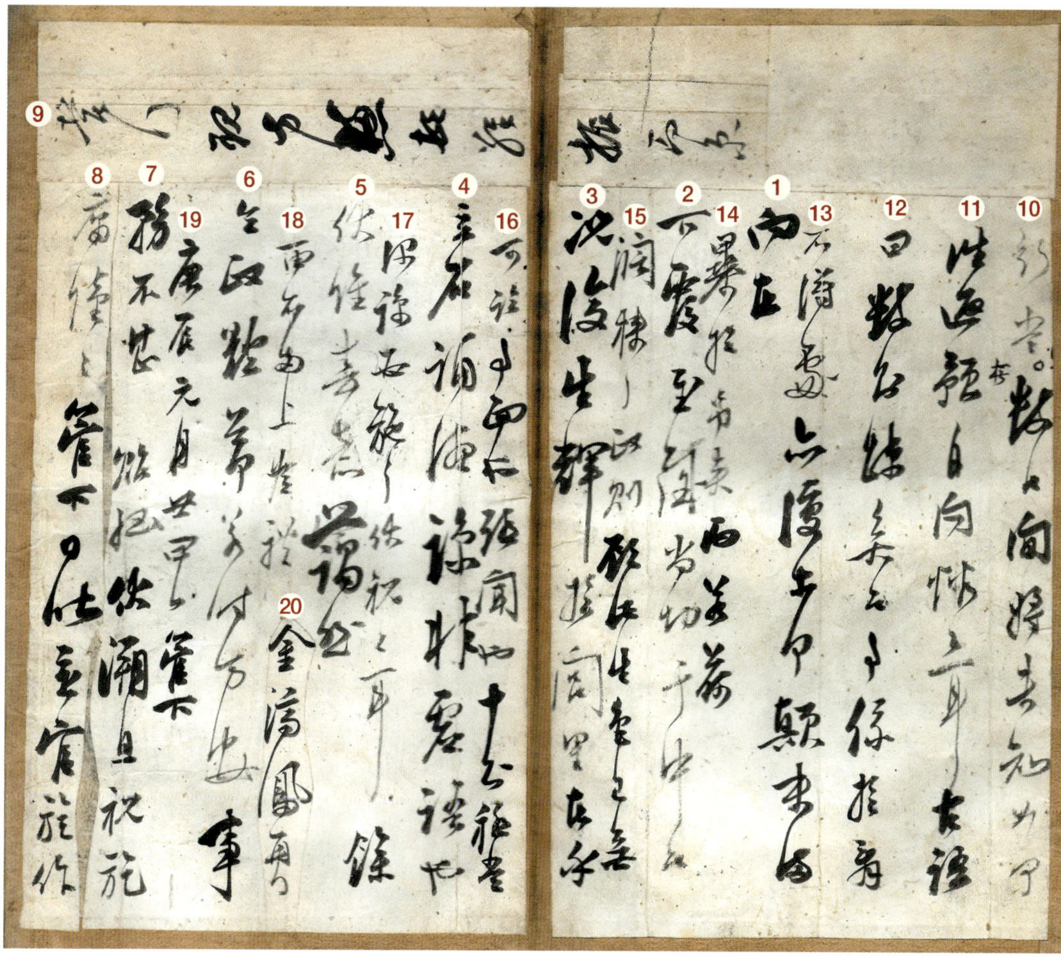

◆ 번역

지난번 보내신 답장에 위안되는 마음이 아직도 절실합니다. 더구나 다시 저의 마을에 빛이 나게 하셨으니, 어떠하겠습니까? 비석을 세워 덕을 칭송한다는 말이 참으로 빈 말이 아니었습니다. 봄이 한창입니다. 영감의 안부는 이렇게 편안하시고, 하시는 일로 번민하지 않으신다니, 간절히 그립고 축원을 드립니다.

관하管下에 있는 저는 어제 관官으로 돌아왔다가, 곧바로 진영鎭營으로 행차하였습니다. 그 바람에 지금 몸이 피곤하여 떨치고 일어나지도 못하고 있습니다. 서울 행차는 마땅히 수일 사이에나 있을 듯싶습니다. 장차 어떻게 갔다가 돌아올지 모르겠으니, 미리부터 스스로 가련할 뿐입니다.

옛말[古語]에 '너무 잦으면 소원疎遠해진다.'라고 하였습니다. 이 일은 사양하는 것에 관계된 일이라, 처신할 수가 없으니 다시 어찌하겠습니까? 전말顚末을 협지夾紙에 다 갖추어 두었으니, 만약 관대한 정사를 입게 된다면 이를 돌보아주십시오. 저의 체면이 서도록 하는 것은 말할 것도 없고, 일의 모양새나 들리는 소문에도 매우 온당할 것입니다. 깊이 헤아려 반드시 베풀어 주시기를 엎드려 바랄 뿐입니다.

나머지는 이만 줄이고, 안부의 예를 갖추지 않습니다.

경진년[1880] 1월 24일.

관하管下 김제봉金濟鳳은 두 번 절합니다.

◆ 해제

경진년[1880] 1월 24일 당시 김제봉金濟鳳이 전의현감全義縣監을 지낼 때, 충주영장忠州營將 안정구安珽求에게 보낸 편지이다.

자신은 관하에서 돌아와 곧바로 진영으로 행차하느라, 몹시 피곤하다는 소식을 전하였다. 또 자신이 부탁하고자 하는 내용을 협지에 적어 전하였으니, 잘 부탁한다고 하였다.

李明鉉
이명현
1827~1905

조선 후기 무관으로, 본관은 전주全州, 자는 덕민德民이다. 무선전관武宣傳官을 지낸 이주찬李周瓚의 아들이다.

1852년(철종 3) 정시무과庭試武科에 급제하였다. 북부참봉北部參奉을 초직初職으로, 1864년(고종 1) 수문장守門將, 1866년 부사과副司果, 1869년 북도본군北道本軍, 1873년 훈련주부訓鍊主簿를 거쳐, 1877년 도총도사都摠都事, 1883년 훈련판관訓鍊判官을 지냈다.

이어 민란民亂이 크게 일어났던 경상도 칠원현감(漆原縣監: 함안군)으로 1888년 부임하였다.

1905년 작고 후에 예식원좌장례(禮式院左掌禮: 종3품)로 증직贈職되어, 통덕랑(通德郎: 정5품)에서 통훈대부通訓大大로 품계가 올라가 사대부 반열에 들었다.

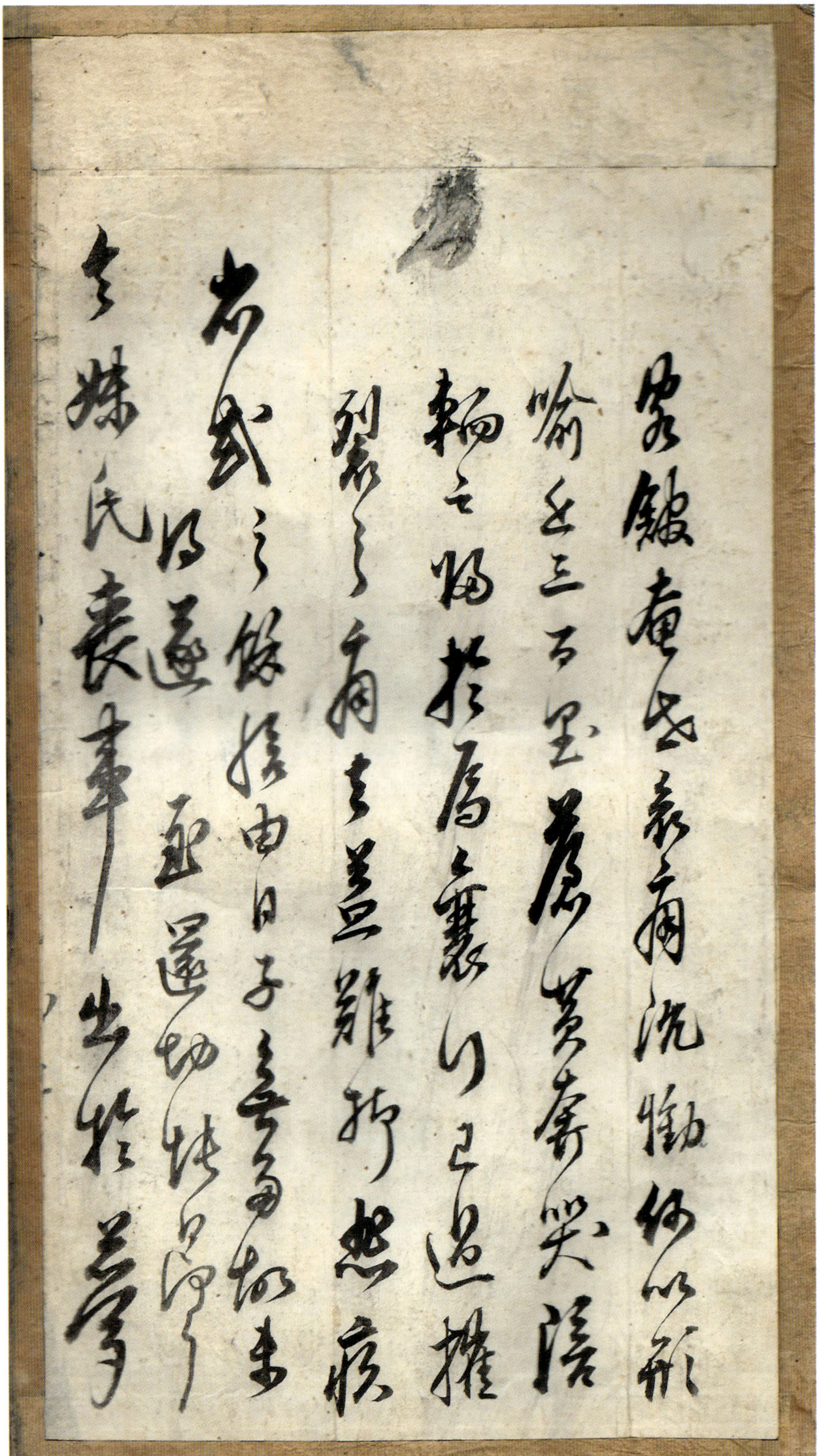

◆ 탈초와 독음

봉투

謹拜謝上	근배사상

본문

① 省式	생식
② 令妹氏喪事 出於夢	영매씨상사 출어몽
③ 想之外 驚怛之極 復夫何	상지외 경달지극 부부하
④ 言 伏惟	언 복유
⑤ 友愛加隆 割半之痛 何以	우애가융 할반지통 하이
⑥ 堪居 伏承	감거 복승
⑦ 先施 惠問悲慰 比來霜寒	선시 혜문비위 비래상한
⑧ 頓緊	돈긴
⑨ 令體持怡 連護萬重 仰慰	영체지이 연호만중 앙위
⑩ 溸區區 不任願祝 朞服人 記下門	소구구 불임원축 기복인 기하문
⑪ 運不幸 間遭舍仲喪變	운불행 간조사중상변
⑫ 客館奄世 哀痛沈慟 何以形	객관엄세 애통침통 하이형
⑬ 喩 近三百里 蒼黃奔哭 陪	유 근삼백리 창황분곡 배
⑭ 輀 而歸於爲襄行已過 摧	이 이귀어위양행이과 최
⑮ 裂之痛 去益難抑 悲疚	렬지통 거익난억 비구
⑯ 之餘 給由日子無多 故未	지여 급유일자무다 고미
⑰ 得遂慰 還切悵昻耳	득수위 환절창앙이
⑱ 餘悲擾不備謝上	여비요불비사상
⑲ 己卯 菊月 廿五日 朞服人 記下	기묘 국월 입오일 기복인 기하
⑳ 李明鉉 拜拜	이명현 배배

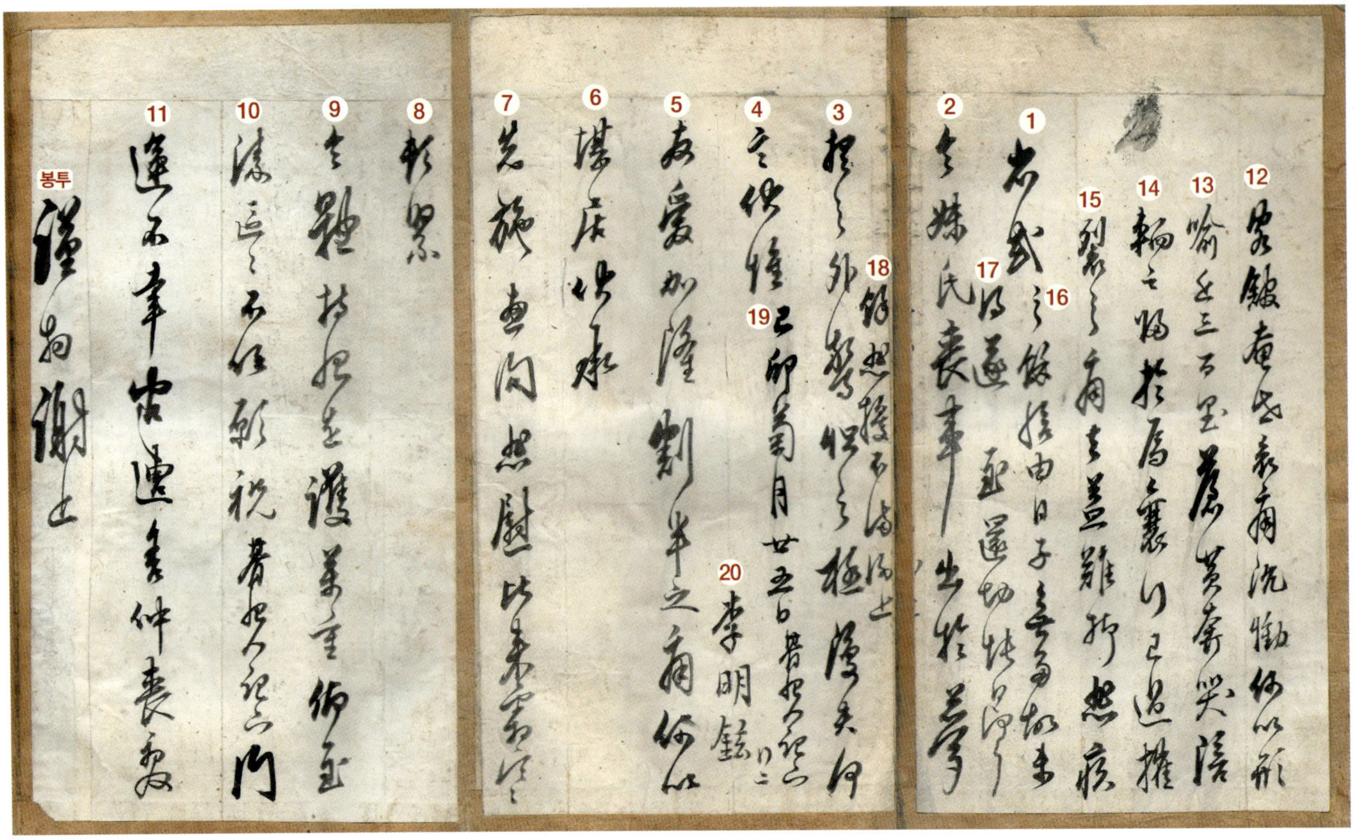

◆ 번역

봉투

삼가 절하고 답장을 올립니다.

본문

예는 생략합니다.[1]

영감 누이의 상례喪禮가 꿈 밖에서 발생하여, 놀랍고 걱정되는 지극한 마음을 어떻게 말로 하겠습니까? 우애가 더욱 좋으셨는데, 혈육血肉을 잃은 아픔을 어떻게 견디시는지요.

먼저 은혜로운 편지와 슬픈 위문의 편지를 잘 받았습니다. 요사이 서릿발 같은 추위가 갑자기 매서운데, 영감의 안부가 좋고 연이어 잘 계시다니, 간절히 위안됩니다. 또한 그립고 축원하는 마음을 이길 길 없습니다.

기복인朞服人[2]인 저는[記下] 집안이 불행합니다. 그간 둘째 형이 객지의 숙소에서 갑자기 세상을 떠났으니, 애통함을 어떻게 말로 표현하겠습니까?

300리 가까운 거리를 서둘러 달려나가 곡哭[3]을 하고, 상여[輀][4]를 모시고 장례를 치렀습니다. 그러므로 가슴 찢어지는 애통함은 갈수록 더욱 억누르기 어렵습니다.

비통한 나머지 휴가받은 날짜가 많지 않아, 마침내 영감을 위문하지 못하여 도리어 매우 서운합니다.

나머지는 슬프고 마음이 안정되지 않아, 갖추지 못하고 답장을 드립니다.

기묘년[1879] 9월[菊月][5] 25일.

기복인朞服人 기하記下 이명현李明鉉은 두 번 절합니다.

◆ 해제

기묘년[1879] 9월 25일 당시 이명현李明鉉이 도총도사都摠都事[6]를 지낼 때, 충주영장忠州營將 안정구安珽求에게 보낸 편지이다.

수신인의 누이가 세상을 떠난 일에 관하여 위문을 하고, 자신의 둘째 형이 객관客館에서 갑자기 세상을 떠나 상대에게 문상問喪을 가지 못한 미안한 마음을 전하였다.

◆ 주석

1 예는 생략합니다 : 원문은 '省式생식'. 상중喪中에 있는 사람이 편지를 보낼 때 쓰는 투식套式이다. '생례省禮', '생省', '생식언省式言' 등으로도 쓴다.

2 기복인朞服人 : 상중에 상제喪制가 입는 예복으로, 1년 복인 기년복朞年服을 입는 사람을 이른다.

3 곡哭 : 사람이 죽었을 때나 제사 때, 소리를 내며 우는 것을 곡한다고 한다.

4 상여[轜] : 원문 '轜이'. 상여 차, 또는 관棺을 싣는 수레를 말한다.

5 9월[菊月] : 원문은 '菊月국월'. 음력 9월을 달리 이르는 말이다.

6 도총도사都摠都事 : 오위도총부五衛都摠府의 종5품 관직이다.

李斗鉉
이두현
1828~?

조선 후기 무신으로, 본관은 용인龍仁이고, 거주지는 한양이다. 이재복李在馥의 아들이다.

1859년(철종 10) 증광감시增廣監試에 합격하였다. 이후 1866년(고종 3) 경기도 덕포첨사德浦僉使, 1873년 본청기사장本廳騎士將, 1874년 충청감영중군忠清監營中軍, 1875년 강원중군江原中軍을 제수받았다.

1877년부터 오위장五衛將을 거쳐, 1880년 12월 황해도 강령현감康翎縣監, 1881년 전라도 운봉현감雲峯縣監, 1884년 부호군副護軍, 1885년 충청도수군절도사忠清水使 겸 보령부사保寧府使 등 주로 외관직外官職을 역임하였다.

1887년에는 내금위장(內禁衛將: 종2품), 1888년 한성우윤漢城右尹·호군護軍에 이어 전라북도 여산부사礪山府使를 지냈다.

1882년(고종 19) 운봉현감을 지낼 때, 전북 남원시 운봉읍 화수리에 태조太祖 이성계(李成桂, 1335~1408)의 황산대첩荒山大捷 전황과 비각건립碑閣建立 취지가 기록된 화수산비각비花水山碑閣碑를 세웠다.

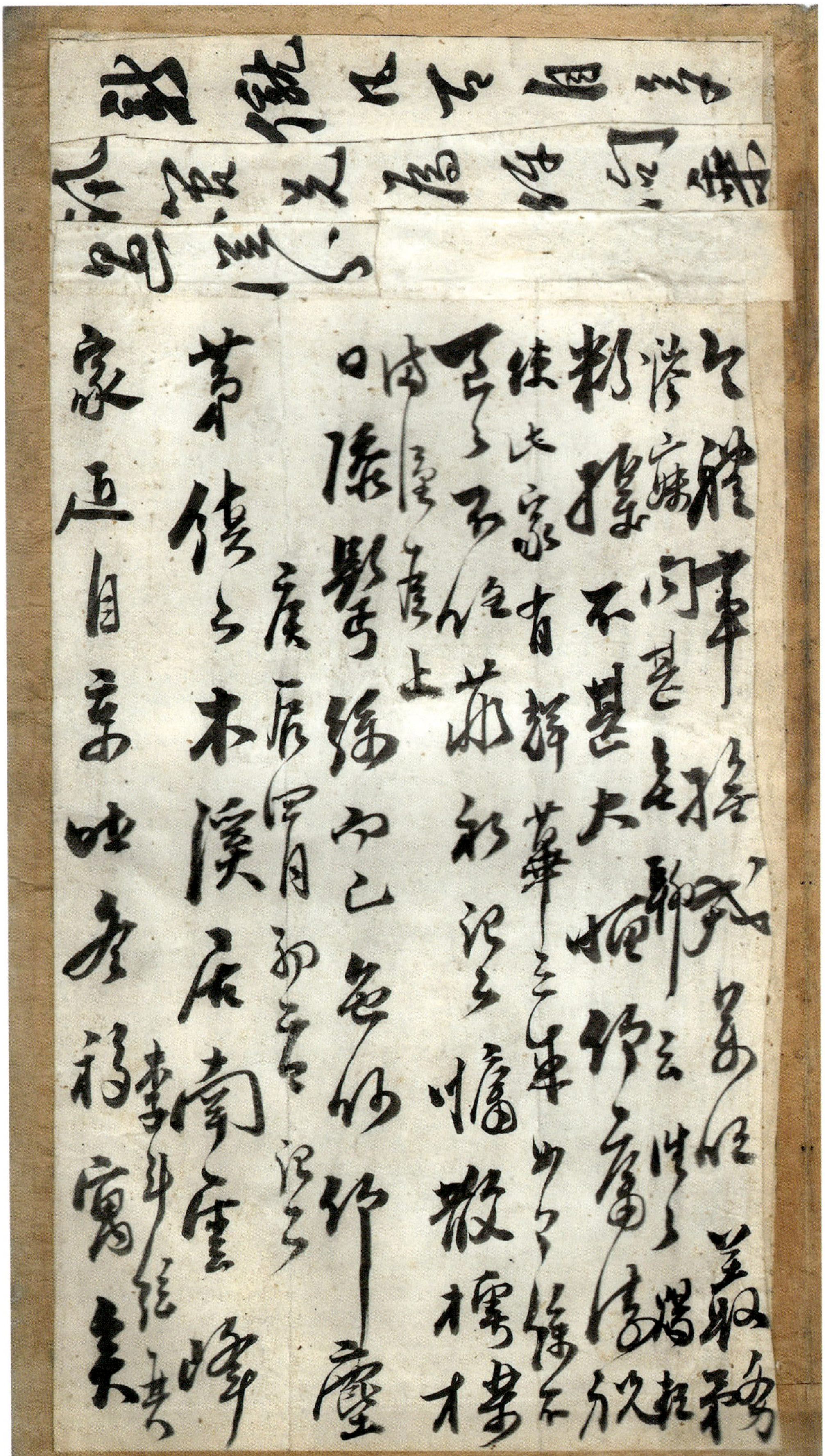

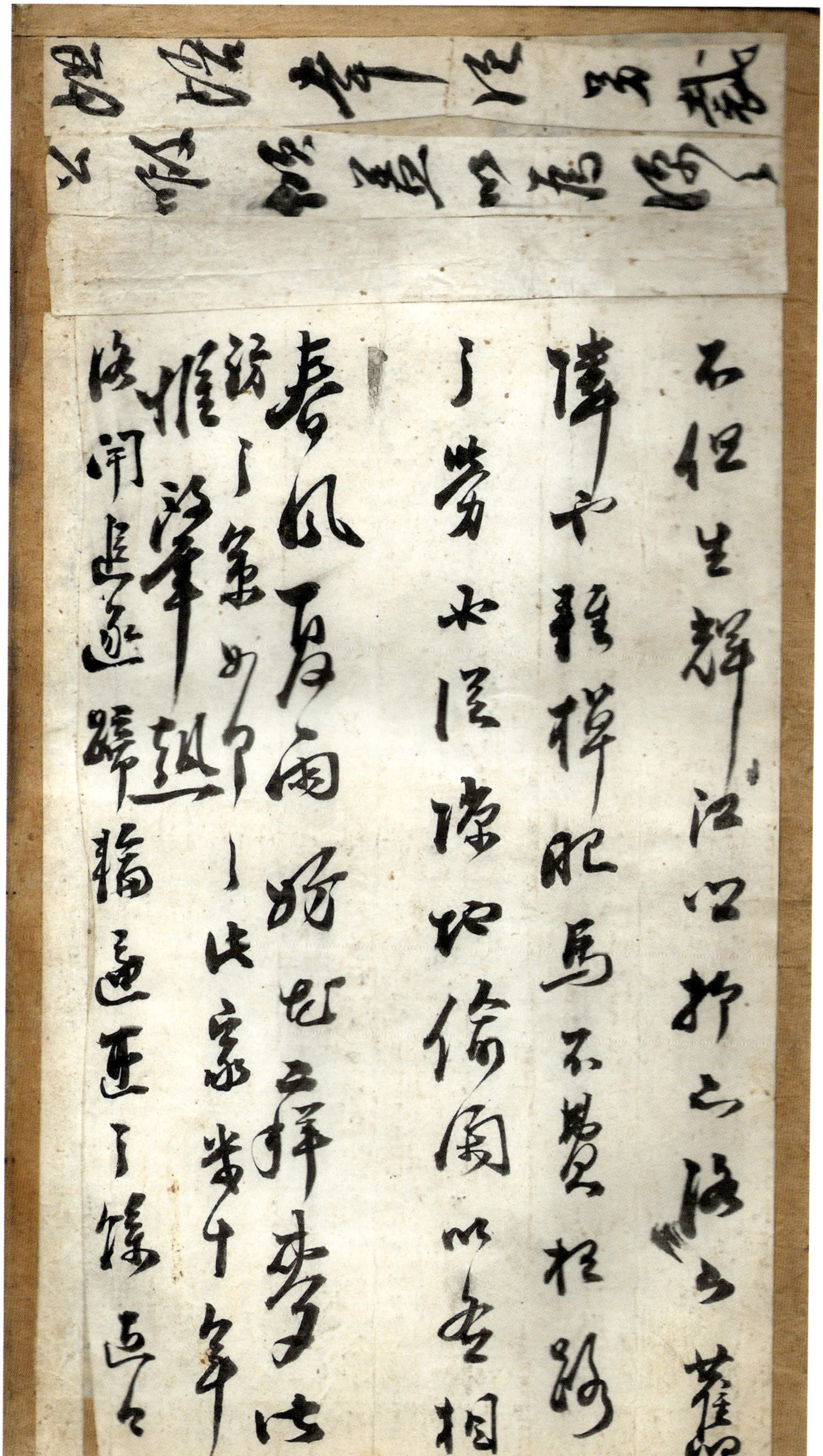

◆ 탈초와 독음

① 春風夏雨 妨花痒麥 伏	춘풍하우 방화양맥 복
② 惟肇熱	유조열
③ 令體事 撫戎萬旺 叢務	영체사 무융만왕 총무
④ 粉擾 不甚大腦 仰庸溸祝	분요 불심대뇌 앙용소축
⑤ 區區 不任菲私 記下 慵散樗櫟	구구 불임비사 기하 용산저력
⑥ 日添鬢絲而已 它何仰塵	일첨빈사이이 타하앙진
⑦ 第鎭下木溪居 南雲峰	제진하목계거 남운봉
⑧ 家近 自京 昨冬移寓矣	가근 자경 작동이우의
⑨ 新僦凡百 自多齟齬 幸須另裁	신추범백 자다저어 행수령재
⑩ 訊管 先爲伻問 乘公暇傾蓋 以爲源源	신관 선위팽문 승공가경개 이위원원
⑪ 過從 則	과종 즉
⑫ 不但生輝江鄉 抑亦洛下舊	부단생휘강향 억역낙하구
⑬ 隣也 輕掉肥馬 不費枉路	린야 경도비마 불비왕로
⑭ 之勞 必從隙地偸閑 以圖相	지로 필종극지투한 이도상
⑮ 訪之策 如何如何 此家幾十年	방지책 여하여하 차가기십년
⑯ 洛閈 追逐蹄輪遠近之餘 近日	낙한 추축제륜원근지여 근일
⑰ 涔寂 悶甚無聊云 往往燭夜	잠적 민심무료운 왕왕촉야
⑱ 使此家 有輝華之感 如何 統不	사차가 유휘필지감 여하 통불
⑲ 備謹候上	비근후상
⑳ 庚辰 四月 初二日 記下	경진 사월 초이일 기하
㉑ 李斗鉉 再拜	이두현 재배

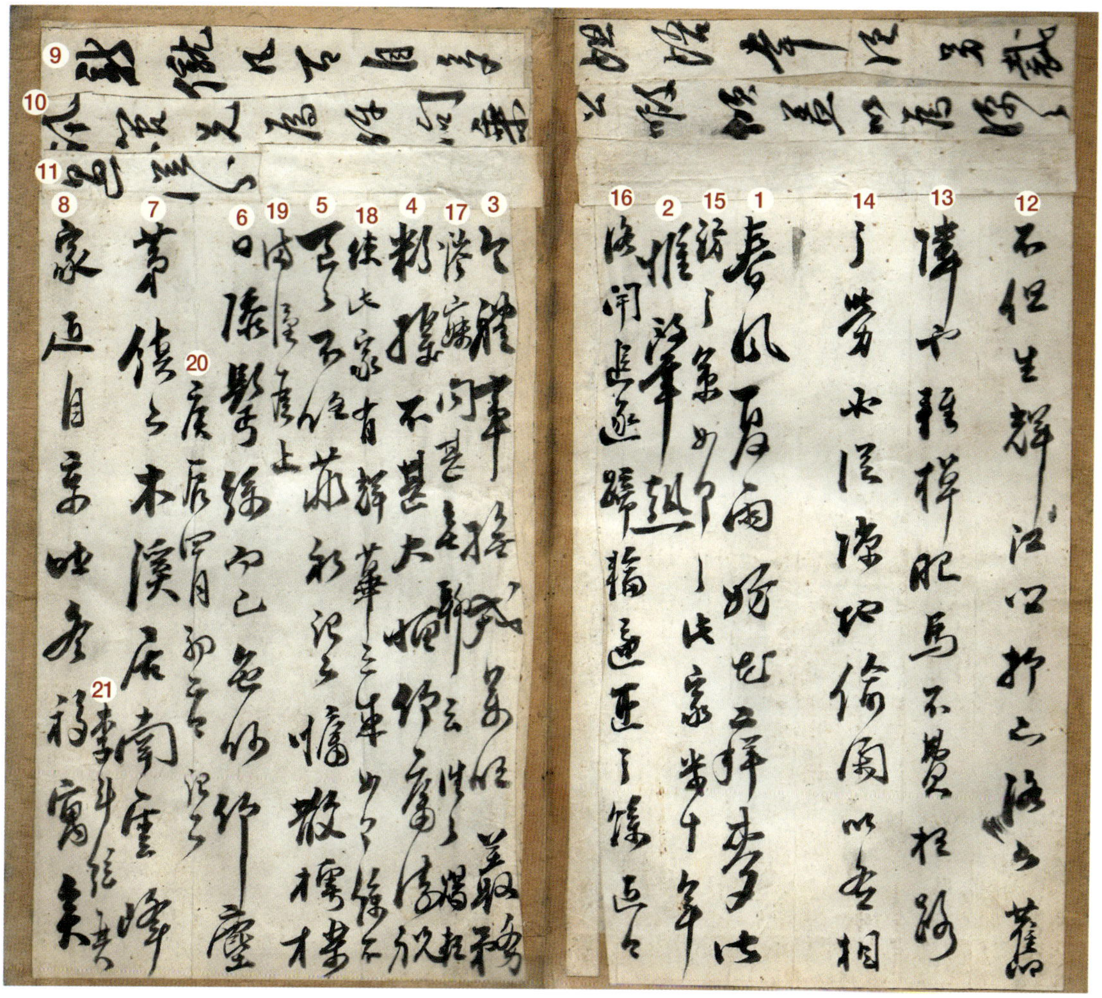

◆번역

봄바람과 여름비가 피는 꽃을 방해하고, 보리를 간지럽힙니다.

초여름에 영감의 무융撫戎하는 안부가 좋으시고, 몰려드는 번요한 일로 매우 골치 아프지는 않으시는지요? 우러러 그리운 저의 사사로운 마음을 감당할 수가 없습니다.

저는[記下] 보잘것없이 날로 귀밑머리만 희어질 뿐, 달리 무엇을 말씀드리겠습니까? 다만 진영鎭營의 목계木溪[1]에 사는 남운봉南雲峰[2] 집이 서울에서 근처로 지난겨울 이사를 하였습니다. 그런데 사람을 새롭게 고용하는 등 모든 일이 절로 많이 어긋나니, 특별히 재량하여 주시기 바랍니다.

먼저 안부를 묻고, 신경을 써주어 심부름꾼을 보내 문안하시면 좋겠습니다. 공무[公暇][3]하는 여가에 만나 끊임없이 사이좋게 지내신다면, 다만 강향江鄕[4]을 빛나게 할 뿐만 아니라, 서울에 살던 오랜 이웃까지 빛나게 할 것입니다.

살찐 말을 가벼이 타고 왕림하는 수고로움을 허비하지 마시고, 반드시 한가한 시간을 틈타 서로 방문하는 계획을 세우는 것이 어떠하십니까? 이 집은 거의 10년을 서울에서 수레를 타고 멀고 가까운 곳을 오가던 끝에, 요사이는 너무 고요하고 무료하여 걱정이라고 합니다.

자주 방문하여 밤을 밝혀, 이 사람의 집을 빛나게 하는 감사함이 있도록 하시는 것이 어떻습니까?

모두 갖추지 않고 편지를 드립니다.

경진년[1880] 4월 2일.

기하記下 이두현李斗鉉은 두 번 절합니다.

◆ 해제

경진년[1880] 4월 2일 당시 이두현李斗鉉이 오위장五衛將[5]을 지낼 때, 충주영장忠州營將 안정구安珽求에게 보낸 편지이다.

자신과 가까운 사람이 상대가 다스리는 관하 근처로 이사를 했으니, 가까이 지내면서 교유交遊하기를 바란다는 부탁의 사연이다.

◆ 주석

1 목계木溪 : 충주에 있는 고을 이름이다.

2 남운봉南雲峰 : 누구인지 분명하지 않다.

3 공무[公暇] : 원문은 '公暇공가'. 공무公務 중의 겨를이나, 공식적으로 관리가 얻은 휴가를 말한다.

4 강향江鄕 : 강을 끼고 형성되어 있는 마을을 두루 이른다.

5 오위장五衛將 : 오위도총부五衛都摠府에 딸려 오위五衛의 군사를 거느리던 장수로, 임금의 신임을 받는 관료 중에서 임명하였다. 품계는 종2품이다.

沈能灝

심능호

25

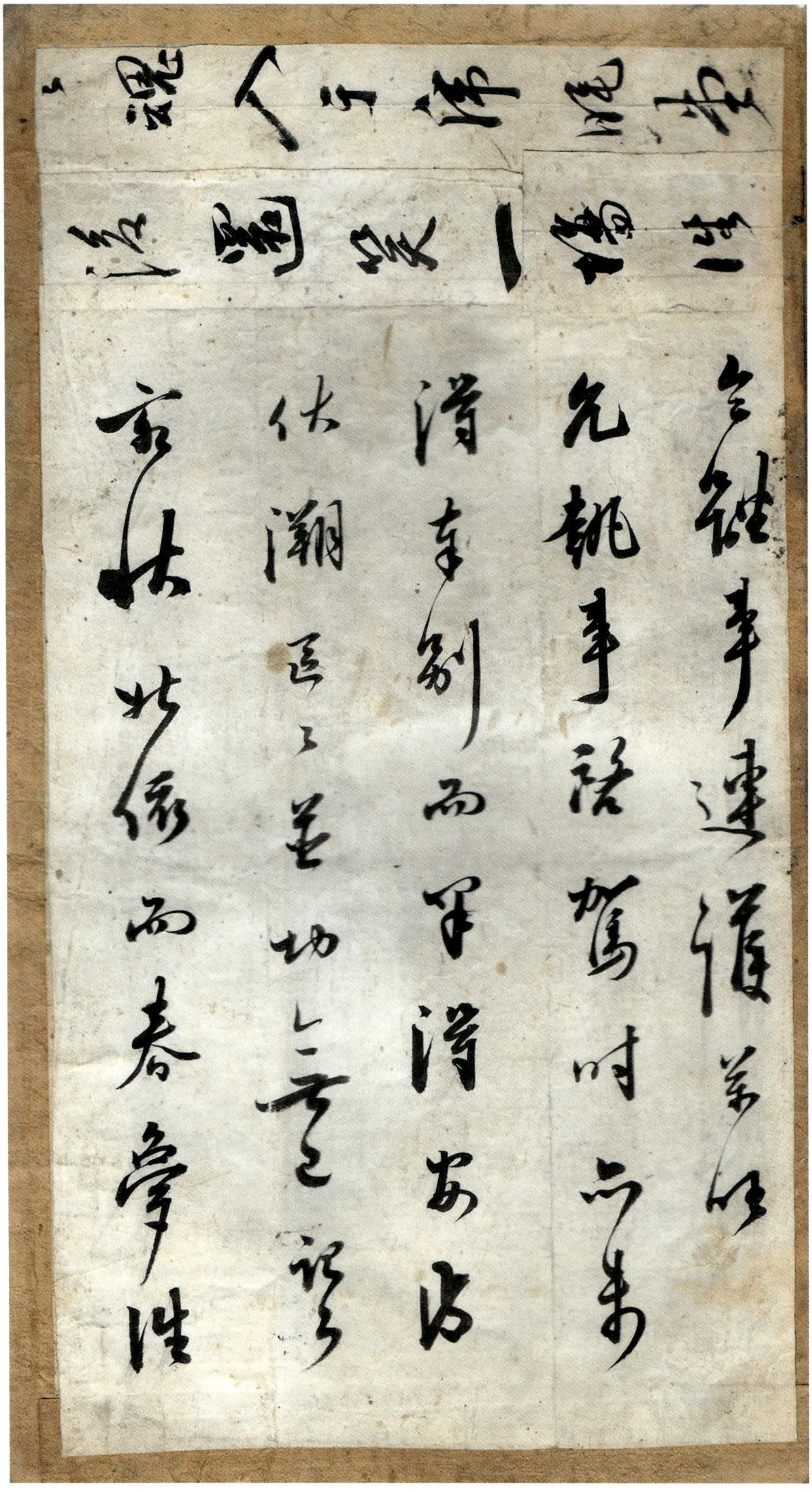

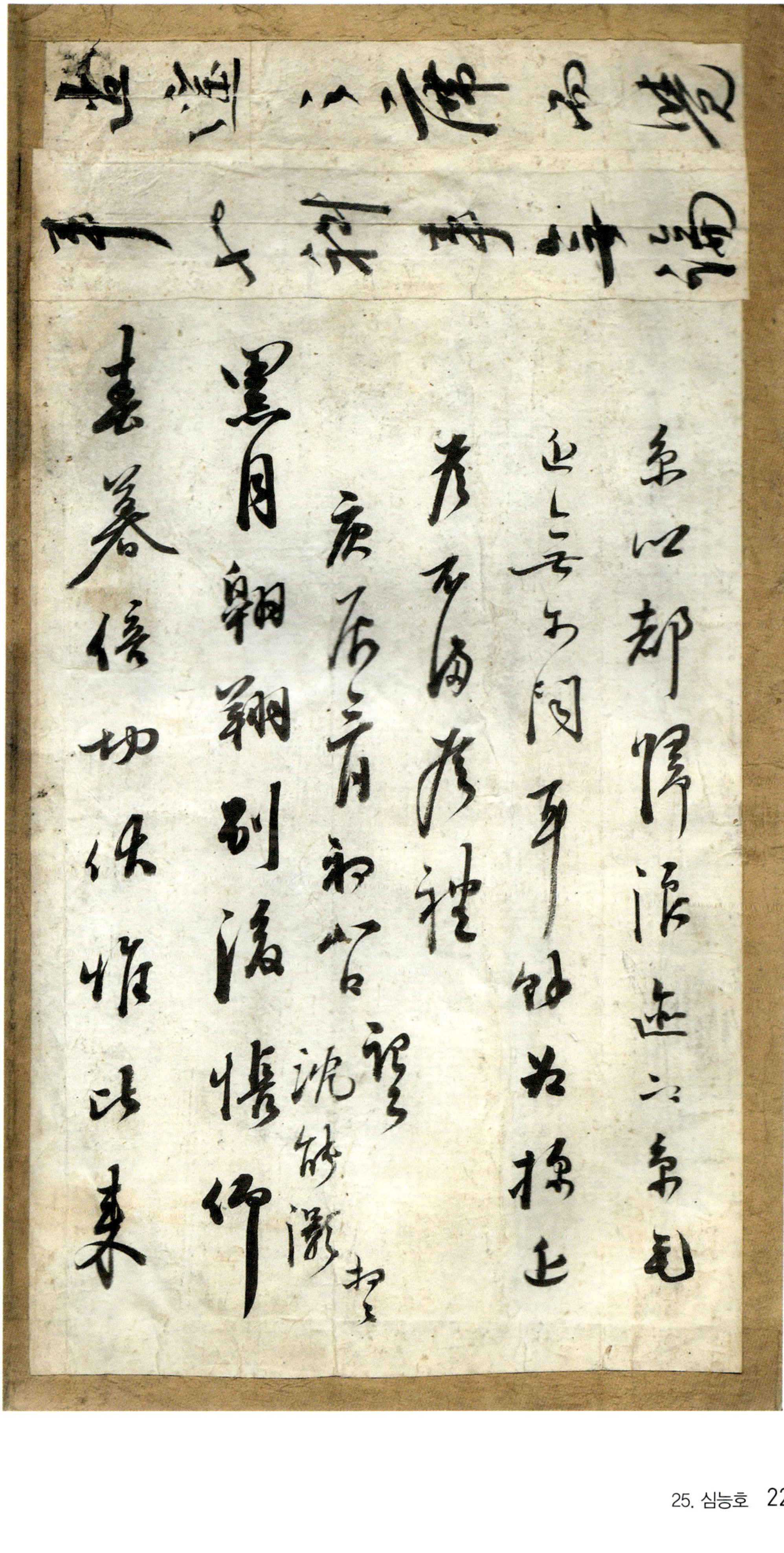

◆ 탈초와 독음

① 黑月翶翔 別後悵仰	흑월고상 별후창앙
② 春暮倍切 伏惟比來	춘모배절 복유비래
③ 令體事 連護萬旺	영체사 연호만왕
④ 允執事 啓駕時 亦未	윤집사 계가시 역미
⑤ 得奉別 而果得安侍	득봉별 이과득안시
⑥ 伏溯區區 竝切無已 記下	복소구구 병절무이 기하
⑦ 客狀如依 而春夢往	객상여의 이춘몽왕
⑧ 往魂入于虎旄堂逍遙之席 而覺	왕혼입우호모당소요지석 이각
⑨ 後還笑 一場往事也 科事無論	후환소 일장왕사야 과사무론
⑩ 京鄉 都歸浪迺 而京毛	경향 도귀낭이 이경모
⑪ 近無可聞耳 餘爲探近	근무가문이 여위탐근
⑫ 候 不備候禮	후 불비후례
⑬ 庚辰 三月 初八日 記下 沈能灝 拜拜	경진 삼월 초팔일 기하 심능호 배배

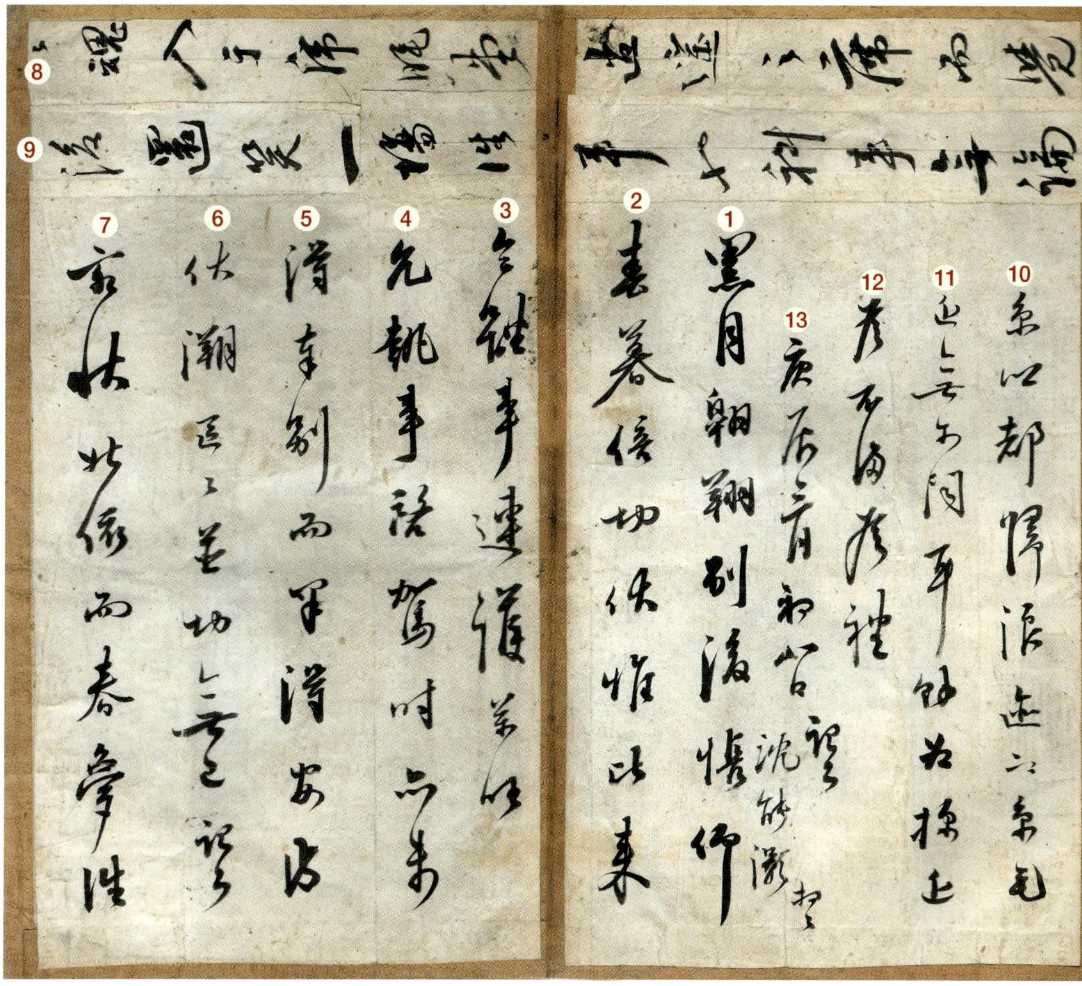

◆ 번역

검은 달이 떠도는데, 이별 후에 서운한 마음은 봄이 저물어 가니 배나 간절합니다.

요사이 영감의 안부는 연이어 좋으신지요? 집사執事인 영감 아드님이 실을 떠날 때도 이별[奉別]하지 못했는데, 과연 편안히 부모님 잘 모시고 계신지, 간절한 그리움을 마지못하겠습니다.

저의[記下] 객지 근황은 예나 다름없습니다. 봄 꿈속에 자주 호모당虎旄堂[1]으로 들어가 자리를 소요逍遙[2]하다가 깨고 나서는 도리어 웃으니, 한바탕 지난 일이었습니다.

과거시험은 서울이나 시골을 막론하고 별 소득이 없습니다. 서울 소식은 요사이 들은 것이 없습니다.

나머지는 가까운 시간에 안부를 탐문하기로 하고, 편지의 예를 갖추지 않습니다.

경진년[1880] 3월 8일.

기하記下 심능호沈能灝는 두 번 절합니다.

◆ 해제

경진년[1880] 3월 8일 당시 유생儒生인 심능호沈能灝가 충주영장忠州營將 안정구安珽求에게 보낸 편지이다.

자신은 객지에서 예나 다름없이 잘 지내고 있고, 꿈속에서 상대와 지냈던 일들을 꿈꾸며 그리워한다고 하였다. 또한 과거시험은 별 소득이 없다는 내용이다.

◆ 주석

1 호모당虎毦堂 : 어디인지 분명하지 않다.

2 소요逍遙 : 마음 내키는 대로 슬슬 거닐며 돌아다니는 것을 이른다.

丁若豊
정약풍

조선 고종 때 무신으로, 본관은 나주羅州다.
1872년(고종 9) 무과武科에 급제하였다. [羅州丁氏大宗會《龍虎榜目》引用]
오위도총부 오위장五衛將, 중추원 첨지僉知를 거쳐, 1876년 호위청 호위별장扈衛別將을 지냈다.
이후 1883년 평안중군平安中軍, 1884년(고종 21) 장의문張義文과 함께 절충장군折衝將軍 어영기사장御營騎士將을 제수받았다.

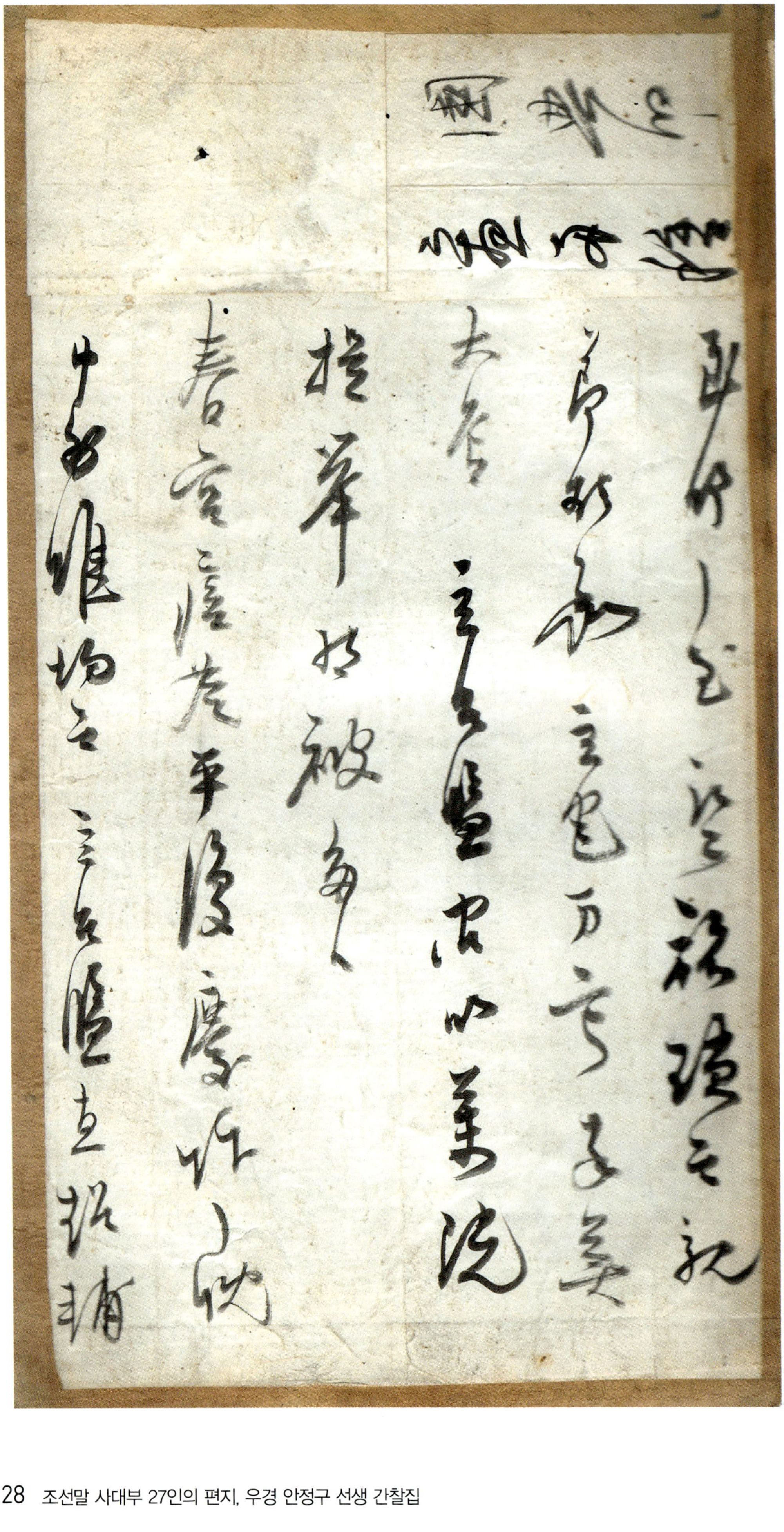

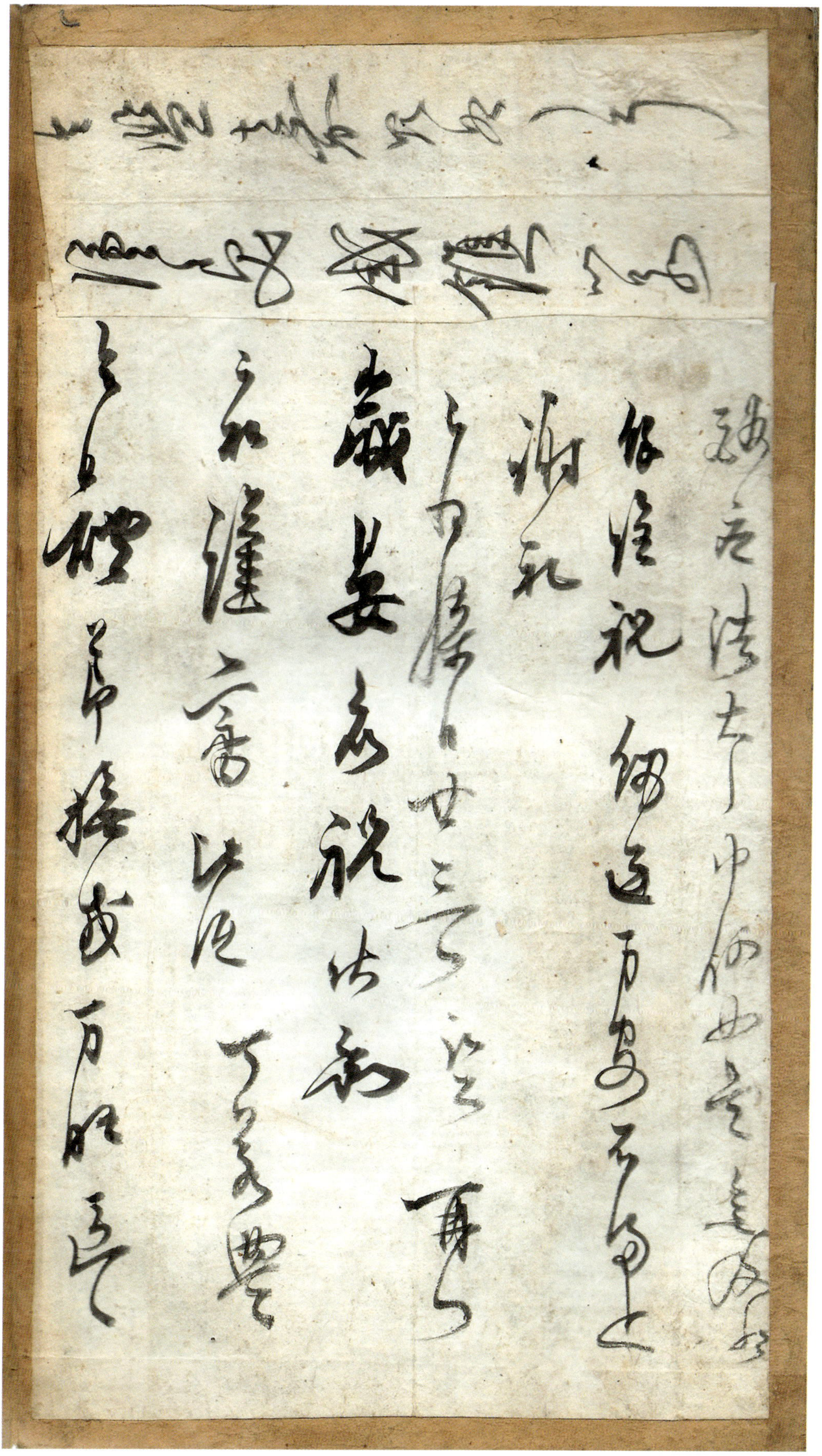

◆ 탈초와 독음

① 歲晏亦祝 伏承	세안역축 복승
② 下札 謹審比沍	하찰 근심비호
③ 令體節 撫戎萬旺 區區	영체절 무융만왕 구구
④ 慰仰之至 記下 旅瑣而親	위앙지지 기하 여쇄이친
⑤ 節姑 承主宅萬寧 幸矣	절고 승주택만녕 행의
⑥ 大焉 主台監 間以藥院	대언 주대감 간이약원
⑦ 提擧 持被多日	제거 지피다일
⑧ 春宮痘候平復 慶忭之忱	춘궁두후평복 경변지침
⑨ 中外惟均 而主台監 直超輔	중외유균 이주대감 직초보
⑩ 國 典的 令監嘉善爲之耳	국 전적 영감가선위지이
⑪ 下惠兩種 謹受感鐫 以若	하혜양종 근수감전 이약
⑫ 酬應浩大之中 何如是念及耶	수응호대지중 하여시념급야
⑬ 餘惟祝餞迓萬安 不備上	여유축전아만안 불비상
⑭ 謝禮	사례
⑮ 己卯 臘月 廿三日 記下 再拜	기묘 납월 입삼일 기하 재배
⑯ 丁若豊	정약풍

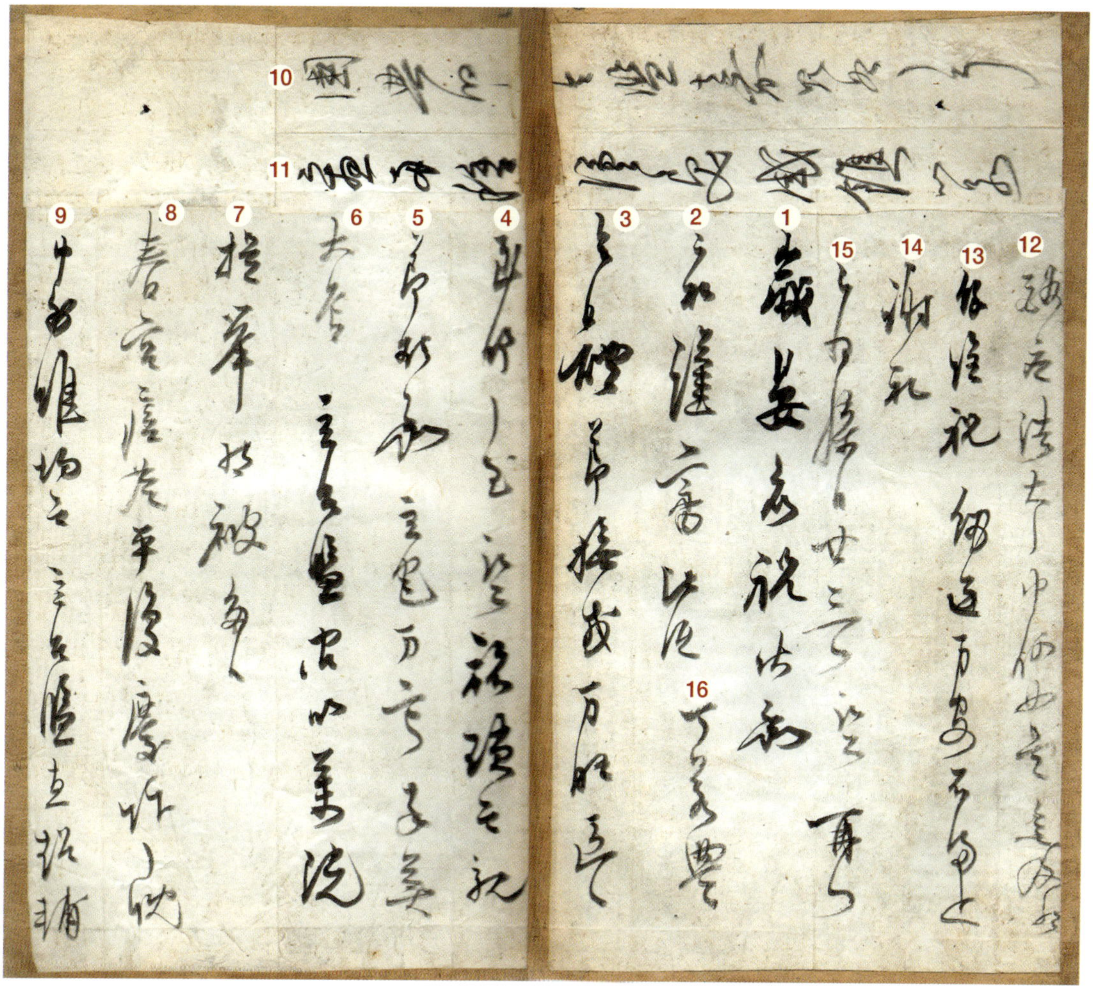

◆ **번역**

세모를 또한 축하드립니다. 보내신 편지를 받고, 요사이 추위에 영감의 무융撫戎하는 안부가 좋으시다니, 간절히 위안되는 마음 지극至極하였습니다.

저는[記下] 객지에서 가난하지만 부모님의 안부가 그럭저럭하고, 주인댁도 잘 계시니 다행입니다.

주인 대감大監[1]은 그사이에 약원제거藥院提擧로 여러 날 숙직을 하였는데, 세자[春宮]의 천연두가 회복되어 경사스러운 마음은 안팎이 마찬가지일 것입니다. 주인 대감은 벼슬이 곧바로 보국숭록대부輔國崇祿大夫[2]에 올랐는데, 나라의 법도로 치면 영감은 정확하게 가선嘉善[3]의 품계를 가진 사람이었습니다.

보내신 두 가지 물건은 감사한 마음을 가슴에 새겨 잊지 않겠습니다. 사람들을 응대하느라 바쁜 와중에 어찌 이렇게까지 염려하셨는지요?

나머지는 새해를 맞아 편안하시기를 빌며, 답장의 예를 갖추지 않습니다.

기묘년[1879] 12월 23일.

기하記下 정약풍丁若豊은 두 번 절합니다.

◆ 해제

기묘년[1879] 12월 23일 당시 정약풍丁若豊이 호위별장扈衛別將[4]을 지낼 때, 충주영장忠州營將 안정구安珽求에게 보낸 편지이다.

자신이 사는 집의 주인 대감이 약원제거藥院提擧로 숙직하면서, 왕세자(王世子: 훗날 순종)의 천연두를 치료하여 벼슬이 높아졌다는 사연을 전하였다. 또한 바쁜 와중에 상대가 보내준 선물에 대하여 감사의 뜻을 전하였다.

◆ 주석

1 주인 대감大監 : 조선 고종 때 문신인 민겸호(閔謙鎬, 1838~1882)를 이른다. 본관은 여흥驪興, 자는 윤익允益이다. 큰아들은 충정공忠正公 민영환閔泳煥, 둘째 아들은 민영찬閔泳瓚이다. 흥선대원군의 처남으로, 고종의 외삼촌이 된다. 명성왕후 민씨 세력의 중심인물로, 홍문관부제학·형조판서·병조판서·이조판서·무위도통사·예조판서·어영대장·한성부판윤·선혜청당상 등 요직을 두루 역임하고, 신식 군대인 별기군別技軍을 창설한 인물이다. 1879년 12월 21일, 고종은 왕세자(王世子: 훗날 순종)가 천연두에 걸렸다가 회복된 기념으로, 당시 약방제조藥房提調, 藥院提擧인 그의 공로를 인정하여 '종2품 가선대부'에서 '정1품 보국숭록대부'로 특별히 품계를 올려 주었다. 이후 1882년(고종 19) 6월 10일 임오군란 때, 창덕궁 중희당重熙堂에서 난군에 피살되었다. 영의정에 추증되었고, 시호는 충숙忠肅이다. [《승정원일기》 고종 16년 12월 21일 기사 참조]

2 보국숭록대부輔國崇祿大夫 : 정1품 문무관의 벼슬이다. 고종 2년(1865)부터 문무관, 종친, 의빈儀賓의 품계로도 함께 사용하였다.

3 가선嘉善 : 가선대부嘉善大夫의 약칭으로, 종2품 하계下階 문관의 벼슬이다.

4 호위별장扈衛別將 : 국왕의 친위군(親衛軍: 대통령 경호실)으로 조직된 호위청의 정3품 당상군관이다.

沈胤澤
심윤택

조선 고종 때 유생이다. 본관은 청송青松이고, 자는 조경祚卿이다. 송병선宋秉璿의 문인門人으로, 호는 석포石圃다. 포침랑圃寢郞이라 부르기도 한다.

그는 1905년 5월 15일 김재철金在喆의 뒤를 이어, 종9품 벼슬인 정릉참봉(靖陵參奉: 서울 강남구 삼성동 소재 中宗의 능참봉)에 임용되었으나, 다음 날 다시 김재철에게 물려주고 의원면직하였다. [《승정원일기》 1905년 5월 15일~5월 16일 기사]

이후 1900년대 초에 후학을 가르치기 위해 낙향하였다. 동생 심종택沈宗澤과 함께 전남 곡성군 겸면 칠봉리에 강학당講學堂으로 천연정天淵亭 정각亭閣을 세우고, 시詩를 남겼다. 현판懸板은 조선 말기 문신이며 명필인 석촌石邨 윤용구(尹用求, 1853~1939)가 썼다.

내환정(大還亭: 서당) 뜰 가 새로 지은 집
천연정天淵亭에만 내 성정을 맡기리
거울을 닦은 지 여러 해이니 오히려 가려진 것 후회하고
구름을 헤쳐 어느 날 높고 밝음을 볼까나
일백 가구 촌의 왼편에서 떠들기도 어려운데
한 강물 위의 누대가 높아 맑음을 감당 못하노메라
풍월風月은 옛고향에서 끝이 없으니
미혹함을 좇는 남은 인생에 맡기면 해되지 않으리

그의 스승 송병선(宋秉璿, 1836~1905)은 조선 말기 유학자로, 본관은 은진恩津이다. 여러 관직에 천거되었으나 나가지 않았고, 1905년 을사늑약에 통분하여 음독 자결하였다. 건국훈장 독립장이 추서되었고, 시호는 문충文忠이다. 대표적 친일파인 정미칠적丁未七賊 송병준宋秉畯과는 친척 형제간이다.

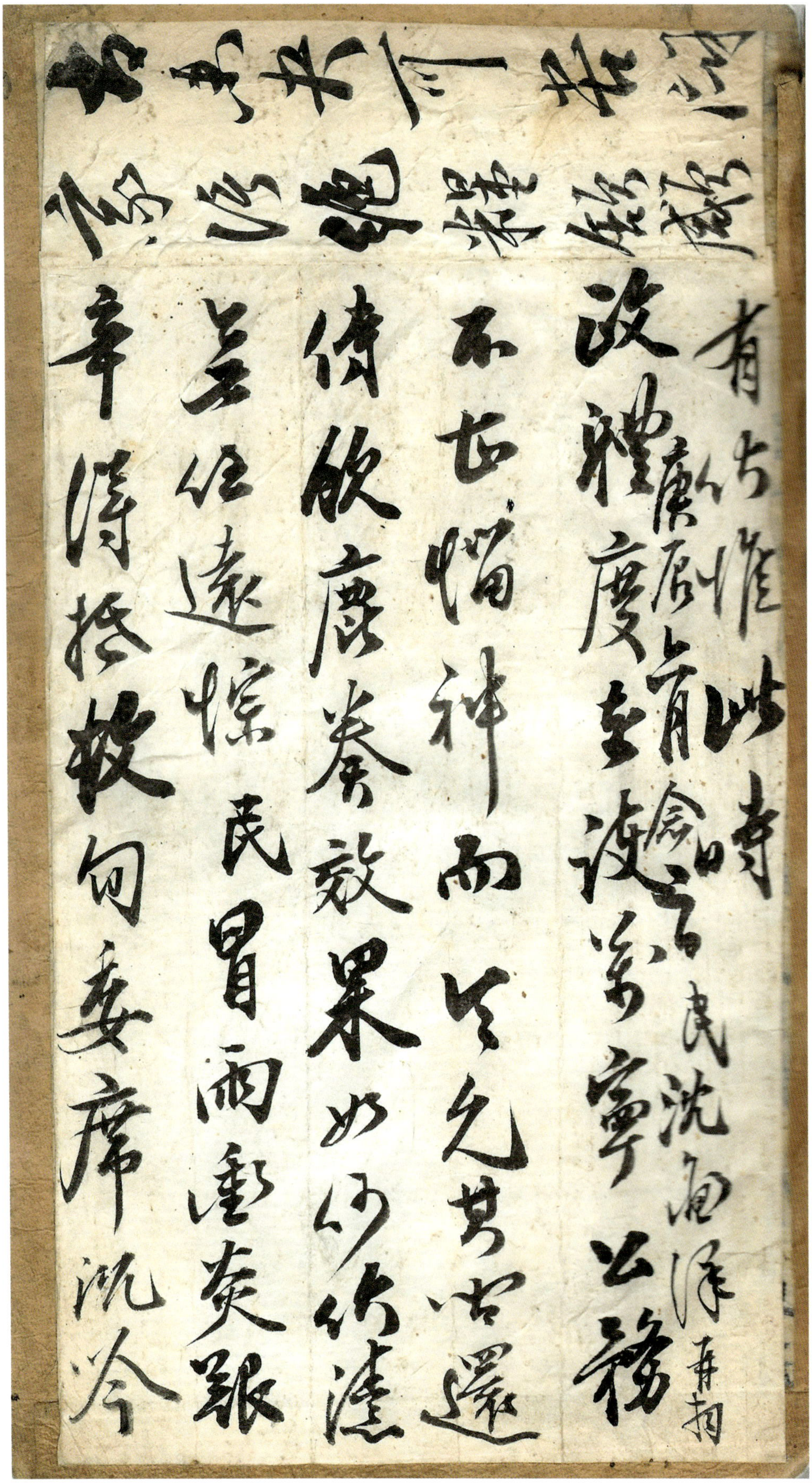

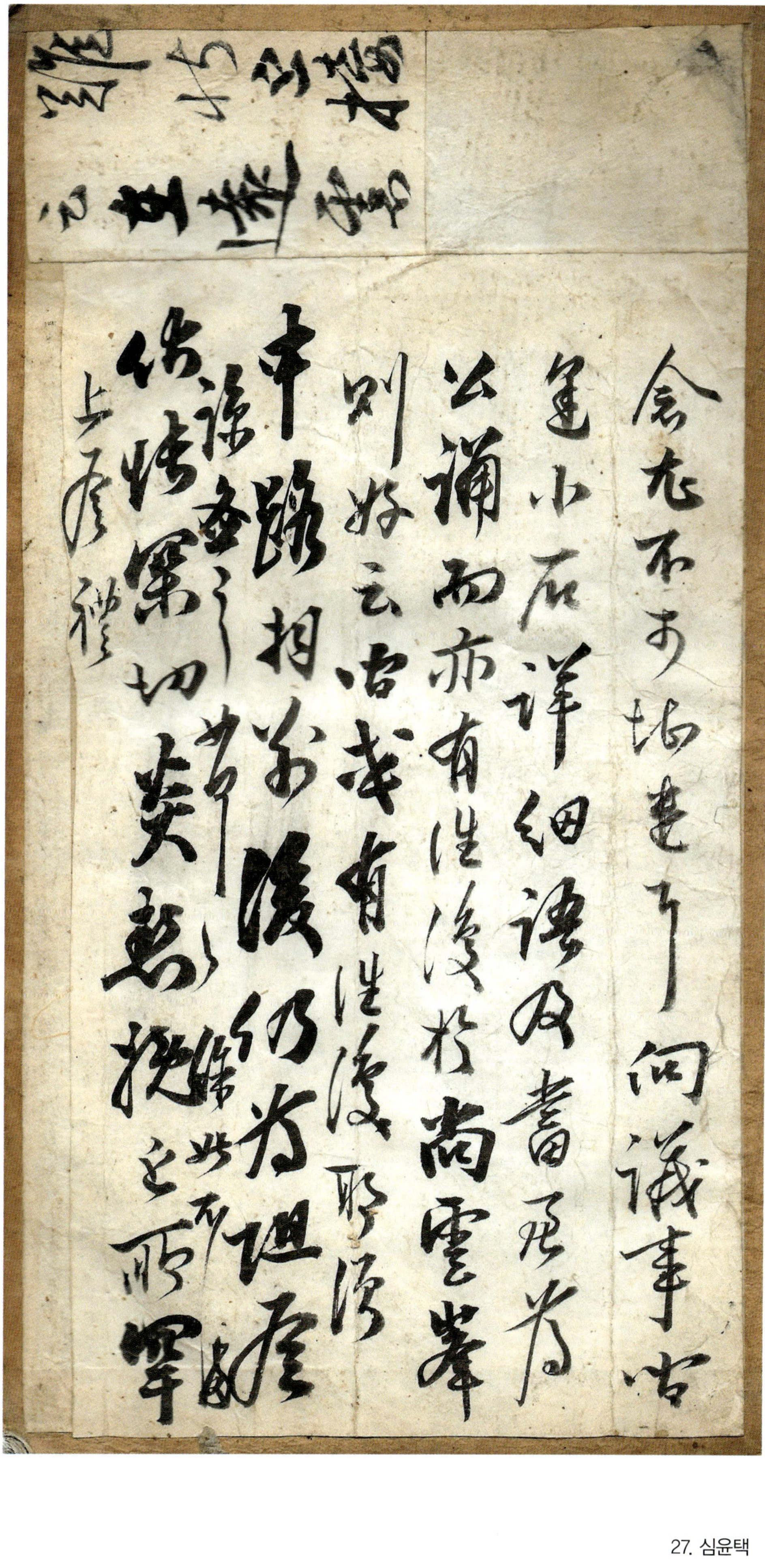

◆ 탈초와 독음

① 中路拜別後 仍爲阻候	중로배별후 잉위조후
② 伏悵罙切 炎熱 挽近所罕	복창미절 염열 만근소한
③ 有 伏惟此時	유 복유차시
④ 政體度 連護萬寧 公務	정체도 연호만녕 공무
⑤ 不甚惱神 而令允 其間還	불심뇌신 이영윤 기간환
⑥ 侍飮鹿養 效果如何 伏溸	시음녹양 효과여하 복소
⑦ 無任遠悰 民 冒雨衝炎 艱	무임원종 민 모우충염 간
⑧ 辛得抵 數旬委席沈吟	신득저 수순위석침음
⑨ 尙未夬可 苦悶難狀 近接	상미쾌가 고민난상 근접
⑩ 家信 絶糧頷顑云 在遠慮	가신 절량함함운 재원려
⑪ 念 尤不可堪遣耳 向議事 間	념 우불가감견이 향의사 간
⑫ 逢小石 詳細語及 當善爲	봉소석 상세어급 당선위
⑬ 公誦 而亦有往復於尙雲峯	공송 이역유왕복어상운봉
⑭ 則好云 間或有往復耶 須	즉호운 간혹유왕복야 수
⑮ 諒圖之如何 餘姑不備	량도지여하 여고불비
⑯ 上候禮	상후례
⑰ 庚辰 六月 念二日 民 沈胤澤 再拜	경진 육월 념이일 민 심윤택 재배

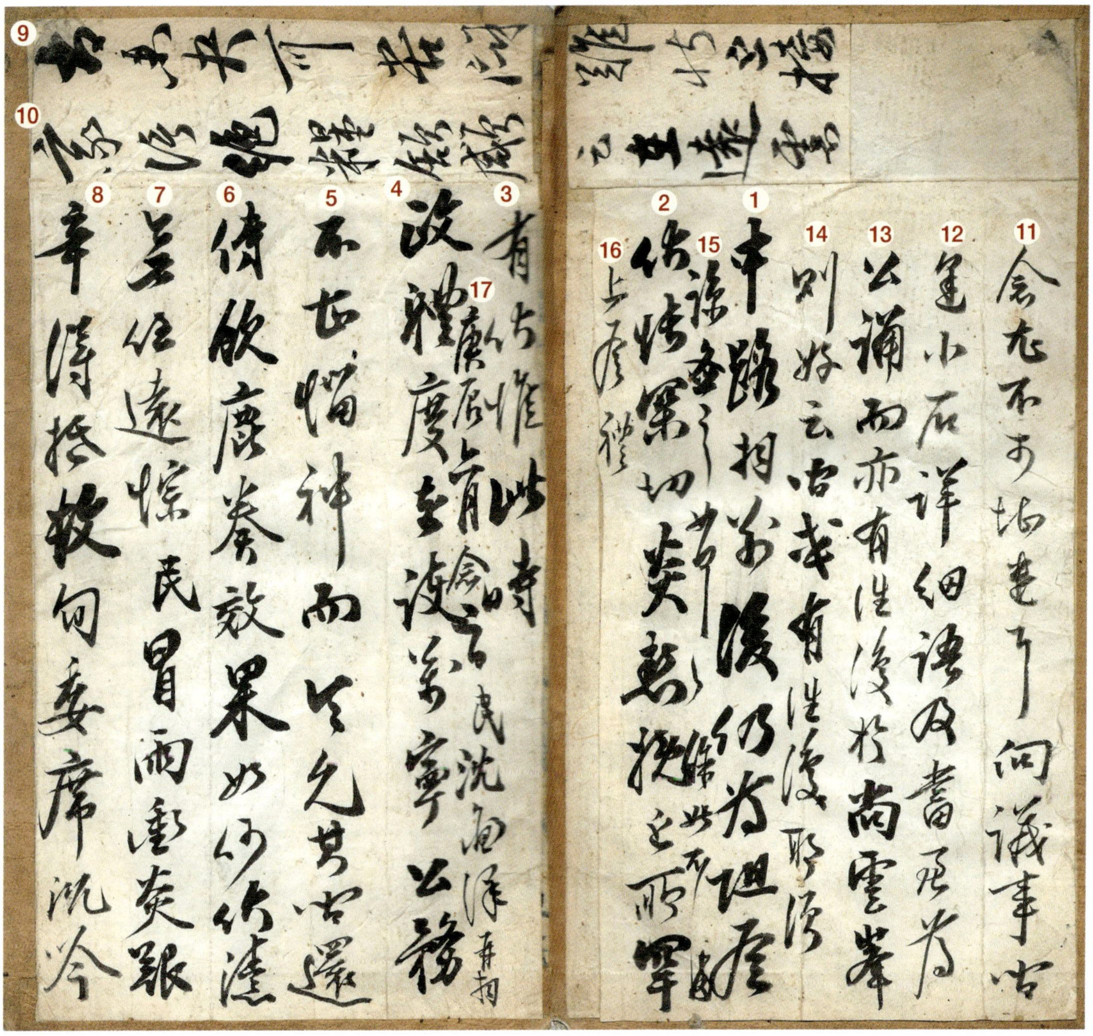

◆ 번역

중도에 이별한 뒤로 오랫동안 소식이 막혀 서운한 마음이 더욱 절실했습니다.

최근에 드문 찌는 듯한 더위에 정사政事를 보는 안부가 연이어 편안하시고, 공무公務로 번민하지는 않으신지요? 아드님[令允][1]은 그사이 집으로 돌아가 부모님을 모시며, 녹용을 봉양하는데 효과는 과연 어떠하신지요? 멀리서 그리운 마음을 이길 길 없습니다.

저는[民][2] 비를 무릅쓰고 더위를 뚫고서 간신히 도착하여, 수십 일을 자리에 누워 신음하고 있습니다. 아직도 완전히 회복하지 못하고 있으니, 고민스러움을 말로 할 수가 없습니다. 최근에 집안 편지를 보니 곡식이 끊어졌다고 하는데, 멀리서 염려되는 마음에 더욱 견딜 수가 없습니다.

지난번 의논드린 일은, 그간에 소석小石[3]을 만나 자세히 말했습니다. 마땅히 훌륭하다고 공公을 칭송稱誦하면서, 상운봉尙雲峯[4]과 왕래하는 것도 좋을 것이라고 하였습니다. 그간 혹시라도 왕래하셨는지요? 모쪼록 헤아려 도모하시는 것이 어떻습니까?

나머지는 우선 갖추지 못하고, 안부 편지를 드립니다.

경진년[1880] 6월 22일.

민民 심윤택沈胤澤은 두 번 절합니다.

◆ 해제

경진년[1880] 6월 22일 당시 관하의 백성[民] 심윤택沈胤澤이 충주영장忠州營將 안정구安珽求에게 보낸 편지이다.

자기는 그동안 수십 일을 자리에 누워 앓고 있는데, 최근 집안 편지에 곡식이 떨어졌다고 하여 멀리서 괴롭다는 사연을 전했다.

지난번 의논했던 일은 소석小石을 만나 자세히 이야기를 나누었다고 하면서, 상운봉尙雲峯과 왕래하는 것이 좋겠다고 하였다.

◆ 주석

1 아드님[令允] : 원문은 '令允영윤'. 상대의 아들을 이르는 말이다. 令胤영윤, 또는 令息영식이라고도 한다.

2 저는[民] : 교화敎化를 입는 백성이란 의미로 '화민化民'의 준말이다. 편지를 보내는 자신이 상대가 다스리는 관하管下에 있음을 알 수 있다. 이때의 '민民' 자는 지위 고하를 막론하고 자신을 이르는 말로 사용된다.

3 소석小石 : 누구의 호號인지는 분명하지 않다.

4 상운봉尙雲峯 : 누구인지 분명하지 않다.

부록

죽산안씨대교공파종중

숭조비·세장비·유사비·공덕비·설단 분포도

용인 선영 세장비문 해설

종중에 드리는 글

용인 선영 묘역

세世와 대代 계산법

죽산안씨대교공파종중 항렬표

계촌법

역대 족보

연호서기환산표·동서양연대표

■ 부록 〈죽산안씨대교공파종중〉

1. 숭조비·세장비·유사비·공덕비·설단 분포도
崇祖碑·世葬碑·遺事碑·功德碑·設檀 分布圖

숭조비 파주시 조리읍 장곡리 산9

죽산안씨대교공파종회 : 파주 선영 입구 2013년 癸巳 음2월 초3일 입비立碑

세장비 용인시 처인구 백암면 용천리 산55-7

죽산안씨 세장산 : 용인 용천 선영 입구 2006년 丙戌 9월 30일(음8월 9일)

유사비

중시조 대교공(待敎公: 5세손) 신손信孫 : 파주 선영 2013년 癸巳 음2월 초3일

6세손 직장공直長公 극장克長 : 〃

7세손 별제공別提公 인璘 : 〃

8세손 참의공參議公 효종孝宗 : 용인 용천 선영 2006년 丙戌 9월 30일

9세손 사마공(司馬公 또는 光陽公) 식湜 : 파주 선영 2013년 癸巳 음2월 초3일

10세손 후제공后齊公 진晨 : 용인 고안 선영 1995년 乙亥 9월 3일(음8월 9일)

11세손 겸헌공謙軒公 경구敬龜 : 용인 용천 선영 2006년 丙戌 9월 30일

12세손 한탄공寒灘公 구構 : 〃

13세손 원백공元伯公 인환仁煥 : 〃

14세손 백청암공白淸庵公 택주宅柱 : 〃

15세손 자지암공自知菴公 사검思儉 : 〃

15세손 대흥군大興君 사열思烈 : 용인 용천 선영 2023년 癸卯 윤2월 9일

16세손 대승공大承公 윤길胤吉 : 용인 용천 선영 2014년 甲午 윤9월

19세손 주부공主簿公 동면東冕 : 〃

삭주부사 묘역

유사비·안내판 : 18세손 우경공禹卿公 정구珽求

→ 용인 용천 선영 2021년 辛丑 3월 26일(음2월 14일)

설단 : 16세손 대윤공大胤公 승길承吉·19세손 공오공公五公 동찬東璨

→ 1995년 乙亥 9월 3일(음8월 9일) 고안리 선영에 입비한 것을,

2021년 辛丑 3월 26일(음2월 14일) 삭주부사 묘역으로 이전

17세손 경재공絅齋公 종벽鍾璧 : 2023년 癸卯 윤2월 9일

공덕비

대흥군의 내손(5대손) 종환 안필형鍾煥 安珌炯 : 용인 용천 선영 2023년 癸卯 윤2월 9일

설단

9세손 선전관공宣傳官公 숙淑·17세손 부사공府使公 종원鍾元·18세손 현감공縣監公 필구弼求 : 용인 용천 선영 2006년 丙戌 9월 30일

2. 용인 선영 세장비문 해설

죽산안씨대교공파종중은 조상 대대로 파주 장곡리·용인 백암 용천리·용인 백암 고안리·용인 원삼 두창리·연천 고능리·고양 원당리에 선산이 있었다. 선산마다 딸린 위토(전답)를 경작하며 제물과 벌초 등 선영을 관리하던 산지기들이 있어서, 종중에서는 편하게 매년 3~4일간 시제를 봉행하고 다녔다. 그러나 세월이 갈수록 노쇠한 산지기들이 경작을 포기하여 묵히는 위토가 많아졌다. 점차 여기저기 안장安葬되어 있던 묘지 수호와 시제 봉행이 어렵게 된 것이다.

종중 결의(당시 종회장 안재식)를 거쳐 산재한 선영을 통합하기로 하고, 경기도 용인시 처인구 백암면 용천리 산55번지의7 선산에 묘역을 조성했다. 연천·고양·용인 용천리에 있던 선대의 분묘를 이곳으로 개장改葬하여, 2006년 9월 30일(음8월 9일) 세장비를 세웠다. 세장비에는 우리 종중 선대 조상의 관인정보官人情報, 사적事跡이나 업적, 가계도가 기록된 소중한 내용이 담겨 있다.

죽산안씨대교공파종중 세장비

20세손은 태형泰炯·기형璣炯·건형建炯·문형文炯·준형準炯·채형采炯·종환공鍾煥公 필형珌炯·철형哲炯·광형光炯一元炯·송암공松庵公 국형國炯·신형信炯·구형九炯·우형禹炯·도형道炯·태형台炯·대형大炯·달형達炯·수형秀炯·구형球炯·무형武炯·건형鍵炯·대형垈炯·시형時炯·윤형潤炯·세형世炯·석천공石泉公 지형址炯·근재공謹齋公 배형培炯·죽헌공竹軒公 택형琢炯·이형理炯·죽계공竹溪公 완형完炯·만형萬炯·백형百炯·억형億炯·준형俊炯·길형吉炯·각형珏炯·진형鎭炯·덕형德炯이 있다.

우리 종성宗姓의 근본이고 포태胞胎인 선대조는 고려와 조선왕조를 거치는 700여 년 유구悠久한 역사에 충효 도덕 학문 문장 4과四科에 능통하여 충신忠臣 의사義士 효자孝子 열녀烈女 학자學者가 대代를 이어 가문을 크게 빛낸 사대부士大夫 명문으로 이제 후손들은 만시지탄晩時之歎이나 의지意志를 모아 조상의 업적과 덕행, 충효사상을 본받고 기리고자 이 세장비世葬碑를 건립竪立하였다.

죽산안씨대교공파종회장 불초 21세손 재식在植 근찬謹撰
대종손 재연在淵 후손 일동
서기2006년(단기4339년) 병술 9월 30일 건竪

죽성군 20세손 國炯 琢炯 培炯 理炯 完炯 時炯 潤炯

21세손 在淵 在玉 在應 在祐 在植 在雄 在凡 在欣 在錫 在瑀 在煜 在成
在燮 在禼 在弼 在鎭 在錫 在燮 在學 在俊 在勳 在裕 在學 在晩
在燁 在珉 在昱 革 榮宇 在源 振完 志訓 在悳 在杰 在官 在國
在丁 在坤 在基 在千 在昉 在表 在鳳 在虎 在東 在昇 在晩 在憲
在燦 在泳 在憙 在明 在三 在建 在興 在庚 在丸

22세손 湧鉉 成鉉 浚鎬 廷君 埈鉉 龍鉉 承鉉 光鉉 鎭鉉 基鉉 政鉉 承鉉
光鉉 志鉉 容鉉 泰鉉 成鉉 正鉉 大鉉 溥鉉 孝鉉 老鉉 基鉉 奉鉉
奎鉉 一浩 賢 旭 世鎭 映俊 度俊 星俊 貞鉉 雄鉉 龍鉉 起鉉
成鉉 鎔杓 鎔台 鎔石 台爀 台鉉 昌鉉 世鉉 用鉉 周鉉 京鉉 能鉉
重鉉 峻鉉 晳鉉 大鉉 世鉉 範鉉 禹鉉 盛熏

3. 종중에 드리는 글

1) 세장비를 세운 2006년 9월 30일 당시에는 안재식安在植이 종회장(재임기간 1988.3.20~2006.11.12)이었다. 우리 종중 최대 숙원인 윗대조 묘역 정비사업(용인 선영)을 마무리하고, 대종손 안재연安在淵에게 종회장(2006.11.13~현재)을 물려주었다. 다시 한번 그동안 종친들의 훈훈한 협력에 감사드린다.

2) 이번에 세장비문을 한글본으로 번역, 해설하면서 내용을 좀 첨삭하였다. 특히 족보상 《후손 인명부》를 시조로부터 22세손까지 확장하여 작성하였다.

3) 우리 종중의 중시조 대교공의 아버지인 안복초(安復初: 시조 죽성군의 증손) 선조의 묘가 도굴된 일이 있었다. 2014년 8월 30일 경찰이 체포한 도굴범의 장물 중에 안복초 묘지명墓誌銘이 나왔다. 묘지명에 의하면 '공의 휘는 복초이고, 성은 안씨이며, <u>죽주인竹州人</u>이다. (중략) 증조의 휘는 원형元衡으로 중대광重大匡 광산군光山君이다.' 라고 나온다.

죽주竹州와 죽산竹山 : 죽주라는 명칭은 940년(고려 태조 23)부터 473년간 사용되다가, 1413년(조선 태종 13)에 죽산으로 개명하였다. 용인의 원일면(원삼)·근삼면(백암)과 안성의 죽산·일죽·삼죽면 일대 옛지명으로, 조선시대에는 삼남대로(三南大路: 서울에서 충청·전라·경상도로 가는 길)를 잇는 중요한 교통의 요지였다.

4) 언젠가 종중에서 족보를 만든다면 반드시 고쳐야 할 부분이 있다. 시조 죽성군 10세손인 후제공(고안리에 모신 선조)에 관한 기록이다. 1935년에 발간한 《을해보》에 호號를 후제공后齊公으로 정확하게 사용했으나, 이후 족보에는 모두 후재공后齋公으로 잘못 나온다. 그리고 사망일이 12월 27일인데, 11월 27일로 잘못 나온다.

족보 오류 정정	
①호 칭 : 후재공(后齋公) → 후제공(后齊公)	②사망일 : 11월 → 12월

5) 파주 조리읍 장곡리 산9번지 신산 및 48, 133번지 등 위토 6필지는 우리 종중의 토지가 분명한데, 대종중(이제공파종중)에서 '특별조치법'으로 넘겨갔다. 이에 1994~2006년까지 12년간 소송이 벌어져 이기고 지고, 이기고 지고를 거듭했다. 결국 3파(中始祖 孟孫후손 전남-함평파, 哲孫후손 전북-용담파, 信孫후손 용인-대교공파 또는 죽산파)가 공동관리하라는 취지로 재판이 끝났다. 이를 대종중이 어기면 '재심'을 청구해야 한다. 뒤늦게 발견된 증거들이 많이 있다는 것을 항상 기억하기 바란다.

6) 조상의 음덕은 우연히 오지 않는다. 조상의 유덕을 기리고, 조상의 유훈을 따라야만 조상의 음덕이 필연적으로 찾아온다. 뿌리 없는 자손이 어디 있는가? 누구에게나 현재의 '나'를 키워준 은혜가 있다. 그것이 크거나 작거나 문제가 될 수 없다. 문제는 그것을 잊지 않는 게 사람의 도리고, 은혜에 대한 보답이 되는 것이다. 현재의 삶이 강팍할수록 '나'의 조상이 누구며, 어떤 모습으로 계신지 찾아뵙는 일이 자손 대대 복을 받는 길이다.

4. 용인 선영 묘역

용인 선영 묘역 사진

세거지 전경

5. 세世와 대代 계산법

시조를 1세世로 하여 차례대로 따져서 나를 포함한 숫자가 '시조 ㅇㅇ세손世孫'이다. 나를 빼고 바로 윗대 아버지까지 계산한 숫자를 'ㅇㅇ대조代祖' 할아버지라고 한다.

시조로부터 21세가 되는 '재在'자 항렬의 경우, '나는 시조에게 21세손'이고, '시조는 나에게 20대조' 할아버지인 것이다.

따라서 부자의 사이는 세世로는 나를 포함하여 2세가 되지만, 대代로는 나를 빼고 1대가 된다.

흔히 세와 대를 같은 뜻으로 잘못 알고 있으나, 이건 엄연히 구별되어 있다. 즉, 세는 나를 합쳐서 계산하는 것이고, 대는 나를 빼고 계산하는 숫자인 것이다.

고조부를 예로 들면, '나는 고조부의 5세손'이고, '고조부는 나의 4대조' 할아버지다. 선조에게는 'ㅇㅇ세조 할아버지'라고 하지 않는다. 반드시 'ㅇㅇ대조 할아버지'라고 해야 한다.

5대조	4대조	3대조	2대	1대	○	1대	2대	3대손	4대손	5대손
玄祖 현조부	高祖 고조부	曾祖 증조부	祖父 조부	父親 부친	나	子 자	孫 손자	曾孫 증손	玄孫 현손	來孫 내손

6. 죽산안씨대교공파종중 항렬표(行列表, 돌림자)

항렬은 같은 혈족 간에 세계世系를 구분하고 표시하기 위하여 설정된 것이다. 항렬자는 문중에 따라 오행순五行順으로 글자를 정한다.

나의 경우는 아버지가 일찍 돌아가시고, 문중과도 왕래가 없이 살았다. 청년이 되어 큰아들을 낳고 이름을 짓게 되었다. 마땅히 의논할 어른이 주변에 없어 할 수 없이 서울 동대문구 창신동에 있는 李靑原易理硏究院을 찾아가 작명을 의뢰했다.

큰아이 사주四柱와 돌림자를 묻기에 태어난 연월일시와 항렬인 '현鉉'자를 얘기해줬다. 한참 사주풀이를 한끝에, '솥귀 현鉉'으로는 작명이 어렵다고 하였다. 그래서 돌림자가 아닌 다른 이름으로 지었다. 그런 연유로 둘째 아들과 딸아이도 그곳에서 돌림자가 아닌 다른 이름으로 지어 썼다.

아이들이 어렸을 때는 돌림자가 아니라도 불편함을 몰랐다. 그런데 점점 머리가 크고 각자 사회생활을 하면서 문제점이 발견되었다. 뿌리가 같은 친형제 남매간임에도 불구하고, 이름을 부르면 꼭 남남 같기만 하였다.

이번에 용인 선영 세장비를 해설하면서 22세손이 대부분 ㅇ현 ㅇ현 …… 면 친척이래도 이름을 보면 한집안같이 친근한데, 내 아이들은 안씨가 아닌 외계인 같기만 하다. 요즘 들어 아이들에게 항렬자를 따라 이름을 짓지 못한 것이 제일 후회가 된다.

내가 종중회장을 맡아서 하고 있을 때다. 1991년 9월 14일 정기총회를 열고, 우리 문중 항렬자를 안건으로 올렸다. 당시 참석자는 안국형 안배형 안억형 안택형 안지형 안리형 안길형 안재봉 안재석 안재식 안재욱 안재준 안윤혜 안노현 안기현 안성현 안재억(위임) 합계 17명이다.

그동안 우리 문중은 죽산안씨 전체 대종중의 항렬을 따르지 않았다. 우리 문중 별도로 항렬자를 정하고, 이름을 지어 사용해왔다. 그러다 보니 같은 죽산안씨면서도 대종중 종친들과 이름만 갖고는 '시조 죽성군 몇 세손인지?' 댓수나 위아래를 몰라 여러 가지로 불편했다.

지금까지 우리 문중은 시조로부터 20세손은 ○형炯, 21세손은 재在○, 22세손은 ○현鉉을 돌림자로 이름을 지었다. 그러면 이제 태어날 23세손의 항렬을 어떻게 할 것인가? 논의한 결과, '맑을 순淳'과 '클 태泰'자 중에서 '23세손은 ○순淳'으로 쓸 것을 만장일치 결의하였다.

그리고 앞으로는 죽산안씨 대종중의 항렬과 맞추어 따라 쓰기로 결의하였다.

위 내용은 당시에도 공문으로 모든 종중원에게 발송해서 널리 알렸다. 2차로 종중에서 2005년 7월 15일(종중 제2005-1호) '우리 문중 항렬자 안내'라는 제목으로 모든 종중원에게 다시 공문을 보내어 이를 알렸다.

□ 항렬자行列字를 정하는 이치와 배경

▶오행五行

상생相生: 금생수金生水—수생목水生木—목생화木生火—화생토火生土—토생금土生金

상극相克: 금극목金克木—목극토木克土—토극수土克水—수극화水克火—화극금火克金

▶죽산안씨대교공파종중 항렬표(行列表: 돌림자)

1세	5세	20세	21세	22세	23세	24세	25세
元衡	信孫	○炯	在○	○鉉	○淳	秉○	○燮
시조	중시조	빛날 형	있을 재	솥귀 현	맑을 순	잡을 병	화할 섭

26세	27세	28세	29세	30세
教○	○鎭	泳○	○來	燦○
가르칠 교	누를 진	헤엄칠 영	올 내	찬란할 찬

7. 계촌법

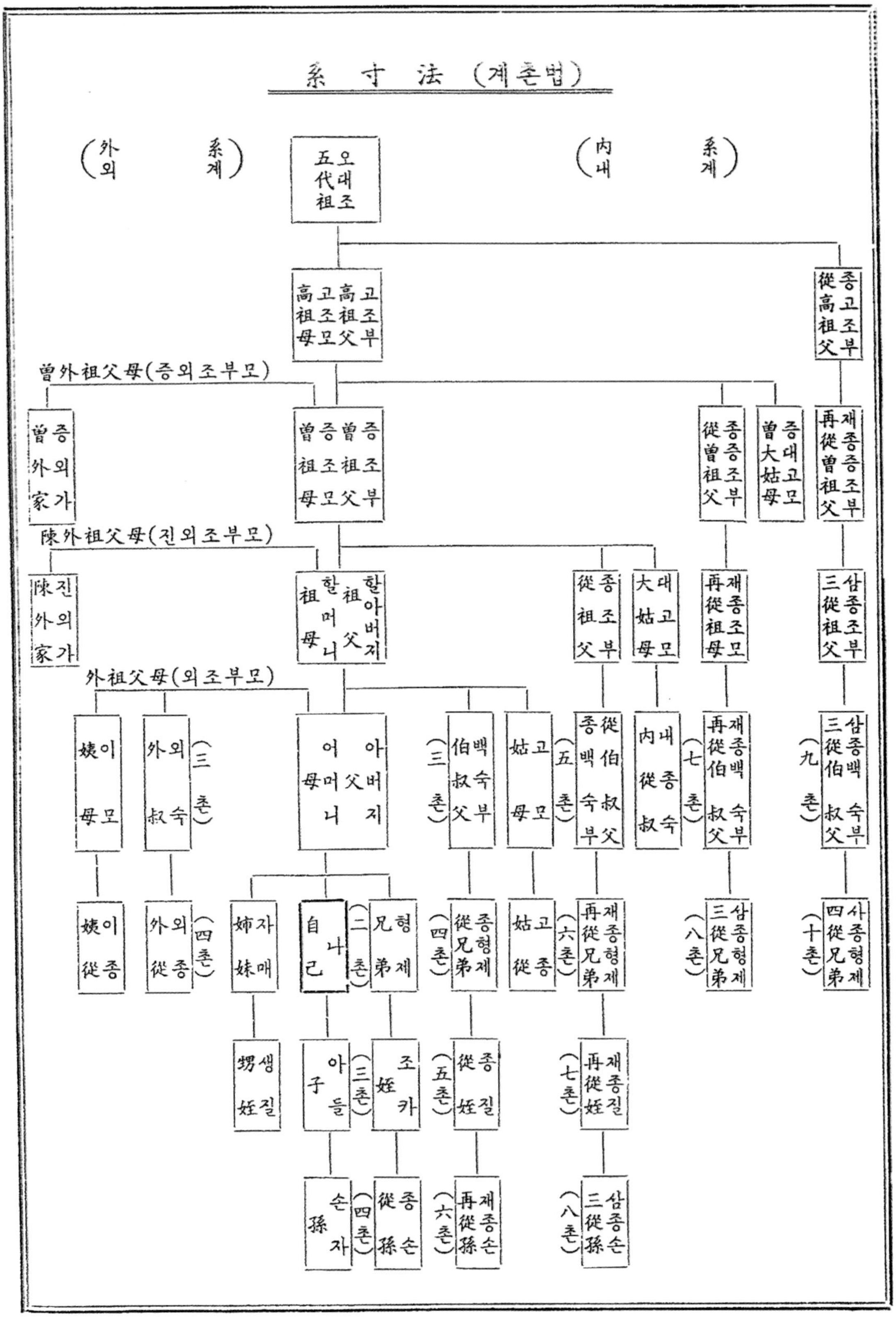

系寸法 (계촌법)
(外系 외계)
(內系 내계)
五代祖 오대조
高祖母 고조모 高祖父 고조부
從高祖父 종고조부
曾外祖父母(증외조부모)
曾外家 증외가
曾祖母 증조모 曾祖父 증조부
從曾祖父 종증조부
曾大姑母 증대고모
再從曾祖父 재종증조부
陳外祖父母(진외조부모)
陳外家 진외가
祖母 할머니 祖父 할아버지
從祖父 종조부
大姑母 대고모
再從祖母 재종조모
三從祖父 삼종조부
外祖父母(외조부모)
姨母 이모
外叔 외숙 (三촌)
母 어머니 父 아버지
(三촌) 伯叔父 백숙부
姑母 고모
(五촌) 從伯叔父 종백숙부
內從叔 내종숙
(七촌) 再從伯叔父 재종백숙부
(九촌) 三從伯叔父 삼종백숙부
姨從 이종
外從 외종 (四촌)
姉妹 자매
自己 나 (二촌)
兄弟 형제
(四촌) 從兄弟 종형제
姑從 고종
(六촌) 再從兄弟 재종형제
(八촌) 三從兄弟 삼종형제
(十촌) 四從兄弟 사종형제
甥姪 생질
子 아들 (三촌)
姪 조카
(五촌) 從姪 종질
(七촌) 再從姪 재종질
孫 손자 (四촌)
從孫 종손
(六촌) 再從孫 재종손
(八촌) 三從孫 삼종손

8. 역대 족보

1) 신유보辛酉譜

1801년(순조 원년 辛酉) 발행

2) 을묘보乙卯譜 전 8권

1855년(철종 6년 乙卯) 발행

을묘보 1권 표지

3) 정미보丁未譜 파보派譜 전 5권

1907년(순종 隆熙 1년 丁未) 발행

족보간행 유사록有司錄 : 감인監印 安東玟(인천 九炯의 父)

정미보 합본(전 5권)

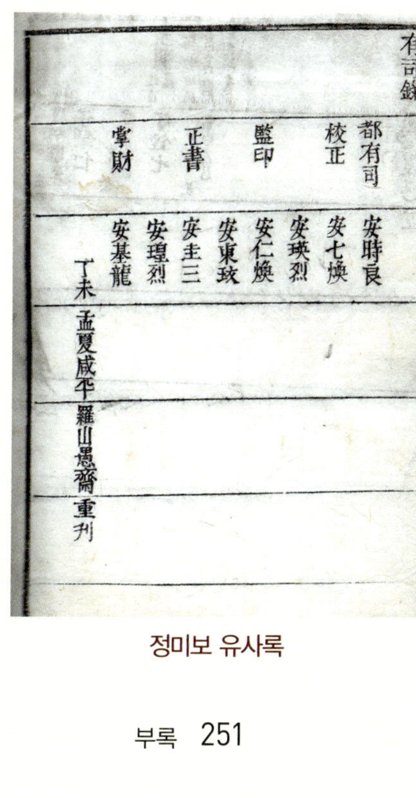

有司錄

都有司 安時良

校正 安七煥 安瑛烈

監印 安仁煥 安東玟

正書 安圭三 安理烈

掌財 安基龍

丁未孟夏咸平羅山愚齋重刊

정미보 유사록

4) 을해보乙亥譜 전 10권

1935년(소화 10년 乙亥) 11월 14일 발행

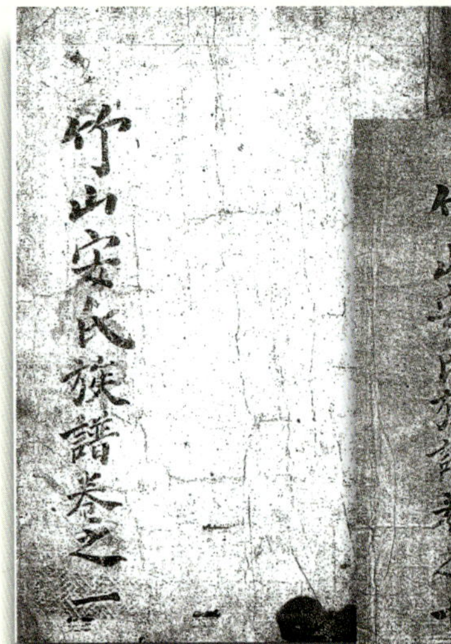

을해보 1권 표지

을해보 10권 표지

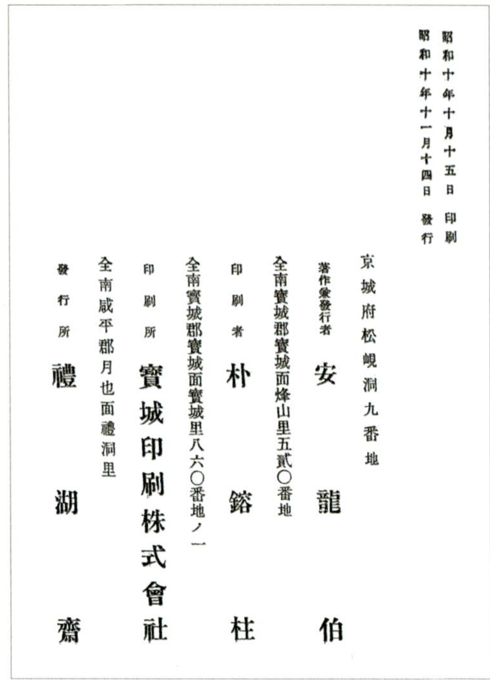

昭和十年十月十五日 印刷
昭和十年十一月十四日 發行

京城府松峴洞九番地
著作兼發行者 安龍伯
全南寶城郡寶城面烽山里五貳〇番地
印刷者 朴鎔柱
全南寶城郡寶城面寶城里八六〇番地ノ一
印刷所 寶城印刷株式會社
全南咸平郡月也面禮洞里
發行所 禮湖齋

을해보 발행일–판권

5) 무술보戊戌譜 파보派譜 전 3권

1958년(단기 4291년 건국 11년 戊戌) 5월 발행

족보간행 임원록 : 교정 安東漢(용천 采炯의 父) 평의원 安址炯

무술보 상·중·하권 표지

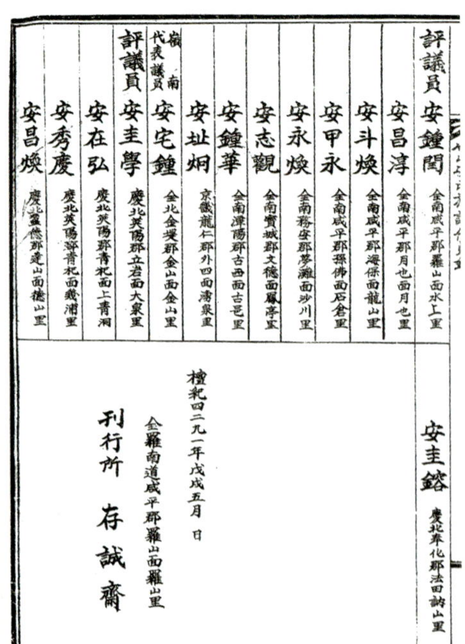

評議員 安鍾閭 全南咸平郡羅山面水上里
安昌淳 全南咸平郡月也面月也里
安斗煥 全南咸平郡海保面龍山里
安甲永 全南咸平郡孫佛面石倉里
安永煥 全南務安郡夢灘面沙川里
安志觀 全南寶城郡文德面鳳亭里
安鍾華 全南潭陽郡古西面古邑里
安址炯 京畿龍仁郡外四面渚泉里
嶺南代表議員 安宅鍾 全北金堤郡金山面金山里
評議員 安圭學 慶北英陽郡立岩面大泉里
安在弘 慶北英陽郡青杞面上青洞
安秀慶 慶北英陽郡青杞面幾浦里
安昌煥 慶北盈德郡達山面德山里

安圭鎔 慶北奉化郡法田面訥山里

檀紀四二九一年戊戌五月 日
全羅南道咸平郡羅山面羅山里
刊行所 存誠齋

무술보 발행일–판권

6) 을사보乙巳譜 전 14권

1965년(건국 18년 乙巳) ~ 1966년(단기 4299년 丙午) 3월 발행

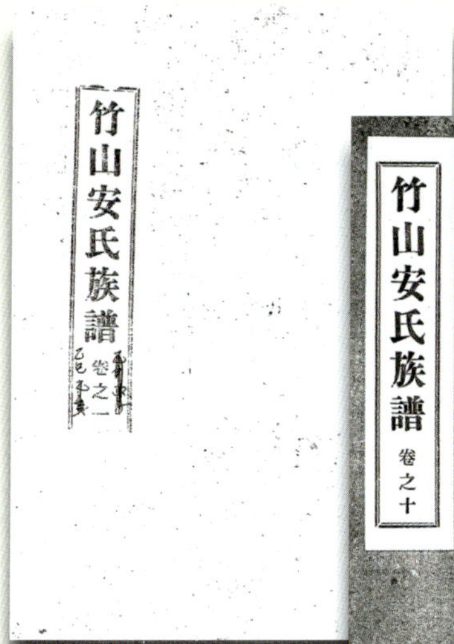

을사보 1권 표지

을사보 10권 표지

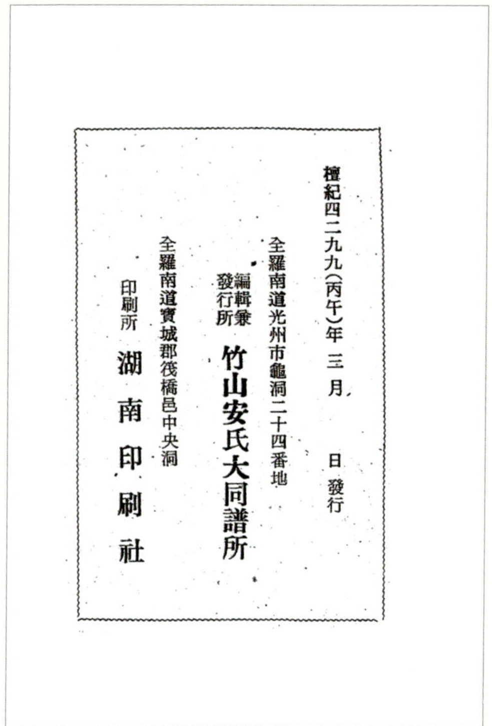
檀紀四二九九(丙午)年 三月 日 發行

全羅南道光州市龜洞二十四番地

編輯兼發行所 竹山安氏大同譜所

全羅南道寶城郡筏橋邑中央洞

印刷所 湖南印刷社

을사보 발행일–판권

7) 정묘보丁卯譜 파보派譜 전 2권

1987년(丁卯) 12월 30일 발행

족보간행 수단임원록 : 고문 安培炯 부회장 安址炯 수단유사 安理刑

정묘보 상·하권 표지

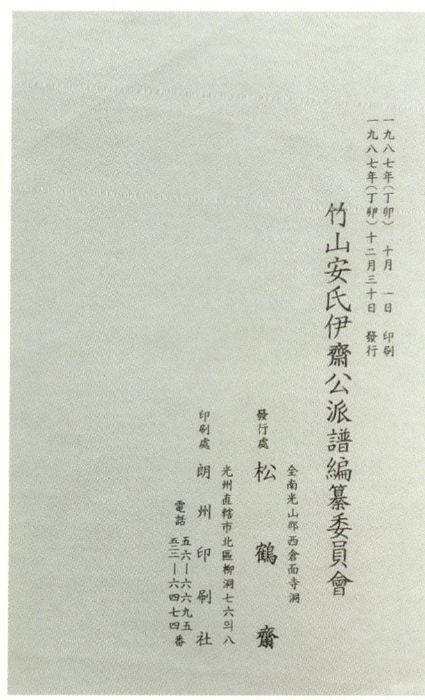
一九八七年(丁卯) 十月 一日 印刷

一九八七年(丁卯) 十二月三十日 發行

竹山安氏伊齋公派譜編纂委員會

全南光山郡西倉面寺洞

發行處 松鶴齋

光州直轄市北區柳洞七六의八

印刷處 朗州印刷社

電話 五六－六六九五 五三－六四七四番

정묘보 발행일—판권

8) 갑술보甲戌譜 전 6권

1994년(甲戌) 12월 30일 인쇄 ~ 1995년(乙亥) 10월 10일 발행

족보간행 수단위원 : 安培炯 安理刑 安址炯 安在植 安在鳳

갑술보 1권 표지

갑술보 2권 표지

갑술보 3권 표지

갑술보 4권 표지

갑술보 5권 표지

갑술보 6권 표지

갑술보 합본(전 6권)

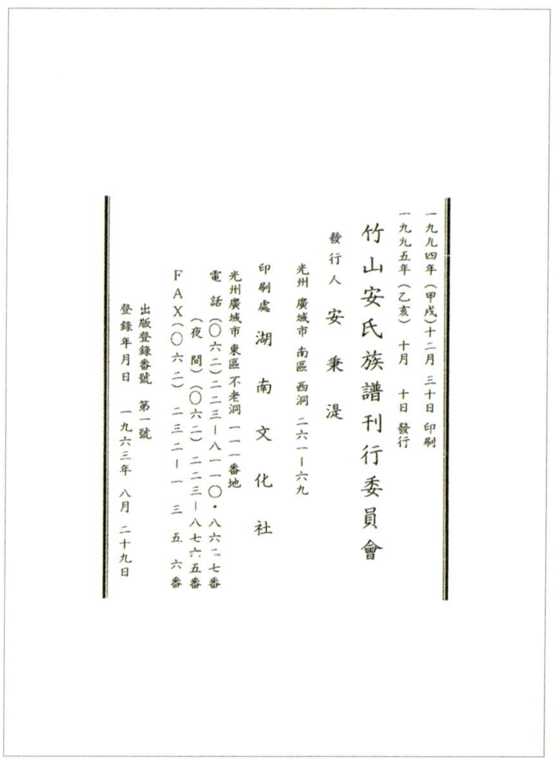

一九九四年（甲戌）十二月 三十日 印刷
一九九五年（乙亥） 十月 十日 發行

竹山安氏族譜刊行委員會

發行人 安 秉 湜
光州 廣城市 南區 西洞 二六一－六九

印刷處 湖 南 文 化 社
光州廣城市 東區 不老洞 一一一番地
電 話（〇六二）二二三－八一一〇・八六二七番
（夜 間）（〇六二）二二三－八七六五番
FAX（〇六二） 二三二－一 三 五 六番

出版登錄番號 第一號
登錄年月日 一九六三年 八月 二十九日

갑술보 발행일—판권

9. 연호서기환산표·동서양연대표

東西洋年代表

연호서기환산표
〈年號西紀換算表〉

단기	○년	-2333=서기	○년
개국	〃	+1391=	〃
철종	〃	+1849=	〃
고종	〃	+1863=	〃
건양	〃	+1895=	〃
광무	〃	+1896=	〃
융희	〃	+1906=	〃
광복	〃	+1944=	〃
건국	〃	+1947=	〃
명치	〃	+1867=	〃
대정	〃	+1911=	〃
소화	〃	+1925=	〃

檀紀	西紀	中	大韓民國	干支
4317	1984	73	37	甲子
4318	1985	74	38	乙丑
4319	1986	75	39	丙寅
4320	1987	76	40	丁卯
4321	1988	77	41	戊辰
4322	1989	78	42	己巳
4323	1990	79	43	庚午
4324	1991	80	44	辛未
4325	1992	81	45	壬申
4326	1993	82	46	癸酉
4327	1994	83	47	甲戌
4328	1995	84	48	乙亥
4329	1996	85	49	丙子
4330	1997	86	50	丁丑
4331	1998	87	51	戊寅
4332	1999	88	52	己卯
4333	2000	89	53	庚辰
4334	2001	90	54	辛巳
4335	2002	91	55	壬午
4336	2003	92	56	癸未
4337	2004	93	57	甲申
4338	2005	94	58	乙酉
4339	2006	95	59	丙戌
4340	2007	96	60	丁亥
4341	2008	97	61	戊子
4342	2009	98	62	己丑
4343	2010	99	63	庚寅
4344	2011	100	64	辛卯
4345	2012	101	65	壬辰
4346	2013	102	66	癸巳
4347	2014	103	67	甲午
4348	2015	104	68	乙未
4349	2016	105	69	丙申
4350	2017	106	70	丁酉
4351	2018	107	71	戊戌
4352	2019	108	72	己亥
4353	2020	109	73	庚子
4354	2021	110	74	辛丑
4355	2022	111	75	壬寅
4356	2023	112	76	癸卯
4357	2024	113	77	甲辰
4358	2025	114	78	乙巳
4359	2026	115	79	丙午
4360	2027	116	80	丁未
4361	2028	117	81	戊申
4362	2029	118	82	己酉
4363	2030	119	83	庚戌
4364	2031	120	84	辛亥
4365	2032	121	85	壬子
4366	2033	122	86	癸丑
4367	2034	123	87	甲寅
4368	2035	124	88	乙卯
4369	2036	125	89	丙辰
4370	2037	126	90	丁巳
4371	2038	127	91	戊午
4372	2039	128	92	己未
4373	2040	129	93	庚申
4374	2041	130	94	辛酉
4375	2042	131	95	壬戌
4376	2043	132	96	癸亥

檀紀	西紀	中	大韓民國	干支
4257	1924	13		甲子
4258	1925	14		乙丑
4259	1926	15		丙寅
4260	1927	16		丁卯
4261	1928	17		戊辰
4262	1929	18		己巳
4263	1930	19		庚午
4264	1931	20		辛未
4265	1932	21		壬申
4266	1933	22		癸酉
4267	1934	23		甲戌
4268	1935	24		乙亥
4269	1936	25		丙子
4270	1937	26		丁丑
4271	1938	27		戊寅
4272	1939	28		己卯
4273	1940	29		庚辰
4274	1941	30		辛巳
4275	1942	31		壬午
4276	1943	32		癸未
4277	1944	33		甲申
4278	1945	34	光復	乙酉
4279	1946	35	2	丙戌
4280	1947	36	3	丁亥
4281	1948	37	建國	戊子
4282	1949	38	2	己丑
4283	1950	39	3	庚寅
4284	1951	40	4	辛卯
4285	1952	41	5	壬辰
4286	1953	42	6	癸巳
4287	1954	43	7	甲午
4288	1955	44	8	乙未
4289	1956	45	9	丙申
4290	1957	46	10	丁酉
4291	1958	47	11	戊戌
4292	1959	48	12	己亥
4293	1960	49	13	庚子
4294	1961	50	14	辛丑
4295	1962	51	15	壬寅
4296	1963	52	16	癸卯
4297	1964	53	17	甲辰
4298	1965	54	18	乙巳
4299	1966	55	19	丙午
4300	1967	56	20	丁未
4301	1968	57	21	戊申
4302	1969	58	22	己酉
4303	1970	59	23	庚戌
4304	1971	60	24	辛亥
4305	1972	61	25	壬子
4306	1973	62	26	癸丑
4307	1974	63	27	甲寅
4308	1975	64	28	乙卯
4309	1976	65	29	丙辰
4310	1977	66	30	丁巳
4311	1988	67	31	戊午
4312	1989	68	32	己未
4313	1980	69	33	庚申
4314	1981	70	34	辛酉
4315	1982	71	35	壬戌
4316	1983	72	36	癸亥

東西洋年代表

檀紀	西紀	清	李朝	干支
4077	1744	乾隆	英祖	甲子
4078	1745	10	21	乙丑
4079	1746	11	22	丙寅
4080	1747	12	23	丁卯
4081	1748	13	24	戊辰
4082	1749	14	25	己巳
4083	1750	15	26	庚午
4084	1751	16	27	辛未
4085	1752	17	28	壬申
4086	1753	18	29	癸酉
4087	1754	19	30	甲戌
4088	1755	20	31	乙亥
4089	1756	21	32	丙子
4090	1757	22	33	丁丑
4091	1758	23	34	戊寅
4092	1759	24	35	己卯
4093	1760	25	36	庚辰
4094	1761	26	37	辛巳
4095	1762	27	38	壬午
4096	1763	28	39	癸未
4097	1764	29	40	甲申
4098	1765	30	41	乙酉
4099	1766	31	42	丙戌
4100	1767	32	43	丁亥
4101	1768	33	44	戊子
4102	1769	34	45	己丑
4103	1770	35	46	庚寅
4104	1771	36	47	辛卯
4105	1772	37	48	壬辰
4106	1773	38	49	癸巳
4107	1774	39	50	甲午
4108	1775	40	51	乙未
4109	1776	41	52	丙申
4110	1777	42	正祖	丁酉
4111	1778	43	2	戊戌
4112	1779	44	3	己亥
4113	1780	45	4	庚子
4114	1781	46	5	辛丑
4115	1782	47	6	壬寅
4116	1783	48	7	癸卯
4117	1784	49	8	甲辰
4118	1785	50	9	乙巳
4119	1786	51	10	丙午
4120	1787	52	11	丁未
4121	1788	53	12	戊申
4122	1789	54	13	己酉
4123	1790	55	14	庚戌
4124	1791	56	15	辛亥
4125	1792	57	16	壬子
4126	1793	58	17	癸丑
4127	1794	59	18	甲寅
4128	1795	60	19	乙卯
4129	1796	仁宗	20	丙辰
4130	1797	嘉慶	21	丁巳
4131	1798	3	22	戊午
4132	1799	4	23	己未
4133	1800	5	24	庚申
4134	1801	6	純祖	辛酉
4135	1802	7	2	壬戌
4136	1803	8	3	癸亥
4137	1804	嘉慶	純祖	甲子
4138	1805	10	5	乙丑
4139	1806	11	6	丙寅
4140	1807	12	7	丁卯
4141	1808	13	8	戊辰
4142	1809	14	9	己巳
4143	1810	15	10	庚午
4144	1811	16	11	辛未
4145	1812	17	12	壬申
4146	1813	18	13	癸酉
4147	1814	19	14	甲戌
4148	1815	20	15	乙亥
4149	1816	21	16	丙子
4150	1817	22	17	丁丑
4151	1818	23	18	戊寅
4152	1819	24	19	己卯
4153	1820	25	20	庚辰
4154	1821	宣宗	21	辛巳
4155	1822	道光	22	壬午
4156	1823	3	23	癸未
4157	1824	4	24	甲申
4158	1825	5	25	乙酉
4159	1826	6	26	丙戌
4160	1827	7	27	丁亥
4161	1828	8	28	戊子
4162	1829	9	29	己丑
4163	1830	10	30	庚寅
4164	1831	11	31	辛卯
4165	1832	12	32	壬辰
4166	1833	13	33	癸巳
4167	1834	14	34	甲午
4168	1835	15	憲宗	乙未
4169	1836	16	2	丙申
4170	1837	17	3	丁酉
4171	1838	18	4	戊戌
4172	1839	19	5	己亥
4173	1840	20	6	庚子
4174	1841	21	7	辛丑
4175	1842	22	8	壬寅
4176	1843	23	9	癸卯
4177	1844	24	10	甲辰
4178	1845	25	11	乙巳
4179	1846	26	12	丙午
4180	1847	27	13	丁未
4181	1848	28	14	戊申
4182	1849	29	15	己酉
4183	1850	30	哲宗	庚戌
4184	1851	文宗	2	辛亥
4185	1852	咸豐	3	壬子
4186	1853	3	4	癸丑
4187	1854	4	5	甲寅
4188	1855	5	6	乙卯
4189	1856	6	7	丙辰
4190	1857	7	8	丁巳
4191	1858	8	9	戊午
4192	1859	9	10	己未
4193	1860	10	11	庚申
4194	1861	11	12	辛酉
4195	1862	穆宗	13	壬戌
4196	1863	同治	14	癸亥
4197	1864	同治	高宗	甲子
4198	1865	4	2	乙丑
4199	1866	5	3	丙寅
4200	1867	6	4	丁卯
4201	1868	7	5	戊辰
4202	1869	8	6	己巳
4203	1870	9	7	庚午
4204	1871	10	8	辛未
4205	1872	11	9	壬申
4206	1873	12	10	癸酉
4207	1874	13	11	甲戌
4208	1875	德宗	12	乙亥
4209	1876	光緒	13	丙子
4210	1877	3	14	丁丑
4211	1878	4	15	戊寅
4212	1879	5	16	己卯
4213	1880	6	17	庚辰
4214	1881	7	18	辛巳
4215	1882	8	19	壬午
4216	1883	9	20	癸未
4217	1884	10	21	甲申
4218	1885	11	22	乙酉
4219	1886	12	23	丙戌
4220	1887	13	24	丁亥
4221	1888	14	25	戊子
4222	1889	15	26	己丑
4223	1890	16	27	庚寅
4224	1891	17	28	辛卯
4225	1892	18	29	壬辰
4226	1893	19	30	癸巳
4227	1894	20	31	甲午
4228	1895	21	32	乙未
4229	1896	22	建陽	丙申
4230	1897	23	光延	丁酉
4231	1898	24	2	戊戌
4232	1899	25	3	己亥
4233	1900	26	4	庚子
4234	1901	27	5	辛丑
4235	1902	28	6	壬寅
4236	1903	29	7	癸卯
4237	1904	30	8	甲辰
4238	1905	31	9	乙巳
4239	1906	32	10	丙午
4240	1907	33	純宗	丁未
4241	1908	34	隆熙	戊申
4242	1909	宣統	3	己酉
4243	1910	2	4	庚戌
4244	1911	3		辛亥
4245	1912	中華		壬子
4246	1913	民國		癸丑
4247	1914	3		甲寅
4248	1915	4		乙卯
4249	1916	5		丙辰
4250	1917	6		丁巳
4251	1918	7		戊午
4252	1919	8		己未
4253	1920	9		庚申
4254	1921	10		辛酉
4255	1922	11		壬戌
4256	1923	12		癸亥

東西洋年代表

檀紀	西紀	清	李朝	干支
4017	1684	康熙	肅宗	甲子
4018	1685	24	11	乙丑
4019	1686	25	12	丙寅
4020	1687	26	13	丁卯
4021	1688	27	14	戊辰
4022	1689	28	15	己巳
4023	1690	29	16	庚午
4024	1691	30	17	辛未
4025	1692	31	18	壬申
4026	1693	32	19	癸酉
4027	1694	33	20	甲戌
4028	1695	34	21	乙亥
4029	1696	35	22	丙子
4030	1697	36	23	丁丑
4031	1698	37	24	戊寅
4032	1699	38	25	己卯
4033	1700	39	26	庚辰
4034	1701	40	27	辛巳
4035	1702	41	28	壬午
4036	1703	42	29	癸未
4037	1704	43	30	甲申
4038	1705	44	31	乙酉
4039	1706	45	32	丙戌
4040	1707	46	33	丁亥
4041	1708	47	34	戊子
4042	1709	48	35	己丑
4043	1710	49	36	庚寅
4044	1711	50	37	辛卯
4045	1712	51	38	壬辰
4046	1713	52	39	癸巳
4047	1714	53	40	甲午
4048	1715	54	41	乙未
4049	1716	55	42	丙申
4050	1717	56	43	丁酉
4051	1718	57	44	戊戌
4052	1719	58	45	己亥
4053	1720	59	46	庚子
4054	1721	60	景宗	辛丑
4055	1722	61	2	壬寅
4056	1723	世宗	3	癸卯
4057	1724	雍正	4	甲辰
4058	1725	3	英祖	乙巳
4059	1726	4	2	丙午
4060	1727	5	3	丁未
4061	1728	6	4	戊申
4062	1729	7	5	己酉
4063	1730	8	6	庚戌
4064	1731	9	7	辛亥
4065	1732	10	8	壬子
4066	1733	11	9	癸丑
4067	1734	12	10	甲寅
4068	1735	13	11	乙卯
4069	1736	高宗	12	丙辰
4070	1737	乾隆	13	丁巳
4071	1738	3	14	戊午
4072	1739	4	15	己未
4073	1740	5	16	庚申
4074	1741	6	17	辛酉
4075	1742	7	18	壬戌
4076	1743	8	19	癸亥

檀紀	西紀	清明	李朝	干支
3957	1624	天啓	仁祖	甲子
3958	1625	5	3	乙丑
3959	1626	6	4	丙寅
3960	1627	7	5	丁卯
3961	1628	毅宗	6	戊辰
3962	1629	崇禎	7	己巳
3963	1630	3	8	庚午
3964	1631	4	9	辛未
3965	1632	5	10	壬申
3966	1633	6	11	癸酉
3967	1634	7	12	甲戌
3968	1635	8	13	乙亥
3969	1636	9	14	丙子
3970	1637	10	15	丁丑
3971	1638	11	16	戊寅
3972	1639	12	17	己卯
3973	1640	13	18	庚辰
3974	1641	14	19	辛巳
3975	1642	15	20	壬午
3976	1643	16	21	癸未
3977	1644	17	22	甲申
3978	1645	福王	23	乙酉
3979	1646	唐王	24	丙戌
3980	1647	永明	25	丁亥
3981	1648	2	26	戊子
3982	1649	3	27	己丑
3983	1650	4	孝宗	庚寅
3984	1651	5	2	辛卯
3985	1652	6	3	壬辰
3986	1653	7	4	癸巳
3987	1654	8	5	甲午
3988	1655	9	6	乙未
3989	1656	10	7	丙申
3990	1657	11	8	丁酉
3991	1658	12	9	戊戌
3992	1659	13	10	己亥
3993	1660	14	顯宗	庚子
3994	1661	15	2	辛丑
3995	1662	清	3	壬寅
3996	1663	聖祖	4	癸卯
3997	1664	康熙	5	甲辰
3998	1665	4	6	乙巳
3999	1666	5	7	丙午
4000	1667	6	8	丁未
4001	1668	7	9	戊申
4002	1669	8	10	己酉
4003	1670	9	11	庚戌
4004	1671	10	12	辛亥
4005	1672	11	13	壬子
4006	1673	12	14	癸丑
4007	1674	13	15	甲寅
4008	1675	14	肅宗	乙卯
4009	1676	15	2	丙辰
4010	1677	16	3	丁巳
4011	1678	17	4	戊午
4012	1679	18	5	己未
4013	1680	19	6	庚申
4014	1681	20	7	辛酉
4015	1682	21	8	壬戌
4016	1683	22	9	癸亥

檀紀	西紀	明	李朝	干支
3897	1564	嘉靖	明宗	甲子
3898	1565	44	20	乙丑
3899	1566	45	21	丙寅
3900	1567	穆宗	22	丁卯
3901	1568	隆慶	宣祖	戊辰
3902	1569	3	2	己巳
3903	1570	4	3	庚午
3904	1571	5	4	辛未
3905	1572	6	5	壬申
3906	1573	神宗	6	癸酉
3907	1574	萬曆	7	甲戌
3908	1575	3	8	乙亥
3909	1576	4	9	丙子
3910	1577	5	10	丁丑
3911	1578	6	11	戊寅
3912	1579	7	12	己卯
3913	1580	8	13	庚辰
3914	1581	9	14	辛巳
3915	1582	10	15	壬午
3916	1583	11	16	癸未
3917	1584	12	17	甲申
3918	1585	13	18	乙酉
3919	1586	14	19	丙戌
3920	1587	15	20	丁亥
3921	1588	16	21	戊子
3922	1589	17	22	己丑
3923	1590	18	23	庚寅
3924	1591	19	24	辛卯
3925	1592	20	25	壬辰
3926	1593	21	26	癸巳
3927	1594	22	27	甲午
3928	1595	23	28	乙未
3929	1596	24	29	丙申
3930	1597	25	30	丁酉
3931	1598	26	31	戊戌
3932	1599	27	32	己亥
3933	1600	28	33	庚子
3934	1601	29	34	辛丑
3935	1602	30	35	壬寅
3936	1603	31	36	癸卯
3937	1604	32	37	甲辰
3938	1605	33	38	乙巳
3939	1606	34	39	丙午
3940	1607	35	40	丁未
3941	1608	36	41	戊申
3942	1609	37	光海	己酉
3943	1610	38	2	庚戌
3944	1611	39	3	辛亥
3945	1612	40	4	壬子
3946	1613	41	5	癸丑
3947	1614	42	6	甲寅
3948	1615	43	7	乙卯
3949	1616	44	8	丙辰
3950	1617	45	9	丁巳
3951	1618	46	10	戊午
3952	1619	47	11	己未
3953	1620	光宗	12	庚申
3954	1621	泰昌	13	辛酉
3955	1622	熹宗	14	壬戌
3956	1623	天啓	仁祖	癸亥

東西洋年代表

檀紀	西紀	明	李朝	干支
3717	1384	洪武	禑10	甲子
3718	1385	18	11	乙丑
3719	1386	19	12	丙寅
3720	1387	20	13	丁卯
3721	1388	21	14	戊辰
3722	1389	22	昌王	己巳
3723	1390	23	恭讓	庚午
3724	1391	24	3	辛未
3725	1392	25	李朝	壬申
3726	1393	26	太祖	癸酉
3727	1394	27	3	甲戌
3728	1395	28	4	乙亥
3729	1396	29	5	丙子
3730	1397	30	6	丁丑
3731	1398	31	7	戊寅
3732	1399	惠宗	定宗	己卯
3733	1400	建文	2	庚辰
3734	1401	3	太宗	辛巳
3735	1402	4	2	壬午
3736	1403	成祖	3	癸未
3737	1404	永樂	4	甲申
3738	1405	3	5	乙酉
3739	1406	4	6	丙戌
3740	1407	5	7	丁亥
3741	1408	6	8	戊子
3742	1409	7	9	己丑
3743	1410	8	10	庚寅
3744	1411	9	11	辛卯
3745	1412	10	12	壬辰
3746	1413	11	13	癸巳
3747	1414	12	14	甲午
3748	1415	13	15	乙未
3749	1416	14	16	丙申
3750	1417	15	17	丁酉
3751	1418	16	18	戊戌
3752	1419	17	世宗	己亥
3753	1420	18	2	庚子
3754	1421	19	3	辛丑
3755	1422	20	4	壬寅
3756	1423	21	5	癸卯
3757	1424	22	6	甲辰
3758	1425	洪熙	7	乙巳
3759	1426	宣宗	8	丙午
3760	1427	宣德	9	丁未
3761	1428	3	10	戊申
3762	1429	4	11	己酉
3763	1430	5	12	庚戌
3764	1431	6	13	辛亥
3765	1432	7	14	壬子
3766	1433	8	15	癸丑
3767	1434	9	16	甲寅
3768	1435	10	17	乙卯
3769	1436	英宗	18	丙辰
3770	1437	正統	19	丁巳
3771	1438	3	20	戊午
3772	1439	4	21	己未
3773	1440	5	22	庚申
3774	1441	6	23	辛酉
3775	1442	7	24	壬戌
3776	1443	8	25	癸亥
3777	1444	正統	世宗	甲子
3778	1445	10	27	乙丑
3779	1446	11	28	丙寅
3780	1447	12	29	丁卯
3781	1448	13	30	戊辰
3782	1449	14	31	己巳
3783	1450	景宗	32	庚午
3784	1451	景泰	文宗	辛未
3785	1452	3	2	壬申
3786	1453	4	端宗	癸酉
3787	1454	5	2	甲戌
3788	1455	6	3	乙亥
3789	1456	7	世祖	丙子
3790	1457	英宗	2	丁丑
3791	1458	天順	3	戊寅
3792	1459	3	4	己卯
3793	1460	4	5	庚辰
3794	1461	5	6	辛巳
3795	1462	6	7	壬午
3796	1463	7	8	癸未
3797	1464	8	9	甲申
3798	1465	憲宗	10	乙酉
3799	1466	成化	11	丙戌
3800	1467	3	12	丁亥
3801	1468	4	13	戊子
3802	1469	5	睿宗	己丑
3803	1470	6	成宗	庚寅
3804	1471	7	2	辛卯
3805	1472	8	3	壬辰
3806	1473	9	4	癸巳
3807	1474	10	5	甲午
3808	1475	11	6	乙未
3809	1476	12	7	丙申
3810	1477	13	8	丁酉
3811	1478	14	9	戊戌
3812	1479	15	10	己亥
3813	1480	16	11	庚子
3814	1481	17	12	辛丑
3815	1482	18	13	壬寅
3816	1483	19	14	癸卯
3817	1484	20	15	甲辰
3818	1485	21	16	乙巳
3819	1486	22	17	丙午
3820	1487	23	18	丁未
3821	1488	孝宗	19	戊申
3822	1489	弘治	20	己酉
3823	1490	3	21	庚戌
3824	1491	4	22	辛亥
3825	1492	5	23	壬子
3826	1493	6	24	癸丑
3827	1494	7	25	甲寅
3828	1495	8	燕山	乙卯
3829	1496	9	2	丙辰
3830	1497	10	3	丁巳
3831	1498	11	4	戊午
3832	1499	12	5	己未
3833	1500	13	6	庚申
3834	1501	14	7	辛酉
3835	1502	15	8	壬戌
3836	1503	16	9	癸亥
3837	1504	弘治	燕山	甲子
3838	1505	18	11	乙丑
3839	1506	武宗	中宗	丙寅
3840	1507	正德	2	丁卯
3841	1508	3	3	戊辰
3842	1509	4	4	己巳
3843	1510	5	5	庚午
3844	1511	6	6	辛未
3845	1512	7	7	壬申
3846	1513	8	8	癸酉
3847	1514	9	9	甲戌
3848	1515	10	10	乙亥
3849	1516	11	11	丙子
3850	1517	12	12	丁丑
3851	1518	13	13	戊寅
3852	1519	14	14	己卯
3853	1520	15	15	庚辰
3854	1521	16	16	辛巳
3855	1522	世宗	17	壬午
3856	1523	嘉靖	18	癸未
3857	1524	3	19	甲申
3858	1525	4	20	乙酉
3859	1526	5	21	丙戌
3860	1527	6	22	丁亥
3861	1528	7	23	戊子
3862	1529	8	24	己丑
3863	1530	9	25	庚寅
3864	1531	10	26	辛卯
3865	1532	11	27	壬辰
3866	1533	12	28	癸巳
3867	1534	13	29	甲午
3868	1535	14	30	乙未
3869	1536	15	31	丙申
3870	1537	16	32	丁酉
3871	1538	17	33	戊戌
3872	1539	18	34	己亥
3873	1540	19	35	庚子
3874	1541	20	36	辛丑
3875	1542	21	37	壬寅
3876	1543	22	38	癸卯
3877	1544	23	39	甲辰
3878	1545	24	仁宗	乙巳
3879	1546	25	明宗	丙午
3880	1547	26	2	丁未
3881	1548	27	3	戊申
3882	1549	28	4	己酉
3883	1550	29	5	庚戌
3884	1551	30	6	辛亥
3885	1552	31	7	壬子
3886	1553	32	8	癸丑
3887	1554	33	9	甲寅
3888	1555	34	10	乙卯
3889	1556	35	11	丙辰
3890	1557	36	12	丁巳
3891	1558	37	13	戊午
3892	1559	38	14	己未
3893	1560	39	15	庚申
3894	1561	40	16	辛酉
3895	1562	41	17	壬戌
3896	1563	42	18	癸亥

엮은이

安在植
안재식

雅號 小亭 1942~

시인 동화작가 작사가

엮은이 안재식 프로필

1942년 6월 19일 오후 8시, 서울 신설동에서 아버지 안필형安珌炯 선생과 어머니 이기만李奇滿 여사 사이에 아들로 태어났다. 잉어가 용이 되는 태몽을 아버지가 꾸고 나를 낳았는데, 여덟 살에 돌아가시고 늘 어머니와 단둘이 살았다.

6 · 25, 4 · 19, 5 · 16, 격동기에 그럭저럭 공부를 하고 해군에 자원입대, 제대한 후 공무원이 되었다. 정의파처럼 행세하다가 공직을 그만두고 고생 좀 했다. 어찌어찌 허공에 둥지를 지어 아들 둘에 딸 하나를 낳았다. 그리고 앞만 보고 돌진突進했다. 그러던 중 2002년 환갑날, 둥지가 허물어졌다.

어렵사리 둥지를 새로 지었다. 그런데…… 2012년 8월 24일 칠월칠석날 중풍이 들어 반신불수가 되었다. 생사를 넘나든 끝에 신의 가호와 조상의 음덕, 아내의 초인적 헌신으로 겨우 살아났다. 이젠 조상을 섬기며 아내와 함께 열심히 살고 있는 중이다.

직업활동 도서출판 한국서적공사 사장(1980~2021), (사)한국녹색교육협회 이사장(1995~2002)으로 장애자 재활운동과 환경분야 독서운동에 30여 년간 매달렸다. 엮은이에게 상賞을 받은 학생, 교사, 학교장이 3만 명을 넘는다.

지역활동 태릉중 · 고등학교 육성회장, 중랑라이온스클럽 회장, 서울시 및 중랑구 민방위대 소양교육(환경) 강사, 중랑뉴스 운영위원, 중랑문인협회 창립회원, 한국문인협회 중랑지부 초대회장, 먹골유래비(2014. 묵동삼거리 설치), 망우역사문화공원조성 자문위원, 사이버중랑신춘문예 · 중랑구민백일장 · 장'스병원 출산수기 · 육아수기 공모전 등 심사위원장, 중랑작가협회 회장

종교활동 천주교 묵동교회 총회장, 성 · 빈첸시오 아빠-울로회 서울중앙이사회장, 서울대교구 신앙학교 졸업(2년제) · 성체분배교육 수료(김수환 추기경), 한마음한몸운동 묵동본당 본부장, 세계성체대회 교리교육 봉사자, ME · 꾸르실료 수료

학교활동 경희대학교 총동문회 이사, 경희대행정대학원 동창회 부회장 · 19기 동창회장, 경희대경영대학원 총원우회 고문 · 47기 동창회장

사회활동 서울지방환경청 명예환경감시원, 한강환경관리청 서울북부2지역본부 대표, 사랑의녹색운동본부 지도위원, 전국NGO연대 상임공동대표, 국제라이온스협회 309—J지구 길運動委員, 국정감사NGO모니터단 공동단장 · 상임평가위원(2000~2007)으로 국회부의장 김덕규, 국회의원 서상섭 · 권영세 · 안상수 · 권철현 · 김광원 · 박 진 · 김경천 · 김정숙 · 김석준 · 최연희 · 이낙연 등, 특히 2003년 당시 국회의원이던 박근혜 대통령을 국정감사 우수의원으로 선정하고 직접 시상했다.

정당활동 1991 민주당(이기택 총재 · 노무현 · 박찬종 · 이 철 · 홍사덕 등) 공천으로 초대 서울시의원 출마, 1996 제15대 국회의원 전국구 출마

문중활동 죽산안씨대교공파종중 종회장(1988.3.20~2006.11.12)을 지냈다. 회장 재임 중에 문중 최대 숙원사업인 용인 선영 묘역을 조성하고, 흩어져 있는 선대 분묘를 통합하여 모셨다.

《2006년 윤7월 20일 고양 원당리의 13대조 참의공 효종 · 12대조 숙—설단》《윤7월 21일 연천 고능리의 10대조 경구》《윤7월 22일 MBC로 넘어간 용천리의 말농재 10대조 윤씨할머니 · 도장골 9대조 구 · 전나무밑 8대조 인환 · 사주목 6대조 사겸》《윤7월 23일 원삼 두창리의 7대조 택주 · 대종손 17세 종원—설단 · 18세 필구—설단》 선조묘를 용인 선영으로 이장하고, 3분상은 화장 후 설단으로 모셨다.

2006년 9월 30일(음8월 9일) 선산 입구에 세장비世葬碑, 각 선조의 유택幽宅에 유사비遺事碑 비문을 지어 세우고, 둘레석과 상석 · 촛대석 등을 설치했다.

2013년 음2월 초3일 파주 선영에 숭조비崇祖碑, 선조 4분의 유사비(16대조 대교공 신손 · 15대조 극장 · 14대조 인 · 12대조 식) 비문을 짓고 세웠다.

2021년 3월 26일(음2월 14일)에는 삭주부사(우경 안정구) 묘역을 조성하고 유사비와 안내판, 3분의 설단을 설치했다.

문단활동 한국녹색문학회 회장(1997~2002, 1회~6회 녹색문학상 시상), 중랑문화원 중랑문학대학 부학장 및 지도교수(2007~, 배출 시인 · 작가 100여 명) 소정문학동인 · 소정문학아카데미 출강, DSB한국문학방송 전문위원 · 책임기자, 한국환경문학인협회 · 한국아동문학회 부회장, 국제PEN한국본부 · 세계문인협회 자문위원, 한국현대시인협회 이사, 한국아동문학연구회 · 계간문예작가회 중앙위원, 한국문인협회 편집위원, 월간 문학세계 · 월간 한올문학 · 월간 신문예 · 계간 동심문학 편집위원, 계간 한강문학 편집고문, 〈한국문학을 빛낸 100인〉에 선정, 〈지하철에 꼭 수록하고 싶은 시 100편〉에 선정

심사위원(장) 독후감대회, 백일장, 독서경진대회, 전국공무원문예대전, 녹색문학상 등

수상 환경부장관(아동문학가) 표창, 한국아동문화상, 대한아동문학상, 한국문학작가상, 한국아동문학창작상, 순리문학상, 2014 일간스포츠선정 대한민국 혁신한국인 & POWER BRAND, 2014 동아일보선정 Power Korea & Top Leader(문학부문) 외

시가곡 〈어머니의 꽃밭〉, 〈그리운 사람에게〉 등 20여 곡

저서 《야누스의 두 얼굴》, 《검정고무신을 신은 제비꽃》 등 20여 권

참고문헌

승정원일기承政院日記

조선왕조실록朝鮮王朝實錄

팔도총록(八道總錄·국립중앙도서관 한高祖57-가527)

일성록日省錄

사마방목司馬榜目

한국역대인물 종합정보시스템(한국학중앙연구원 관인정보)

죽산안씨역대족보竹山安氏歷代族譜 外

조선말 사대부 27인의 편지, 우경 안정구 선생 간찰집

2023년 1월 30일 초판 1쇄 발행

엮은이 _ 안필형·안재식

역　주 _ 박상수

편집위원 _ 원숙희

발행인 _ 김병환

발행처 _ 학자원

주　소 _ 서울시 강동구 천호대로 1121

전　화 _ 02) 6403-1000

팩　스 _ 02) 6338-1001

E-mail _ hakjaone@daum.net

등　록 _ 2011년 3월 24일 제2011-14호

ISBN 979-11-6247-285-9 93810

값 50,000원